WIZARD

ビタリー・カツェネルソン【著】
鈴木一之【監訳】 関本博英【訳】

バリュー株トレーディング

レンジ相場で勝つ

Active Value Investing
Making Money in Range-Bound Markets by Vitaliy N. Katsenelson

Pan Rolling

Active Value Investing : Making Money in Range-Bound Markets
by Vitaliy N. Katsenelson

Copyright © 2007 by Vitaliy N. Katsenelson
All rights reserved.

Japanese translation published by arrangement with John Wiley & Sons International
Rights, Inc. through The English Agency(Japan)Ltd.

監訳者まえがき

　この書籍はバリュー株に関する真摯な投資法の研究書である。同時に20世紀を通じた100年間に及ぶアメリカ株式市場の歴史書でもある。
　著者は1900年以降の膨大なヒストリカルデータの分析に基づいて、過去100年間にわたる偉大なるアメリカの株式市場の軌跡をあまさず描き出し、そのなかから現代に通じるひとつの極めて重要な法則を見いだしている。それは、「長期の強気相場のあとには、弱気相場ではなく、長いレンジ相場が訪れる」というものである。
　今本書を手にとられている方は、早速29ページの「図表1.1」をご覧いただきたい。そこには1900年以降のダウ工業株平均株価が描かれており、20世紀の100年間は実に全期間の半分以上がレンジ相場であったことが示されている。
　著者によればレンジ相場とは、株価が横ばいかトレンドのない相場のことである。動物にたとえれば、鶏、羊、あるいは「臆病なライオン」である（ブル、ベア、ピッグ、カモまで含めて株式市場にはたくさんの動物が生息しているものだ）。レンジ相場ではPER（株価収益率）の大幅な低下がもたらされる。
　レンジ相場の恐ろしさはそれまでの強気相場での手法がまったく通用しなくなる点にある。すなわち、強気相場の主役であった成長株は、その後のレンジ相場でも企業としての成長は続くのだが、そこではPERが大幅に低下するため、成長によるリターンだけでは株価の下落をカバーしきれない。本書の最初のヤマがこの辺りを詳述した部分にある。
　したがってレンジ相場では、キャッシュフローを潤沢に生む高配当企業を選び出し、株価の安全域を十分に確保した株式投資を心がけなければならない。この基準こそが本書が執筆された真の目的であり、

そのための銘柄選択の条件を述べた部分が本書の二番目のヤマとなる。

著者であるビタリー・カツェネルソンは、1990年に共産主義が崩壊した直後のロシアから米国に移住してきた投資家兼著作家兼投資教育家である。自由の国アメリカで新たな人生のスタートを切り、株式市場の魅力に引き寄せられ、株式投資が好きで好きでたまらず、とうとうコロラド大学で株式投資に関する講座まで持つに至ったガッツあふれる人物である。

原著のタイトルは"Active Value Investing"。直訳するならば「アクティブなバリュー株投資」となるだろうか。運用の世界では「アクティブ」と銘打たれたものは、グロース株（成長株）志向を標榜していることがほとんどである。地味な印象の強いバリュー株だが、著者はあえて本書を「アクティブな」バリュー株投資と名づけた。著者の意気込みがひしひしと伝わってくる。

出版が2007年であるため、例の「100年に一度の経済危機」の洗礼を受けていないと批判されかねないが、とんでもない。著者は本文中ですでに2006年当時のアメリカ株式市場の異常な割高感を指摘している。そのうえで著者は、2002年から始まった現在のレンジ相場はおそらく2020年ごろまでは続くと予測している。

超長期の強気相場が終わったアメリカは、オバマ大統領のリーダーシップの下で新しい時代を迎えようとしている。アメリカ国民が生来持ち合わせている楽観主義は、確かに一時的に打ちひしがれたように見えるが、しかしアメリカはいつまでもそんな地点にとどまっているはずはない。再びよみがえる日が来る。底値は例外なくバリュー株が決めるものだ。そして新たな成長株へとつながってゆく。その道のりを本書とともに模索していこうではないか。

2009年5月

鈴木一之

いつも私を信じてくれた両親（父ナウムと今は亡き母アイリーン）に、感謝の意を込めて本書を捧げる

監訳者まえがき　　1
まえがき　　9
序文　　13

第1部　将来の展望

第1章　はじめに——レンジ相場の到来　　27
あまり大きな期待を抱かないで、シートベルトを
　しっかりと締めよう　　27
レンジ相場を動物にたとえると　　28
長期相場と循環相場　　30
長期の強気・弱気・レンジ相場の違い　　31
100年以上の歴史を見ると　　32
長期的には株式が有利　　34
アメリカ以外でもやはり株式のほうが有利　　36
金は再び輝くのか　　37
金に対抗する金融商品　　39
大局的に見たときの間違い　　40
強気相場の高いリターンは次のレンジ相場で帳消しに　　46
短くなる投資期間　　46

第2章　長期の強気・弱気・レンジ相場の心理　　49
幸福な強気相場　　50
悲しい弱気相場　　52
長期のレンジ相場とはどのようなものか　　56
強気相場とレンジ相場のボラティリティ　　59

第3章　株式市場の数学　　65
キャピタルゲインの源泉——企業の利益成長　　66
キャピタルゲインの源泉——PER　　78
配当利回りの源泉　　88
なぜ強気相場のあとにレンジ相場が到来するのか　　92
PERはいつ底を打つのか　　93

第4章　債券——株のライバルとなる投資対象か　　99
債券投資　　99

レンジ相場ではアセットアロケーションの重要性が低下　101

第2部　アクティブなバリュー投資法

分析論
はじめに——企業の質、成長および評価の枠組み　111

第5章　企業の質　113
競争上の優位性　113
経営陣　116
予想可能な利益　126
健全なバランスシート　128
フリーキャッシュフロー　133
高いROC　141
結論　142

第6章　企業の成長　143
企業の成長の源泉——利益の成長と配当　143
過去は過ぎゆく　153
将来の成長の原動力　154
配当　155
利益成長は大切な条件　160

第7章　企業の評価　161
牛乳屋テビエの評価法　161
相対評価法　170
絶対評価法としてのDCF法　175
相対評価法と絶対評価法　178
絶対評価法　180
数学的正確さの間違い　181
絶対PERモデル　184

割引率モデル　　　　　　　　　　　　　　　195
　　安全域モデル　　　　　　　　　　　　　　　198
　　絶対PERモデルと安全域モデルの併用　　　　203
　　いろいろな分析モデルの併用　　　　　　　　205
　　低いPERのバリュー投資と高いPERのグロース
　　　投資のリターン比較　　　　　　　　　　　206

第8章　企業の質・成長・評価という3つの条件に照らした企業の分析　　215
　　3つの条件による企業の具体的な分析　　　　215
　　3つの条件のうち、ひとつだけをクリアした企業　215
　　3つの条件のうち、2つをクリアした企業　　　218
　　結論　　　　　　　　　　　　　　　　　　　227

株式の売買戦略

はじめに——投資のプロセスと規律の大切さ　　231

第9章　買いのプロセス——求められるのは規律ある行動　　233
　　大切な投資のプロセスと規律　　　　　　　　233
　　長期的に考え、短期的に行動する　　　　　　236
　　ボラティリティを味方につける　　　　　　　237
　　マーケット全体ではなく、個別銘柄のタイミングを計る　239
　　現金は王様　　　　　　　　　　　　　　　　240
　　チャンスが来たら行動を起こす　　　　　　　242

第10章　買いのプロセス——逆張り投資　　243
　　逆張り投資とは　　　　　　　　　　　　　　243
　　そんな株は買わなくてもいいんだよ　　　　　246
　　ミスバスターになろう　　　　　　　　　　　247
　　すべてを定量化し、逆張り投資家になろう　　248
　　タイムアービトラージ　　　　　　　　　　　250
　　新しいアイデアを見つける　　　　　　　　　252
　　自分でリサーチし、その結果を書き留めること　260

第11章　買いのプロセス——グローバルな投資　261

- フラット化する世界　261
- 会計基準の統合　262
- 国境のないグローバル企業　263
- 政治リスク　264
- アメリカの政治リスク　266
- 自分の快感帯から出発する　266
- 高成長国＝有望な投資国ではない　268
- 為替変動リスク　268
- どれくらいのお金を振り向けたらよいのか　269
- 結論　270

第12章　売りのプロセス——ダーウィニズムの考え方　271

- 株価が上昇したときに売る　272
- ファンダメンタルズが悪化したときに売る　277
- 結論　283

リスクと分散投資

はじめに　287

第13章　リスクのいろいろな考え方　289

- リスクとは何か　289
- ランダム性の特徴　291
- クロコダイルハンターとランダム性　292
- 企業の質・成長・評価という3つの条件とそれらの相互関係　299
- 株主価値の破壊要因の影響を予想する　300
- 間違ったときのコスト　303
- 結論　305

第14章　分散投資のいろいろな考え方　307

- すべての投資資金を賭けるな　308
- 多すぎる卵、または多すぎるかご　310

「心の会計」と分散投資	311
株式ポートフォリオにおける心の会計とランダム性	314
ランダム性を友にする	317

第15章　まとめ　319
　私は間違っているのだろうか　319
　強気相場　321
　弱気相場とレンジ相場　323
　債券投資　324
　やはり私は間違っていないと思う　326

付録　327
謝辞　337

まえがき

　私は北極圏に近いロシア北西部の都市ムルマンスクで少年時代を過ごした。スカンジナビア半島の根元に位置するこの港町は、暖かいメキシコ湾流のおかげで長い冬も凍結することがなく、北からロシアに入れる数少ない玄関口となっていた。そこからわずか約30キロのセベロモルスクには北方海軍の基地があったため、ムルマンスクでは東西冷戦のときに米軍の情報が容易に入手できた。アメリカの作家トム・クランシーの『レッド・オクトーバーを追え』（文藝春秋）では、ムルマンスクがレッド・オクトーバー（ソ連の最新鋭原子力潜水艦）の本拠地になっている。

　この町は港に沿って延びており、漁業や商船員向けの産業も栄えていたが、近隣一帯にはさまざまな学術機関もあった。私が小さいころは、大きくなったら商船大学か海軍士官学校に入るものと考えられていた。この２つの準軍事学校では生徒（士官候補生）たちは宿舎に住み、海軍の制服を着て厳しい軍隊の規律を順守し、海軍士官の命令には絶対服従が義務づけられていた（質問などは絶対にできない）。商船大学には８学年、海軍士官学校には10学年を卒業した生徒が入学することになっていた（当時のロシアでは10学年の教育制度が実施されていた）。

　そのころのロシアでは徴兵制が実施されており、軍隊入りした兵士たちの報酬はかなりひどいものだった（これはけっして誇張ではない）。そのため、家から生活費を送ってもらっている兵士も少なくなかった。若者たちはこの２年間の兵役義務を刑務所での服役期間と考えていた（少なくとも私はそうだった）。1980年代後半のこのような兵役業務は戦死に対する恐怖心以上に（ソビエト・アフガン戦争はすでに終わっていた）、貴重な青春の２年間を失うことの悔しさ、古参

兵からの虐待に対する屈辱感に直結していた。私の友だちには兵役を忌避するため、精神病の仮病を使って精神病棟に入院した者もいた。

　私の父と2人の兄はムルマンスクの海軍士官学校を卒業した。父はそこで27年間にわたって電気工学を教えていた。兄たちと私は海軍兵になりたいと思っていたことはなかった。哲学者になりたいと言っていた長兄は技術工学技師になり、電気工学技師を目指していた次兄は今ではコロラド州デンバーで不動産ブローカーとして成功している。しかし、その当時のわれわれには準軍事学校に入るか、またはロシア赤軍に入隊するという選択肢しかなかった。私が8学年を終わるころには法律が変わって、商船大学生は兵役免除が認められた（海軍兵学校の生徒は認められなかった）。しかし、商船大学に在学中の私はいつ徴兵招集されるのかとびくびくしながら在学期間を過ごしていた（これ以外の選択肢はさらにひどかった）。

　父には2人の妹がいて、ひとりはモスクワで生涯を過ごし、もうひとりの妹は1979年に家族と一緒にモスクワからシベリアに移っていったと聞かされていた。長い間、私はこのシベリアの叔母やいとこたちがなぜわが家を訪れたり、連絡をくれないのかと不思議に思っていた。とても仲の良いわが家にとっては考えられないことだった。1988年夏に父はついに、この叔母はシベリアに行ったのではなく、アメリカに移住したという本当のことを私に話してくれた。真実を知った私の最初の反応は彼女に対する怒りであり、とっさに「裏切り者」「スパイ」という言葉が口から出てしまった。

　今考えると何とも不思議だが、何しろ私は東西冷戦時代の落とし子である。小さいころの私たちは月に何度も映画館に連れて行かれ（まだビデオ映画はなかった）、アメリカ帝国の崩壊、ホームレスの群れ、リンチを受ける黒人たち、金持ちに搾取される貧しき人々、ハンバーガーで毒殺される人々（あとになってみると、この話はあながちウソではない）などに関するプロパガンダ向けのドキュメンタリー映画を

見せられた。そこではアメリカ人はすべて洗脳された悪人で、わが母国ロシアの破壊を生涯の目標としているスパイとして描かれていた。現地調査旅行の一環として開拓キャンプを訪れた9歳のとき、ひとりの外国人旅行者がにっこりほほ笑んだ素直そうな私に風船ガムをくれたことがある。それを見た開拓キャンプの先生は恐怖の叫び声を上げてそれを取り上げ、「毒殺されないでよかったね」と言ったのを今でも覚えている。

　前述の叔母に話を戻すと、父は私がこの叔母のことを「裏切り者」「スパイ」と呼んだことに少しも驚かなかった。そして父は静かに、高い教育を受けた叔母の家族はロシア国内のユダヤ人たちが受けていた差別ゆえに、とても貧しい生活を余儀なくされていたと話してくれた。私の両親も反ユダヤ主義の差別から私たち家族をいつも守ろうとしていたが、私も二流国民扱いをよく受けていたので、ユダヤ人であることは悪いことなのかと小さな子供ながらに薄々と感じていた。

　父によれば、地方当局に真相が漏れると取り返しのつかないことになると思って、叔母の本当の所在地は私たちにも話さなかったという。まもなく両親は職を失い、私たちは出国もできなくなった（将来に海軍兵への道しか残されていないと考えると絶望的な気分になった）。父の妹のひとりがアメリカに移住したことが当局の知るところになると、もうひとりの叔母は裏切り者扱いされたという。

　しかし、1985年にグラスノスチ（ゴルバチョフ書記長が推進したペレストロイカ［改革］の一環としての情報公開政策）が実施されると、数十年にわたって洗脳されてきたロシア国民にも徐々に真実が明らかになってきた。1980年代後半は一般国民の間ではまだビデオはさほど普及していなかったが、小さなビデオ映画館が至る所に出現し始めた。これらの映画館はアパートの地下などで営業し、テレビにビデオを接続しただけの簡単なものだったが、国有の映画館と違って当局から検閲されることもなく、何でも自由に見ることができた。ビデオテープ

が何回もコピーされていたので画質・音質はとてもひどく、また登場人物の声は一本調子だったが、変化に飢えていたわれわれにとってそんなことはどうでもよかった。主にアメリカ映画を何百回も見たわれわれの目にも、アメリカと資本主義はそれほど腐りきったものではなく、開拓キャンプの先生が言ったこととは正反対に、小さな子供を毒殺しようとするようなアメリカ人などはいないことも分かってきた。

　こんなことは数年前には考えられないことだった。1990年にあの「シベリアの叔母」からアメリカに来ないかと勧められたので、私たち一家はアメリカに移住することを決めた。父は私たち子供の顔を見て、「この国には未来はない」と言った。1991年12月4日に私たちはニューヨークに到着した。新しく困難なアメリカの生活（少なくとも当初は）が始まったが、ロシアを捨てたことはまったく後悔しなかった。ここアメリカには新しいチャンスがあり、それ以来現在まで私たちはアメリカを祖国と呼んでいる。この素晴らしい国に対する感謝の気持ちは生涯忘れることはないだろう。アメリカがなければ、本書の出版も実現することはなかったからだ。

序文

　投資に関する書籍の読者がうたぐり深くなるのは当然である。何しろ書店の書棚には毎年、新しいタイトルの本がうずたかく積まれているからだ。そこから読む価値のある本と何の価値もない本を見分けるのは実に難しい。

　私は、株式投資に対して強い情熱を持ち有望な投資のチャンスを探しているが、株式投資というものについては慎重な考え方をしているうたぐり深い投資家のために本書を執筆した。あなたが「株式投資は自分でやれる」と考えている週一の投資家、または食事の時間も惜しんで1日12時間も株価を見ている私のような「相場が大好き」というプロの投資家のどちらであろうとも、本書は有益であろう。ここに書かれているのは従来の常識的な投資コンセプトでありながら、現在のレンジ相場（保ち合い相場）でも十分に利益を上げられるように改良されたユニークな投資手法である。

　以下の「質問と答え」は、うたぐり深い投資家から予想される疑問点とそれに対する私からの回答である。本書を読む前に十分に参考にしていただきたい。

うたぐり深い投資家（以下、投資家）　あなたの言われるアクティブなバリュー投資は、従来の単なるバリュー投資とはどのように違うのですか。

ビタリー・カツェネルソン　私のアクティブなバリュー投資とはレンジ相場でも相応の利益を上げられるように、従来のバリュー投資法に必要な手直しを加えて改良したものです。ファンダメンタルズ分析に基づく投資法とは、株式相場の長期トレンドをとらえようとするものですが、株式分析と投資戦略は変化するマーケットの環境に応じてタ

イムリーに調整する必要があります。

投資家　あなたの言われる「レンジ相場」とはどのようなものですか。
カツェネルソン　ジェットコースターを思い浮かべると分かりやすいでしょう。激しい株価の上昇・下落と横ばい、それに伴う興奮状態などが一定期間続いたあと、最終的には株価（そしてポジションの損益）がスタート時点とほぼ同じになってしまうような動きです。こうしたレンジ相場では、アクティブではないバリュー投資やバイ・アンド・ホールドやパッシブなインデックス投資などではほぼゼロに近いリターンとわずかな配当しか得られず、いくら時間をかけても老後の蓄えを増やすことはできないのです。

投資家　レンジ相場とは弱気相場ということですか。
カツェネルソン　表面的にはそう見えるかもしれませんが、実際にはそうではありません。われわれは株式相場とは強気（上昇）と弱気（下落）の２つしかないという考え方からなかなか抜け出せません。しかし、20世紀のアメリカの株式相場を見ると、（５年以上という）長期相場の多くは循環的な上昇または下落局面を含むレンジ相場なのです。長期の下落相場は1980年代末から2003年までの日本株のように、高すぎる株価の崩壊に景気後退が追い打ちをかけたときにしか起こっていません。

投資家　アメリカの株式相場はそのようなレンジ相場に突入したのですか。
カツェネルソン　はい、そうです。過去２世紀の株式相場の動きを見ると、すべての長期の強気相場（直近では1982～2000年の大強気相場）のあとには、必ず長期のレンジ相場が続いています。そうしたレンジ相場とは、先の大強気相場に得られたリターンとその時間に対する払

い戻し期間と言えるのかもしれません。

投資家 第1部の表題が「将来の展望」となっていますが、これはバリュー投資とあまり関係がないように思えます。その辺りのことをもう少し詳しく説明してください。

カツェネルソン この本はこれから長く続くレンジ相場に対処するための実践的なバリュー投資のガイドブックですが、ここでの投資戦略を自らの投資手法に取り入れるにはある程度の確信を持たなければなりません。逆に言うと、私は読者の皆さんにそのような確信を持たせる必要があります。そのために本書の第1部では、過去200年間の米国株式のヒストリカルなパフォーマンスと長期の強気・弱気・レンジ相場について検証したのです。これらの相場を作ったのは人間の心理であり、それゆえに強気相場のあとにはレンジ相場がやってくる可能性が高く、現在はまさにこれから数十年は続くと予想されるそうした局面にあるのです。私は本書のなかで、このレンジ相場がどれだけ続くのかについてひとつのシミュレーションを示し、今後数年間は企業の利益成長率がGDP（国内総生産）成長率に及ばない理由を説明しています。

投資家 もしもこれから大きなトレンドのない循環的な上昇と下落、横ばいの動きを繰り返すレンジ相場が続くとすれば、われわれ投資家は（タイミングを重視する）マーケットタイマーになる必要があるということですか。

カツェネルソン そうではありません。私が言いたいのは、投資に対する考え方を根本的に変えなければならないということです。マーケットのタイミングを計るだけでは現在局面を乗り切ることは難しいでしょう（まったく不可能とは言いませんが）。マーケットタイマーは株価や金利、景気などの短期予測に基づいて売買決定を下します。こ

のやり方がうまくいくには、行きすぎた投資家心理が支配する株価の底と天井で2回の判断（買いと売り）が正確でなければなりませんが、そんなことはほとんど不可能です。マーケット全体のタイミングではなく、個別銘柄の株価のタイミングを計ることが重要となります。

投資家　もう少し具体的に説明してください。
カツェネルソン　個別銘柄の株価のタイミングを計るというのは、先を見越して行動するということを除けば、これまでやってきたこととそれほど大きな違いはありません。タイミングを計るという表現が誤解を与えるようであれば、個別銘柄の「値決めをする（pricing）」と言い換えてもかまいません。具体的には、その銘柄が過小評価されているときに買い、適正な株価水準に戻ったときに売るという戦略をアクティブに行うことです。マーケットタイミングでは株式相場全体の水準を見て売買しますが、私の言う個別銘柄のタイミング（値決め）戦略では、マーケット全体のなかに存在する個別の投資チャンスを見つけるものです。

投資家　それはデイトレーダーになれということですか。
カツェネルソン　そうではありません。しかし、一貫した上昇相場とは違ってレンジ相場ではかなりアクティブに行動する必要があります。従来の強気相場のバイ・アンド・ホールド手法というのは、死んだとまでは言わないにしても、いわば昏睡状態のようなものです。それは「買うだけで売りを忘れた投資法」です。株式を買うときは規律のある行動をするのですが、そのあとは具体的な売りの規律もなしに単に買った株式を保有しているだけです――いわば死に別れるときまで保有しているようなものです。そうした手法も長期の強気相場ではかなり有効であり、買うだけで売らないパッシブなインデックス投資でも儲けられます。PERがかなり低いところからヒストリカルな平均以上

の水準まで上昇し、優良企業の株式は青天井になり、平凡な企業の株も上昇するからです。しかし、レンジ相場ではそれとは逆のことが起こります（PERはヒストリカルな平均よりかなり高い水準から極めて低い水準に向かうという、20世紀ではあまり見られなかったような動き）。私たちは1982〜2000年に経験した長期の強気相場の発想法から根本的に脱却しなければなりません。

投資家 本書ではそのためにはどうすればよいのかを示しているのですね。

カツェネルソン そのとおりです。実践的な応用編である第２部では、レンジ相場における株式の分析とアクティブなバリュー投資戦略について述べています。例えば、株式の分析編ではアプローチの核となる企業の質（Quality）と成長（Growth）、評価（Valuation）という３つの条件についてかなり詳しく分析しています。いわば三次元的な視点から企業とその株式を分析したあと、次はそれらの観点から体系的に関連づけて検討していきます。こうすることによって、優良企業の条件と投資に値する優良株といったものが明らかになっていきます。レンジ相場における企業の質と成長の条件については一般的な株式分析法とそれほど大きな違いはありません。しかし、企業の評価の条件についてはかなり大幅な修正を加える必要があります。

投資家 具体的に説明してください。

カツェネルソン 例えば、PERが低下していくレンジ相場では、適正な株価とその評価法が必要となります。相対評価法を使った場合、レンジ相場ではダマシの買いシグナルが出ることもよくあるので、絶対評価法も併用しなければなりません。レンジ相場では絶対評価法がかなり重要になりますが、これについては私なりの分析モデルと併せて詳しく説明します。

投資家　私がグロース投資家であるとしても、そうしたことが求められますか。

カツェネルソン　もちろんです。長期のレンジ相場が続くと投資家は企業の利益成長率というものにあまり目を向けなくなります。高成長企業のPERは低PER企業に比べてかなり急ペースで低下していくからです。1966～1982年のレンジ相場における高PERと低PERの企業の株価を調べたところ、初期のころは高成長企業のPERには200％ものプレミアムが付きましたが、そのプレミアムは次第に縮小して1982年末には40％まで低下してしまいました。グロース投資家はレンジ相場のこうした特徴をよく理解しなければなりません。

投資家　でも、高成長企業の高い利益成長率はPERの低下を十分にカバーするのではないでしょうか。

カツェネルソン　そんなことはありません。1966～1982年のレンジ相場では低PERの株式は一貫して高PER株のパフォーマンスを上回っていたのです。

投資家　グロース投資家として、そうした状況にどのように対処したらよいのでしょうか。

カツェネルソン　高PER株の高い利益成長率と配当はPERの低下をある程度カバーします。この点については企業の評価の条件の個所でいくつかの手直しを加えて述べています。

投資家　あなたの投資戦略は株価水準の変化に応じて変わっていくのですか。

カツェネルソン　これからは「アクティブな買いと売りの投資家になる」必要があります。特に売りの大切さはいくら強調してもしすぎ

ことはありません。保有株が事前に決めた株価水準に達したら必ず売らなければなりません。一般にその状況では投資家のほとんどが熱狂して株を買ってくるので、心理的には難しいかもしれませんが、本書では適切な売りの方法についても述べています。これは「ほかの投資家とは独立して考える逆張り投資家」になるというもので、逆張り投資の重要性については1章を割いて説明しています（具体的には、マスコミの報道をうまく利用する、タイムアービトラージ、株式投資の一般常識を逆手にとって割安株を見つける方法、新しい株式アイデア——など）。強気相場に比べて大きなトレンドのないレンジ相場はかなり難しいですが、投資チャンスを広げるために海外のマーケットに目を向けるのも悪くはないでしょう（これについては第11章を参照のこと）。

投資家 分かりました。それならば、レンジ相場では株式を買わないほうがよいのでしょうか。
カツェネルソン 私はレンジ相場で相応の利益を上げるために本書を書いたのですが、ここで述べられているコンセプトの多くはほかの局面でも十分に応用が可能です。これらのコンセプトはレンジ相場向けに幾分手直ししたもので、コロラド大学デンバー校の学生たちに教えている実践的な株式投資法です。本書ではレンジ相場以外のどのようなマーケットの局面にも対応できるように、2つの章（第13章の「リスクのいろいろな考え方」と第14章の「分散投資のいろいろな考え方」）を付け加えました。

投資家 あなたの言われるレンジ相場ではなく、長期の強気相場や弱気相場がスタートしたとしたら、どうすればよいのでしょうか。
カツェネルソン すべての投資戦略は「正しかったときの利益」を前提にするのではなく、少なくとも「間違ったときのコスト」を見込ん

で立てるべきであり、私の戦略もそのようなものです。私のアクティブなバリュー投資法では、そうした間違ったときの最低のコストを見込んでいます。それはレンジ相場や弱気相場においても、バイ・アンド・ホールドやグロース投資法よりも優れていると思います。再来の可能性がかなり低い長期の大強気相場でも、このアクティブなバリュー投資法はかなりのリターンをもたらしますが、バイ・アンド・ホールドや高ベータ株のグロース投資には及ばないでしょう。少ない利益分はレンジ相場や弱気相場で損失を回避するための一種の保険料と考えてください。

投資家 あなたの言われるレンジ相場では、債券を買うというのはどうなのでしょうか。
カツェネルソン もう一度言いますが、アクティブなバリュー投資法では間違ったときのコストを見込んでいるので、強気相場やレンジ相場、さらにはインフレを引き金とする、もしくはインフレと並行して進展する弱気相場においても債券よりも高いリターンを上げることができます。債券が株式よりも有利なときは、経済が深刻なデフレを伴う景気後退に突入したときだけです。デフォルトリスクのない国債は比較的安全ですが、社債はデフレ下ではリスクがかなり高いので危険です。

投資家 この本は学術書ですか。
カツェネルソン いいえ、違います。私にはギリシャ文字や膨大な注釈、長ったらしい公式などで埋め尽くされた学術的な投資の書物を最後まで読み通す忍耐力はありません。これはそうした本とはまったく違います。いくらかの公式は書いてありますが、ギリシャ文字もないし、公式も7歳の子供でも理解できるほど簡単なものです。私はいつも株式の話や投資の本は本当に味気ないと思っています。私が大学で

投資の講義をしていたとき、ちょっと間違ったことを話したら、生徒たちがコーヒーを持ってきてくれたことがありました。私は投資の話はできるだけ簡潔に、そして面白くしようと心掛けていますので、この本にもユーモアや実生活に関係した実用的な話題をいろいろと盛り込んでいます。

投資家 あなたの経歴を見ると、投資教育家、著述家、投資家といろいろやっておられますが、ひとつに絞るとすればどれですか。
カツェネルソン 投資家です。私は投資が大好きです。あらゆる決定に不確実さがつきまとう投資のすべてがよいですね。投資とはあまり情報のない状況の下で、ジグソーパズルの切り絵をはめ込んでいく知的な遊びのようなものです。株式投資において最も重要で難しいことは、自分の心理と絶えず戦っていくことです。マーケットとは永遠に到達できない完全さに向けての戦場のようなもので、ひとつのことを理解したと思ったらまた新しい問題に直面します。その意味では、マーケットとは人間が発明した最も屈辱的なメカニズムかもしれません。ここでは人々が真実を求めて永遠の対話を続けています。すべてのトレードには買い方と売り方という敵対するサイドがあり、時間だけがそのどちらが正しかったのかを決めてくれます。マーケットの隠れたランダム性が勝負を決定するという面白さもあります。

　私は大学2年のときに株式投資で飯を食っていこうと決め、学部と修士課程ではファイナンス論を専攻しました。そして最後の仕上げとして公認証券アナリスト（CFA）の資格を取得し、今では予定どおり株式投資で生計を立てています。株式投資は仕事ですが、実際には有給の趣味のようなものです。私はついに世界でベストの仕事を手に入れました。家族や友人が許してくれるなら、私は毎日24時間株式投資に没頭しているでしょう（アメリカに移住してきたいきさつについては「まえがき」を参照）。

投資家　どのように株式投資を教育と著述に関係づけているのですか。
カツェネルソン　大学が私のために株式投資のクラスを設けてくれたので、仕事の一環として実践的で面白い講義を心掛けています。ここには学生という固定客がいます。

投資家　著述についてはどうなのですか。
カツェネルソン　投資教育に携わって数年がたったころ、株式投資について何か書いてみたいという強い情熱がわいてきました。私は株式投資に関して深い洞察や興味があることについてしか書きません。フィナンシャル・タイムズ紙や金融コミュニティサイトのミニアビル・ドット・コムに定期的に寄稿しているほか、ロッキー・マウンテン・ニュース、ダウ・ジョーンズ社のマーケット・ウオッチ、人気のマネーブログであるモトリー・フール、ザ・ストリート・ドット・コム、リアルマネーなどにも記事を書いています。本書は株式投資家と投資教育家、著述家という私の３つのキャリアを集大成したもので、私はこの３つの仕事をすべて同じように重視しています。

投資家　レンジ相場について書かれた本はあまりなく、ましてやレンジ相場の投資戦略について書いた本はまったくといっていいほどありませんね。
カツェネルソン　ほとんどの投資本では強気相場の投資戦略しか書いてありません。これはビジネス的な理由から仕方がないのかもしれません。書籍も売れなければビジネスにならないので、多くの投資本はすべての投資家が儲かる株価の上昇期、すなわち株式投資と投資本に対する人々の関心が最も高まる時期に出版されます。これが大きな落とし穴で、実際の株式市場では大きなトレンドのないレンジ相場がかなり長期にわたって続くのです。平均的な一般投資家にとってそうし

たレンジ相場はあまり儲からず、面白くもないのですが、そのような状況に甘んじている必要はないのです。私としては皆さんがレンジ相場の時期でも債券や現金に逃避することなく、強気相場と同じように株式投資を続ける忍耐力を持ってほしいと願っています。本書は上下の振幅の激しい乗り切るのが困難なレンジ相場から、相応の利益を上げるための実用書なのです。

第1部

将来の展望

第1章
はじめに――レンジ相場の到来

Introduction : Range-Bound Markets Happen

「予想はいつでも難しいが、とりわけ将来の予想ほど難しいものはない」――ヨギ・ベラ（ヤンキースの往年の名選手）

あまり大きな期待を抱かないで、シートベルトをしっかりと締めよう

　今後数十年間の米国株式は、ジェットコースターのような激しい乱高下を繰り返すだろう。ダウ平均やS&P500は上下に大きく振れて新高値を付けたり、数年来の安値水準に落ち込みながら、長期的には横ばいか、一定のレンジ内での動きを見せる。そして荒い値動きのあとに興奮状態が収まり、マーケットの砂ぼこりも一掃されたとき、パッシブなインデックス投資家やバイ・アンド・ホールダーは、この21世紀の最初の10年間のスタート地点に逆戻りするに違いない。彼らがこの間に手にするリターンは微々たるものにとどまるだろう。

　こうした荒い相場の期間、その値幅とこう配などはこれまでの歴史では見られないもので、現在のレンジ相場は2000年に終わった18年に及ぶ大強気相場によってもたらされたものである。長期のヒストリカルな株式の歴史に照らせば、米国株式は2020年ごろまで今のようなレ

ンジ相場を繰り返すはずである。われわれはすでにこのようなレンジ相場に突入したのである。

　本書をこのような暗い予測で始めるのは何とも心苦しいが、冷酷な現実を突き付けないと、これまでの大強気相場に慣れきっている一般投資家の頭を切り換えることはできない。「今回だけは違う」といったことがよく言われるので、私は「違う」という表現を慎重に使っているが、実際には今回も過去の歴史と何ら違いはない。2000年以降に米国株式市場で起こっていること（そして今後数十年間に起こるであろうこと）は、過去に起こったことと何の違いもない。1982〜2000年の大強気相場以前の米国株式の歴史を見るとそのことがよく分かる。

　図表1.1に示した20世紀の米国株式の歴史は、今後数十年間に予想される厳しい現実（すなわち、長期の強気相場のあとには長期のレンジ相場が続くという現実）をはっきりと裏付けている（1920年代の長期の強気相場のあとに大恐慌が到来したのは例外的なケース）。

レンジ相場を動物にたとえると

　フリー百科事典のウィキペディアによれば、「強気（上昇）相場とは株価が長期にわたってヒストリカルな平均よりも大きく上昇し、弱気（下落）相場とは長期にわたって株価が下落すること」と定義されている。それならば、レンジ相場とはどのようなものなのか。株式の専門家によれば、それは横ばいかトレンドのない相場で、弱気相場とも違う（多くの投資家はこの２つを混同しているので、次章ではこれについて詳しく説明する）。

　強気相場はブル（牛）、弱気相場はベア（熊）と動物にたとえられるので、私はレンジ相場を鶏または羊、いやそれよりも臆病なライオンにたとえたい。そのようなライオンがほえると株価は上昇するが、そのあとにはすぐに下落という恐怖心が支配する。

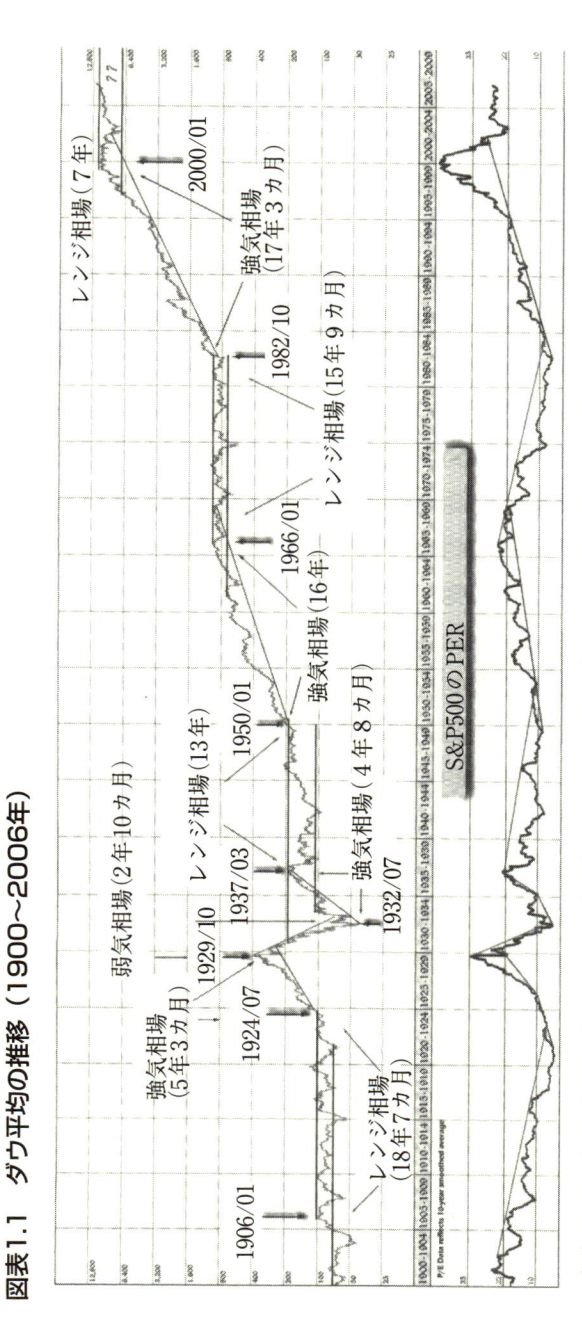

図表1.1　ダウ平均の推移（1900〜2006年）

レンジ相場（7年）
2000/01
強気相場（17年3カ月）
1982/10
レンジ相場（15年9カ月）
1966/01
強気相場（16年）
1950/01
強気相場（4年8カ月）
1932/07
レンジ相場（13年）
1937/03
弱気相場（2年10カ月）
1929/10
強気相場（5年3カ月）
1924/07
レンジ相場（18年7カ月）
1906/01

S&P500のPER

出所＝ケビン・タトル氏のタトル・アセット・マネジメント（http://www.tuttleassetmanagement.com）、PERのデータ（ロバート・シラー教授）

強気相場と弱気相場だけしか存在しないと思っている多くの投資家は、レンジ相場という臆病なライオンには気づかないが、これ以外にもさらにレンジ相場でのベアという新種の動物もいる。グリズリーのような強力なベア相場は下落局面であるとはっきり分かるが、ほぼフラットのレンジ相場におけるベアマーケットというのも存在するのだ。

長期相場と循環相場

　マーケットの状態をさらに詳しく分類するために、「長期」と「循環」という用語を使用する。長期相場とは5年以上にわたって一定方向に向かう局面で、30年に一度ほど出現する。これに対し、循環相場とは数カ月～数年間にわたる短期のサイクルである。投資とは数学や物理学のような厳密な科学ではなく、陰気な科学と言われる経済学のようなもので、相場に関する定義は主観的でいろいろな解釈が成り立つ。例えば、大恐慌によって引き起こされた下落相場は、米国株式のなかでもまれに見る暴落局面だったが、その期間はわずか2年10カ月だった。これでは先の定義に照らせば長期の弱気相場とはならない。しかし、どう考えてもこの大恐慌による暴落局面が長期の弱気相場ではないとは言えないだろう（これについては第2章で再び言及する）。

　一方、1990年1月に始まり、2003年4月に大底を打った13年に及ぶ日本株の下落相場は、間違いなく長期の弱気相場である。本書では長期相場に焦点を当てているので、単に強気・弱気・レンジ相場と言うとき、それらはいずれも長期の上昇・下降・横ばいの相場を意味している。特に短期のサイクル相場を意味するときは循環局面という表現を使う。

長期の強気・弱気・レンジ相場の違い

　一般にレンジ相場と弱気相場の違いはあまりよく知られていないが、その性質が異なることを理解するのは大切である。レンジ相場にはそれ特有の投資チャンスが存在し、米国株式市場の20世紀の歴史を見ても弱気相場よりもかなり頻繁に出現している。1900～2006年の米国株式市場の足取りを示した**図表1.1**を見ると、レンジ相場はこの100年間のうち半分以上を占めている。

　レンジ相場とはPER（株価収益率）が低下する局面、弱気相場とはPERと企業収益がともに低下する局面である。

　見方を変えると、レンジ相場とは先の強気相場で手に入れた超過リターンの一部を払い戻す局面であるとも言える。

　例えば、日本のあの長期の弱気相場は、レンジ相場でも見られる割高な株価の修正と長期の不況によってもたらされた。株価を引き下げたのは高いPERと景気後退であった。高いPERとは将来の景気に対する投資家の大きな期待を反映したもので、現実の実態悪（インフレの高進、またはデフレの進行、経済と企業利益のマイナス成長など）が投資家のそうした楽観的な期待感を打ち砕いたのである。投資家は経済（および株価）は引き続き平均以上のペースで成長を続けると予測していたが、実際には平均どころかそれを大きく下回る成長率に低下したことが長期の弱気相場をスタートさせた。

　レンジ相場と弱気相場を分けるのは経済成長率であるが、強気相場とレンジ相場を決定するのは株価（PER）の評価水準である。強気相場とレンジ相場では経済成長率は短期的に上下し、これが株価の変動を引き起こし、比較的短期の循環的な上昇・下降・横ばいの局面を形成する。しかし、強気相場とレンジ相場の長期的な経済成長率はかなり安定している。**図表1.1**を見ると、20世紀の強気相場はレンジ相場や急激な弱気相場（大恐慌のときなど）が終了したあとにスタートし

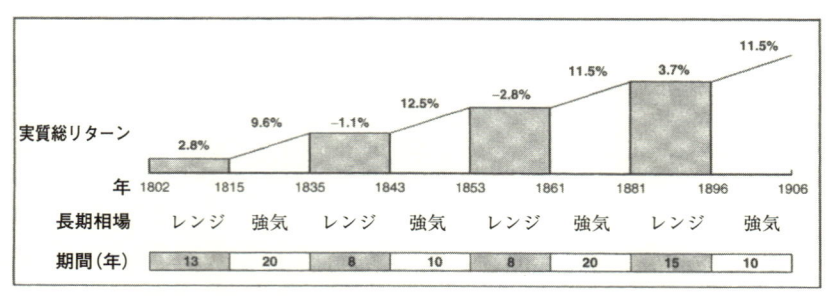

図表1.2　米国株式市場のパフォーマンス（1802〜1906年）

年	1802		1815		1835		1843		1853		1861		1881		1896		1906
実質総リターン		2.8%		9.6%		-1.1%		12.5%		-2.8%		11.5%		3.7%		11.5%	
長期相場		レンジ		強気		レンジ		強気		レンジ		強気		レンジ		強気	
期間（年）		13		20		8		10		8		20		15		10	

出所＝マイケル・アレクサンダー著『ストック・サイクルズ（Stock Cycles）』

ている。いずれの場合もPERはヒストリカルな平均よりもかなり低く、経済成長率は平均的な水準（レンジ相場のときよりも良くも悪くもない）という状況である。

100年以上の歴史を見ると

　これまで20世紀の米国株式市場の推移を見てきたが、はたして100年の株式の統計で十分なのだろうか。すなわち、この100年間の3つの長期的なレンジ相場、ひとつの弱気相場、（1929年の株式大暴落のあとの強気相場も含めた）3つの強気相場を検証しただけで、統計的に有意な結果を引き出すことができるのだろうか。

　そうした疑問に答えるために、それ以前の100年間の米国株式市場のパフォーマンスについても検証してみた。マイケル・アレクサンダーはその著『ストック・サイクルズ（Stock Cycles）』のなかで、1802〜2000年の米国株式のサイクルとパフォーマンスを分析しているが、**図表1.2**は1802〜1906年の米国株式の各サイクルとその実質リターン（インフレ調整後リターン）を比較したものである。それを見る

と、前に示した1900～2006年の**図表1.1**と同じように、19世紀でもレンジ（または弱気）相場のあとに強気相場が出現している（この本ではレンジ相場と弱気相場を区別していないが、私は実質リターンがかなり低下する弱気相場とレンジ相場ははっきりと区別している）。

ところで、200年という期間の米国株式市場のパフォーマンスを検証すればそれで十分なのだろうか。もちろん100年の統計よりはましかもしれないが、それでも統計的に有意な結果を得るには十分とはいえないだろう。学者たちは有意な統計結果を得るには数千年の株式データを検証する必要があると言うかもしれないが、それは無理というものだ。本書では何もレンジ相場のあとに強気相場が到来することを統計的に立証することが目的ではないので、それほどの膨大なデータを検証する必要もないし、第一そうしたデータを入手することなんてできない。

状況がどれほど変化しても、株価を動かす力は基本的に同じである。ウェスタン・ユニオン社の電報で売買注文を出そうと、またはオンラインブローカーのビデオゲーム機のような端末を見ていようとも、そこには必ず人間がいる。そしてわれわれ人間の心理はある程度までは予測が可能である。

人間の心理と株価の長期トレンドの間には密接な相関関係がある。ここ数年間でわれわれの株式に関する知識はさらにレベルアップし、高度なトレーディングツールも手に入り、さらには10年前には一部の特権層しか入手できなかった膨大な株式データも簡単に入手できるようになったが、われわれ人間は10年、20年、50年、さらには100年前とちっとも変わっていない。高度なテクノロジーやトレーディングツールがすべての売買決定を代替しないかぎり、われわれ人間はどれほど高度な知識を持とうとも以前と同じように行動する。すなわち、すべての投資決定を完全にコンピューターに任せないかぎり、マーケットを動かしているのは人間の心理である。心理（感情）とは人間であ

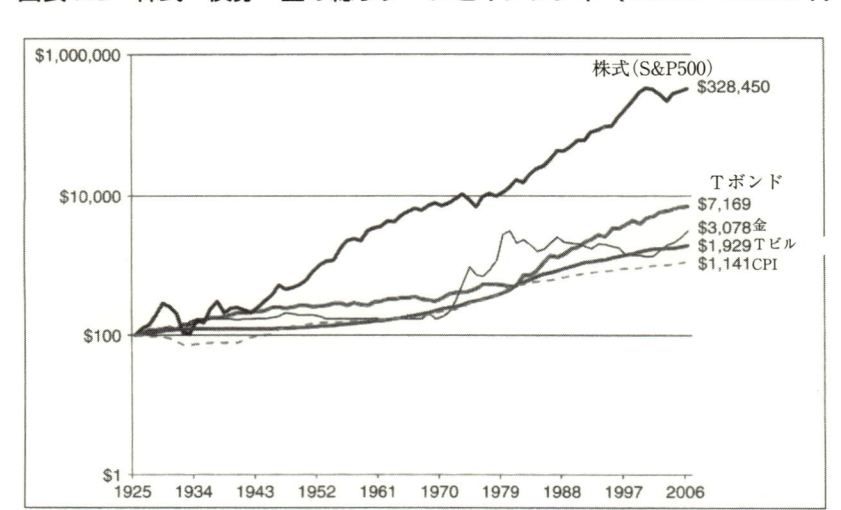

図表1.3 株式・債券・金の総リターンとインフレ率（1925〜2006年）

株式（S&P500） $328,450
Tボンド $7,169
$3,078 金
$1,929 Tビル
$1,141 CPI

出所＝株式・消費者物価指数（ロバート・シラー）、国債（イボットソン・アソシエイツ）

ることの証明であり、また喜びでもある。

長期的には株式が有利

　米国株式市場の20世紀（100年）の歴史を見ると、株式は債券や金よりも有利である。株式の歴史にはいろいろなことがあった。第一次世界大戦、50万人のアメリカ人を含む全世界で2000万人の人命を奪ったインフルエンザなどの流行病、世界大恐慌、日本の真珠湾攻撃と第二次世界大戦の勃発、朝鮮戦争、（ロシアとの核戦争の危機に直面した）キューバのミサイル危機、ケネディ大統領の暗殺、ベトナム戦争、ニクソン大統領の弾劾、石油危機、東西冷戦、２回の湾岸戦争、同時多発テロ事件、深刻な自然災害など、数多くの問題を株式市場は克服してきた。

図表1.3は株式を含む主な投資対象のパフォーマンスを比較したもので、それを見ると長期的には株式のリターンは債券や金のリターンを大きく上回っている。例えば、1925年末に100ドルを株式に投資したとすれば、2006年末には32万8450ドルに増えており、これはTボンド（長期債）の7169ドル、金の3078ドルを大きく上回っている。Tビル（短期債）のリターンはインフレ率（CPI＝消費者物価指数）をわずかに上回る程度である。

　株式のリターンに続く二番手の債券について見ると、理論的には無限大のリターンの可能性がある株式に比べて、債券のリターンには契約で定められた上限がある。元利払いがデフォルトにならないかぎり一定のリターンは保証されているが、企業業績の向上がリターンの増加につながる株式とは異なり、債券保有者はいつも同じリターンしか手にすることができない。

　確かにデフォルトリスクという点で債券は株式よりも安全であり、発行企業が倒産したときも優先的に残余財産が分配される（株式保有者はすべての投資資金を失う）。つまり、債券保有者はその優先順位に従って、いざというときは投資資金のすべてか、一部を回収することができる。

　しかし、ジェレミー・シーゲル博士はその著『株式投資――長期投資で成功するための完全ガイド』（日経BP社）のなかで、1802～2001年の200年間について株式と債券のリターンを比較し、次のように述べている。

　　1802年以降の各5年の期間について見ると、株式の年間最低リターンは－11％だったが、それでも債券（長期債や短期債）の最低リターンをわずかに下回る程度だった。……次に検証期間を10年にすると株式の最低リターンは債券のそれを上回り、期間を17年以上に延長すると株式のリターンがマイナスになったことは1

回もなかった。……いろいろな株式に分散投資すれば、購買力の維持という点では長期的に最も安全な方法となる。株式を10年間保有したときの債券に対するアウトパフォーム率は80％以上、保有期間を30年に延長すると株式のアウトパフォーム率はほぼ100％となる。

アメリカ以外でもやはり株式のほうが有利

　20世紀における株式の耐久性と優れたパフォーマンスはアメリカだけに限らない。先のジェレミー・シーゲル博士の『株式投資』によれば、1926〜2001年の株式の年実質リターンはアメリカをはじめ、イギリスやドイツでも6〜7％とかなり安定している。アメリカ以外の先進国でも株式市場はいろいろな困難を乗り越えており、例えばドイツ株は第二次世界大戦が勃発したときに実質リターンは90％以上も低下したが、1958年までにそのすべてを取り戻した。

　ドイツの同盟国だった日本でも株式の回復は目覚ましく、日本株の実質価値は戦中・戦後に98％も低下したが、長崎と広島への原爆投下や戦後の超インフレなどの困難を乗り越え、1960年代初めまでにはそれ以前の水準まで回復した。その期間の日本株の実質リターンはドル換算で2.39％であるが、20世紀を通して日本円の対ドルレートがほぼ一貫して低下したことから、この数字はかなり過小評価されている。円換算の日本株の実質リターンは米国株式のリターンを上回るだろう。

　これに対し、債券のリターンはあまり振るわない。シーゲル博士の研究によれば、日本とドイツの債券は当初の実質価値を回復することはなかった。ドイツ債は超インフレで失った価値のほとんどを取り戻すことができなかった。第一次世界大戦が終了したときに締結されたベルサイユ条約で、ドイツは戦勝国に多額の賠償金を支払うことになった。その結果、ドイツ経済は疲弊し、戦勝国への賠償金と経済復興

資金を確保するために多額の紙幣の増刷を行った。その結果、ドイツ国民が自国のお金を信用しなかったことから超インフレが起き、物価は1カ月で数百万倍にも高騰した（物価は49時間ごとに2倍になっていった）。

一方、日本では中国東部占領後の1939年からインフレが始まり、やはり戦時費を賄うために大量の紙幣増刷を行った。しかし、日本債の価値喪失はドイツ債ほどではなく、戦時中の超インフレで失った実質価値の一部をそれ以降に取り戻すことができた。

なぜ株式は債券よりも有利なのか。債券に対する株式のアウトパフォームは将来も続くのか。リスク資産である株式は投資資金のすべてを失う可能性もあるが、理論的には無限大のリターンが得られる可能性もあり、投資家の知恵と投資手法によっては、21世紀もほかのアセットクラスよりも有利なリターンを手にすることができる。1987年に公開されたヒット映画「ウォール街」でも、主人公のゴードン・ゲッコーは「欲望こそがすべてさ」と言っていたではないか。

金は再び輝くのか

金は株式や債券とは大きく異なる実物資産である。ここでは金について少し説明しよう。金の大きな魅力はその希少性、耐久性、酸化しにくい性質であり、それゆえにその輝きを失うことはない。実際、これまでに生産された金のほとんどは今でも宝飾品や工業用に使われており、各国中央銀行の金庫にも保管されている。こうした金について、ピーター・バーンスタインはその著『ゴールド――金と人間の文明史』（日本経済新聞社）のなかで次のように述べている。

　　　金は複雑な魅力を持っているが、その性質はいたって単純である。元素記号のAuは夜明けを意味し、その輝かしい意味合いに

もかかわらず、化学的には不活性物質であり、これが金の永遠の輝きの源泉となっている。エジプトでは今から4500年前に金製の歯のブリッジが使われており、それは現在でも使用することができる。……耐酸性・高密度・可鍛性といった性質が金の魅力と輝きを生み出している。

　もっとも、こうしたユニークな性質にもかかわらず、金は有利な投資対象ではない。100〜200年の期間で見ると、金のリターンはインフレ率をわずかに上回る程度である。その値動きは株式とあまり相関関係がなく（ほとんどの期間で金と株式は独自の動きをしている）、それゆえにポートフォリオの変動を抑えるために金を分散投資の一環として取り入れる投資家もいる。しかし、これによってポートフォリオの（リスク調整済み）リターンを逆に大きく低下させるというマイナスの結果をもたらす可能性もある。

　実物資産の金は保有したり、手で触れたり、その輝きを見ることもでき、株式や債券などの金融資産と違って、政治の変化や時の経緯によって減価することもない。これが経済の不安定期などに人々を引きつける理由であり、マーケットや社会のなかで安定した魅力を保っている。

　金投資家と言われる人々によれば、有事のときに株式や債券などの金融資産で食料を買うことはできず、実物有形資産である金の強みはまさにそうしたときに発揮される。確かにそうしたときに金は事実上の通貨となるので、金庫や裏庭に金を保有しようという金投資家の主張も分からないではない。そうした人々は国債に加えて、金もポートフォリオに組み込んでリスク分散するメリットを強調する。彼らによれば、金鉱株や金のETF（株価指数連動型上場投資信託）ではデフォルトリスクのない国債ほどは安全ではないので、実物資産としての金を直接保有したほうがよいという。

しかし、金融システムのグローバル化と複雑化、国際貿易の広範な進展、以前には入手できなかったリスクフリーの金融商品の登場などによって、有事のときの投資家の行動もかなり変化してきた。最近では連邦預金保険公社（FDIC）保証の当座・貯蓄預金や債券、インフレヘッジ条項付き国債（TIPS）などが、インフレ期の安全な資産として金を脅かしつつある。

金に対抗する金融商品

　TIPSは将来的に金の価値の優位性を脅かす大きな競合商品になるだろう。米財務省が発行し、米政府の完全な保証が付いているということだけでなく、金の最も大きな強みであるインフレヘッジの機能も持っているからである。TIPSの元本はCPIにリンクし、インフレ高進期には元本が増額し、デフレ期には減額する。そして満期時には当初の、またはインフレ調整済み元金のどちらか多いほうが返還される。

　このようにTIPSには金にない金融上の利点があるが、金の大きな魅力のひとつである有形性はない。それによって証券会社や銀行、または個人の金庫に保管することができる。さらに、CPIに連動するTIPSのインフレヘッジ条項は政府によって決められており、その計算法は時代遅れだとか、いつもインフレ率よりも低く抑えられているといった批判もある。

　株式や債券のようなキャッシュを生み出す資産は、将来的に生み出すと予想されるキャッシュ額に基づいて値付けされるが、キャッシュを生み出さない金の将来の価値を予測するのはかなり難しい。また金には輸送・保管などのコストがかかるが、TIPSや債券、配当が得られる株式などは保有すると反対に利息や配当がもらえる。金は特にドルが減価したときのヘッジ通貨と考えられているが、最近の金融システムの発展で数十年前にはなかった投資の選択肢が広がり、長ら

く維持されてきた金の優位性を奪いつつある。現在の投資家はドルの減価をヘッジするために、通貨先物やオプション、外国為替投資信託、CD（譲渡性預金証書）を利用したり、または外国株やADR（米預託証券）を買ったり、最近ではETFも広く普及してきた。

金の価格は長期的にも短期的にも、有事や将来のインフレに対する投資家の不安によって押し上げられるが、金には（宝飾品のほか、歯・コンピューター・航空機・エレクトロニクス製品などの）工業用途もあるので、その適正価値がどの程度なのかを特定するのは難しい。いずれにせよ、金の本質的価値は特にインフレ高進期でも減価しないことにあるのは間違いない。投資家が金を経済不安期の避難所とみなしているかぎり、金の役割はこれからも続くだろう。

しかし、既述したように、金の独占的な優位性もさまざまな金融商品の登場で次第に低下していることは間違いない。

大局的に見たときの間違い

　「空に高く舞い上がると地球上のでこぼこは次第に薄れ、ヒマラヤ山脈も平坦になり、またグランドキャニオンも小さな溝のように見える。……宇宙から見ると、地上に住んでいるときに直面する厳しい経済の現実や地表のでこぼこなどはほとんど見えなくなる。株式市場も50～70年という大局で見ると、それは美しいブルーチップのマーケットである。株式市場の長期の上昇トレンドは、多くの投資家が直面している現実を覆い隠してしまう」——エド・イースタリング著『バイ・アンド・ホールド時代の終焉』（パンローリング）

20世紀の株式市場のパフォーマンスを見ると、将来も長期にわたってこれまでと同じような安定したリターンが得られるように思えるが、

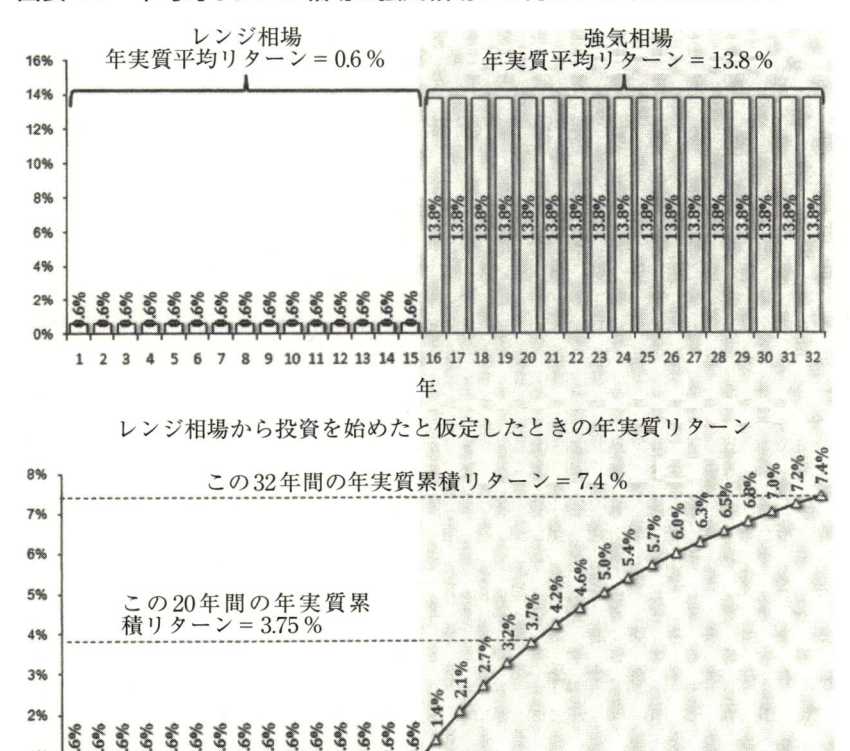

図表1.4 平均的なレンジ相場と強気相場から得られる年実質累積リターン

レンジ相場から投資を始めたと仮定したときの年実質リターン

1937〜2000年の4つの長期相場（2つの強気相場と2つのレンジ相場）の平均リターンが将来も続くと仮定したとき

　実際にはこれからの株式投資の道のりはかなり険しいものになるだろう。

　19〜20世紀の株式市場では年平均7％ほどのリターンが得られた（10〜11％の名目リターンから3〜4％のインフレ率を差し引いた実質リターン）。そして株式関連書や大学の教授、投資のプロなども長

期的にはそれと同程度のリターンが得られると予想しているが、実際には事はそれほど単純ではない。

　アメリカ経済は将来も繁栄期を迎えられるかもしれないが（またはそうはならないかもしれない）、20世紀に得られたような株式投資の平均リターンは期待できず、おそらく専門家の予測をかなり下回るだろう。そして一般に考えられていることとは裏腹に、力強い経済成長が再来しても、それが必ずしも株式投資の高いリターンにつながるわけではない。

　株式投資のリターンは投資をスタートしたときのPERに大きく左右される。

　平均以上のリターンが得られる長期の強気相場が終了すると、そのあとには平均以下のリターンしか得られないほぼ同じ期間にわたるレンジ相場が到来する。平均リターンとはこの２つの期間のリターンを平均したものである。

　将来も長期にわたってパッシブなバイ・アンド・ホールドを行えば、専門家が予測するような実質７％（名目で10～11％）の年平均リターンが得られると考えるならば、レンジ相場という冷酷な現実に大きく打ちのめされることになるだろう。

　例えば、1937～2000年の４つの長期相場（２つの強気相場と２つのレンジ相場）について検証してみよう（通常、投資家に甚大な影響を及ぼした大恐慌期はこうした検証期間から除外する）。２つのレンジ相場の平均期間は約15年、そのときの年平均リターンは名目で5.5％、実質で0.6％となっている。一方、２つの強気相場の平均期間はそれよりも少し長く約17年で、同リターンはそれぞれ16.3％、13.8％である。

　図表1.4はこの期間の２つの株式サイクルを将来に延長したときの実質年平均リターンと累積リターンを示したもので、インデックスファンドや市場平均並みに広範な株式を保有する投資家が得られる32年間（15年のレンジ相場＋17年の強気相場）の平均実質リターンを表し

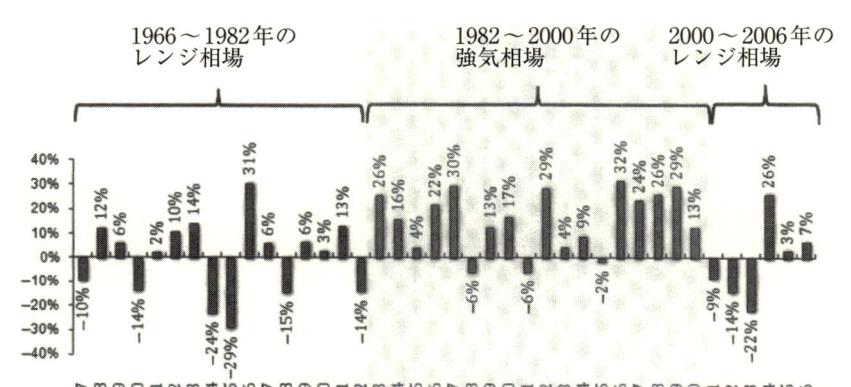

図表1.5 1966～2006年のリターン（1967/01～2006/01）

1966～1982年のレンジ相場　1982～2000年の強気相場　2000～2006年のレンジ相場

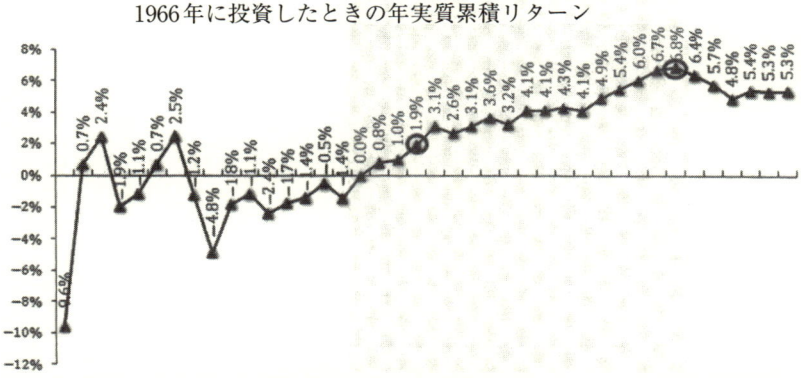

1966年に投資したときの年実質累積リターン

ている。もしも同じ投資家が株式保有期間を15年か20年に短縮したとすれば、手にする年累積リターンは32年間の平均リターンをかなり下回る実質0.6％（名目では3.75％）にとどまるだろう。

一方、**図表1.5**は1966～1982年のレンジ相場と1982～2000年の強気相場を含む1966～2006年の株式投資の年リターンと累積リターンを示

図表1.6　平均的な強気相場と平均的なレンジ相場から得られる年実質リターン

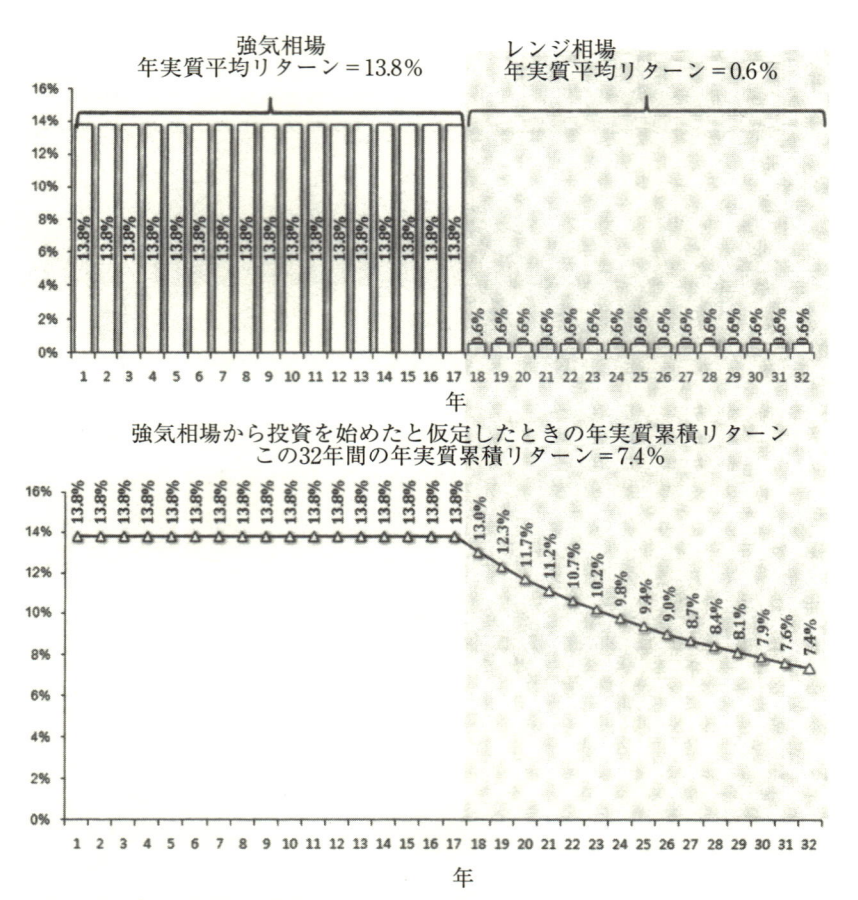

強気相場
年実質平均リターン＝13.8％

レンジ相場
年実質平均リターン＝0.6％

（1〜17年：13.8％、18〜32年：0.6％）

強気相場から投資を始めたと仮定したときの年実質累積リターン
この32年間の年実質累積リターン＝7.4％

（1〜17年：13.8％、18年：13.0％、19年：12.3％、20年：11.7％、21年：11.2％、22年：10.7％、23年：10.2％、24年：9.8％、25年：9.4％、26年：9.0％、27年：8.7％、28年：8.4％、29年：8.1％、30年：7.9％、31年：7.6％、32年：7.4％）

1937〜2000年の4つの長期相場（2つの強気相場と2つのレンジ相場）の平均リターンが将来も続くと仮定したとき

したもので、**図表1.4**の期間よりもリターンの変動が大きくなっている。今後15年間から20年間に平均リターンを期待して1966年にインデックス（ダウ平均）投資を始めた投資家は、期待した長期の平均リターンをかなり下回る現実に大きく失望するだろう。実際、1966年から16年間には実質リターンがほとんどマイナスであり、プラスになるの

図表1.7　1950～1982年のリターン（1950/12～1982/12）

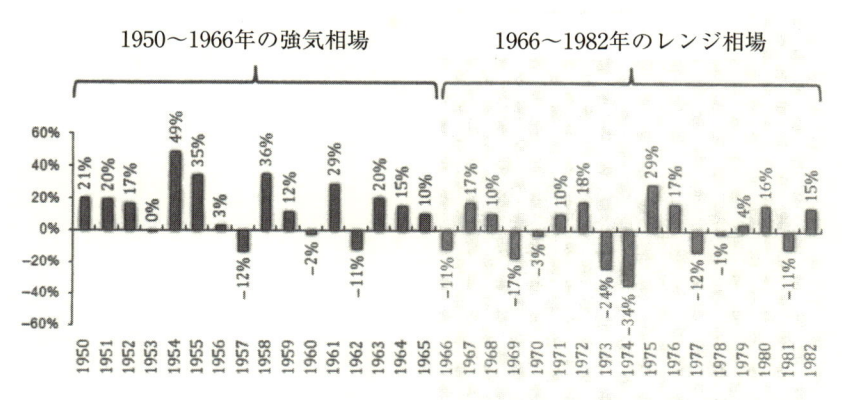

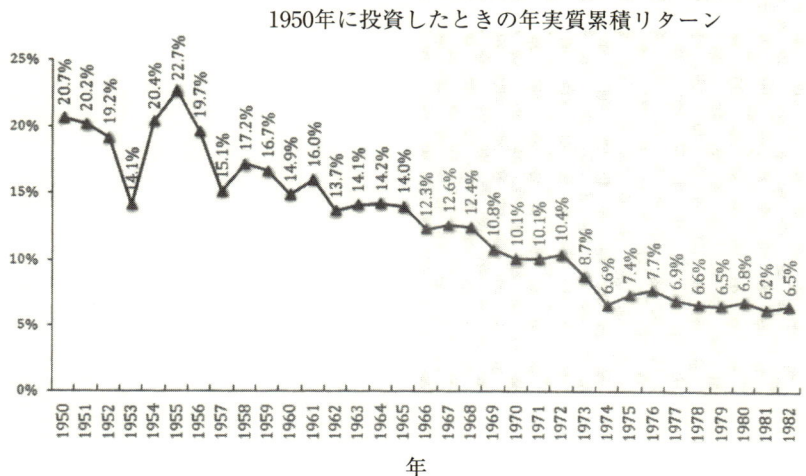

1950～1966年の強気相場　　1966～1982年のレンジ相場

1950年に投資したときの年実質累積リターン

はようやく1982年後半～1983年前半になってからである。この34年間を通したインデックス投資家の年平均実質リターンは6.8％となっている。

45

強気相場の高いリターンは次のレンジ相場で帳消しに

　ヒストリカルな平均を上回る強気相場の高いリターンは、それに続く長期のレンジ相場の低いリターンで帳消しになるようだ。**図表1.6**は強気相場とレンジ相場を含む1937〜2000年の年平均リターンを将来に延長したもので、強気相場で大きく儲けたインデックス投資家は次のレンジ相場でその多くを吐き出すことになる。

　さらに強気相場とレンジ相場を含む1950〜1982年のリターンを示した**図表1.7**を見ると、強気相場が続いた1950〜1966年の16年間のバイ・アンド・ホールド投資家の年実質リターンは14％に達したが、次の16年間（1966〜1982年）のレンジ相場では同リターンが6.5％に低下している。

短くなる投資期間

　50年または75年もの長期にわたって株式を保有する投資家はおそらくいないだろう。30年という期間も多くの投資家にとっては耐えられないに違いない。投資家といえども車やマイホームをはじめ、結婚、子供の大学教育資金などいろいろなお金が必要であり、最後には会社をリタイアしなければならない。

　年平均リターンを得るために30年もの長きにわたって株式を保有しようとしても、その間には実質リターンがマイナスになったり、かなり低い水準にとどまることも予想される。

　われわれの多くは少し大きな買い物をするために数カ月待つ忍耐力もなく、おそらくクレジットカードで購入し、早々と満足してしまうだろう。株式投資についてもこれと大差はない。格付け会社のダルバー社による1984〜2002年の調査結果によれば、投資家の現状は次のようなものであった。

図表1.8　平均的な株式投資信託投資家と市場平均、株式投資信託の平均、債券のパフォーマンス比較（1984〜2002年）

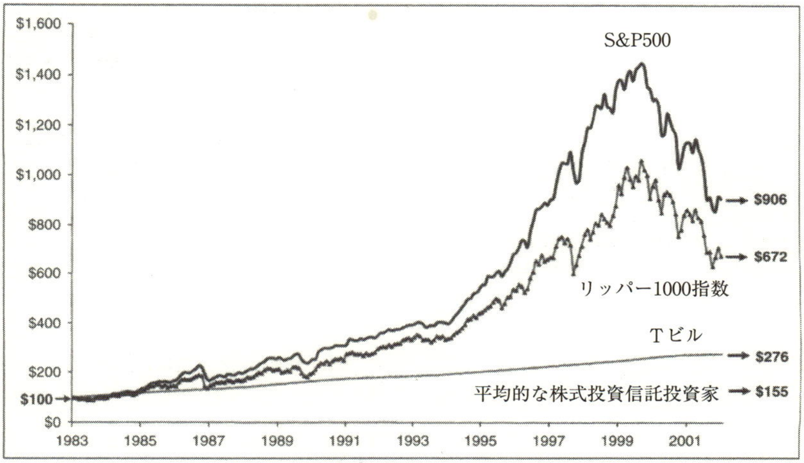
$1,600
$1,400
$1,200
$1,000
$800
$600
$400
$200
$100
$0
1983
1985
1987
1989
1991
1993
1995
1997
1999
2001
S&P500
$906
$672
リッパー1000指数
Tビル
$276
平均的な株式投資信託投資家
$155

出所＝リッパー1000指数（リッパー社）、S&P500（ロバート・シラー）、平均的な株式投資信託投資家のデータ（ダルバー社）、Tビル（イボットソン・アソシエイツ）

恐怖心と貪欲さに目がくらんだ一般投資家は、株価の上昇期に株式の投資信託を買い、株価が下落すると早々と売ってしまう。このような株式投信の投資家の年平均リターンはわずか2.57％にすぎず、平均インフレ率（3.14％）はもとより、過去19年間のS&P500の年平均リターン（12.22％）も大きく下回っている。これに対し、確定利付き証券の同リターンは4.24％、長期国債のリターンにいたっては11.7％にもなる。

ダルバー社によれば、この調査期間（1984年1月〜2002年12月）の一般投資家の株式投資のリターンは市場平均をかなり下回っている。例えば、主要な1000の米株式投資信託のパフォーマンス指標であるリッパー1000指数で見ると、平均的な株式投信のこの期間の年平均リタ

ーン(手数料など諸経費控除後)はS&P500のリターン(10.6%)を約2%下回っている。さらにショッキングなことは、株式投信の投資家のリターンがTビル(短期債)のリターン(5.5%)にも及ばないことである(彼らが投資している株式投資信託の平均リターンではない)。

同期間のリターンを比較した**図表1.8**を見ると、1983年12月末にS&P500に100ドルを投資したとき、2002年12月末に手にする金額は906ドルと(リッパー1000指数で表される)株式投資信託の672ドル、Tビルの276ドルをいずれも大きく上回っているが、平均的な株式投資信託の投資家の資金は155ドルに増えたにすぎない。

市場平均や株式投資信託の平均リターンに比べて、株式投信の投資家のリターンがあまりにも少ないのは辛抱がなく、またすぐに利益を得ようという飽くなき欲望のせいである。この期間には20世紀で最も長期の強気相場のひとつが含まれていたことを考えると、横ばいまたはボラティリティの大きな長期のレンジ相場においては、これらの株式投信投資家のリターンはさらに大きく低下するだろう。

彼らがかなり長期の投資期間を持とうとしても、彼らの多くにはそれだけの期間にわたって株式を保有する忍耐力はない。投資家が株式市場から安定したリターンを得るためには長期のスパンで投資を考える必要があり、本書の目的もまさにそこにある。

第2章
長期の強気・弱気・レンジ相場の心理

Emotions of Secular Bull, Bear, and Range-Bound Markets

「数カ月にわたる絶望感に襲われたあと、リバモアはついに勇気を出して自らの行動を分析し、自分の犯した間違いを客観的に観察し始めた。彼は最後に自らの人格と心理、感情といった人間の側面と対峙しなければならなかった。……なぜ彼はすべてのマーケットの原則、トレードの理論、苦労して学んだトレーディングルールをかなぐり捨てたのか。彼の狂気じみた行動は彼を経済的に、そして精神的にも打ちのめした。なぜそんなことをしたのか。彼は最後に、それは自らの虚栄心やエゴのなせるわざだということを悟った。……1日に100万ドル以上もの利益を上げたという過去の栄光は崩れて、彼は自分の出発点に立ち戻った。彼が向き合えなかったのは失敗ではなく（生涯にわたって失敗し続けた）、成功であった」――リチャード・スミッテン著『世紀の相場師――ジェシー・リバモア』（角川書店）

　この章では強気相場・弱気相場・レンジ相場を形成する人間の心理というものについて検討する。第1章でも述べたように、株式の長期相場を形成するのはわれわれ人間の心理であるという意味で、株式投資において投資家の心理は極めて重要である。

幸福な強気相場

　強気相場は投資家の楽観主義と幸福感を助長し、多くの投資家は株価が未知の領域にまで駆け上がると考え、適正株価などに関する論理は一切無視される（例えば、1990年代後半のドットコムバブルの絶頂期には、AOL［アメリカオンライン］株などは宇宙から次々と買い手が現れるといった感じで買い上げられていった）。

　株価の上昇が長期にわたって続いていくと、投資家は自分の能力に対する自信をいっそう強め、さらなる大きなリターンへの期待感を膨らませていく。強気相場の初期のころには投資家は退職金で恐る恐る投資を始めるが、強気相場の後半になると、もはや投資はスポーツのようなものになり、株式投資をフルタイムの職業にしようという人々も現れる。投資家の真のリスク許容度は何ら変わっていないが、連勝に次ぐ連勝でリスク感覚は次第にマヒし、かなりのリスク忌避者でさえもリスクテイカーとなる。古い諺にもあるように、強気相場ではすべての投資家が輝いて見えるのだ。

　強気相場の末期までに過去の損失の記憶は長期にわたる輝かしい成功に打ち消されているので、だれも株式投資にリスクが伴うとは思わなくなってしまう（「上げ続ける株式にリスクなんてあるのかい」）。強気相場の末期のこうしたリスク健忘症は何も株式だけに限ったことではない。ほかの投資対象でも繰り返し起こってきたのである。1630年代のオランダのチューリップバブルに始まり、1920年代のフロリダ州の土地投機バブル、1970年代の石油と金バブル、1980年代のジャンクボンドブーム、2000年代の不動産バブル、そして最近では2006年以降の商品バブルである。

　株式バブルの後半にはいつも「今回だけは違う」といった言葉がよく聞かれるようになる。例えば、1990年代後半のドットコムバブルのときは、従来の株価評価法では新興のドットコム企業の真の価値を測

ることはできなかった。キャッシュフローや1株当たり利益は、ウエブサイトへの訪問者数やその他の非利益尺度に取って代わられた。その結末がどうなったのかは皆さんご存じであろう。結局、キャッシュフローや収益性といった株式評価の尺度が再び戻ってきたのである。こうしたことはすべてのアセットクラスにも当てはまる。これまで何回も「今回だけは違う」と言われ続けてきたので、皆さんはわれわれ投資家がすでにいろいろなことを学習したと思っているだろう。

強気相場では投資家がかなり過大評価された多くの株式を抱え、一部のバブル株はハッブル望遠鏡でしか見えないほどの天文学的な水準まで買われる。そして最後に多くの投資家が2ケタのリターンはこれからも続くと思ったときに絶望の奈落に突き落とされる。

ケリー（仮名）のケースを見てみよう。彼はまじめなカーペット職人で腕も良かった。自分の店を持つ働き者で、せっせと貯蓄に励んだ。私が1999年後半に友人の家で彼に会ったとき、そこで新しいカーペット敷きの仕上げ作業をしていた。彼はそのとき私に「僕は近い将来にこの仕事を引退して、株で生活するつもりです。すでに妻と数十万ドルの投資資金をためたので、そのうち億万長者になりますよ」と言ったものだ。投資信託に預けた彼らのIRA（個人積立退職年金）は「素晴らしい5銘柄（オラクル、シスコシステムズ、サン・マイクロシステムズ、マイクロソフト、インテル）に集中投資され、過去5年間に年20％以上のリターンをもたらしたという。友人の証券マンは彼に、「この5銘柄は投資家が保有しなければならない株式だよ」と言って勧めたという。ケリーの控えめな予想でも、今から数年後に資産は約100万ドルに増える見通しである（過去5年間のリターンを控えめに計算したものだという）。

「僕は長期投資家で、毎月この素晴らしい5銘柄を買い増ししています。それらの株価が下がったら、バーゲンセールだと思ってさらに買い増しますよ」とケリーは語った。彼は私に意見を求めたが、自分

の投資法に夢中になっていたので、実際には私の意見には耳を貸さなかった。彼は証券マンが勧める最高の株式を保有し、それ以外には目もくれなかった。ビジネス雑誌の表紙を飾るそれらの株はかなり割高だったが、そんなことには目を向けようともしなかった。彼は優良企業と優良株の区別はまったく分からなかった（これについては第8章で検討する）。彼ら夫婦は分散投資ということも考えず、かなり割高になっていたこれらのハイテク5銘柄に集中投資していた。ケリーは将来の株式投資のリターンに対する自分の期待がかなり非現実的だということも分からなかった。彼は自分のしていること（株式投資法）に自信があり、これまでそれは完璧に成功していた。

ケリーのこうした行動は、強気相場の絶頂期における一般投資家の典型である。彼だけではなく、株式市場には上がり続ける株価に自信過剰になっている何百万人というケリーがいた（今でもいる）。「リターン」は強気相場の合い言葉であり、「リスク」はほとんど忘れられた言葉となる。リスクは弱気相場とレンジ相場の合い言葉であるからだ。

悲しい弱気相場

弱気相場では強気相場と反対のことが起こる。強気相場の楽観主義は悲観主義に変わり、幸福感は苦悩になる。投資家は強気相場で株価が下げたところでの買いに慣れ切っているので、当初は惰性でそうしたことを繰り返すが、その結果はいつも損失となる。さらに下げたところを買っても株価はさらに下落し、投資家の苦悩はいっそう深まっていく。

リスク許容度は変わらないが、リスクに対する投資家の感覚は次第に敏感になっていく。これまで気にならなかった小さなリスクでも、投資家の頭ではハエから象のように拡大していく。これまで蓄積した

利益と自信は弱気相場では無惨にも打ち砕かれ、最後には多額の評価損の出た株式のほとんどを投げ売りするか、または塩漬けすることとなる。投資信託や証券会社から送られてくる毎月の損益評価報告書は、未開封のまま郵便受けからゴミ箱に直行する。株式投資の惨状を見るに耐えず、現実を直視することができないからだ。

弱気相場は投資家に恐怖心を注入し、あとに続く世代の心理にも大きな影響を及ぼし、株式投資に対するスタンスを変化させる。あの大恐慌時代を生きた人々の話を聞くと、彼らはもはや二度と株式は買わず、すべての資産を国債や金、または現金で保有すると語っている。1929年8月に株式を購入した投資家が、その損失を取り戻すまでには25年を要さなければならなかった（配当は含まない）。

しかし、20世紀にアメリカで起きた長期の弱気相場は1929年のクラッシュを除き、実際にはすべてレンジ相場であった（この事実はあまり知られていない）。

第1章でも言及したように、1929年の株式大暴落の期間が3年以下だったことから、このクラッシュは長期の弱気相場とは定義されていないが、それでも私はこの株式大暴落を長期の弱気相場に含めている。**図表2.1**はそのときのチャートであり、下落期間は2年10カ月であるが、下落幅は89％にも達している。アメリカの株式市場でこれほどのクラッシュが起こったのはほかに例がない。それに先立つ5年間の株価は年18.5％のペースでぐんぐんと上昇していた。過熱した相場を突然修正し、あのクラッシュをもたらした一因はFRB（連邦準備制度理事会）の失政だった。「実際にFRBはアメリカ経済（患者）が史上最も深刻なデフレで凍え死にしそうになっているのに、それ以降もずっとインフレの熱を冷やそうとしていた」（ジョン・スティール著『ザ・グレート・ゲーム（The Great Game）』）。

株式市場にとって、予想以上のインフレとわずかでもデフレの兆しは大きな悪材料である。FRBはデフレよりもインフレに対するさま

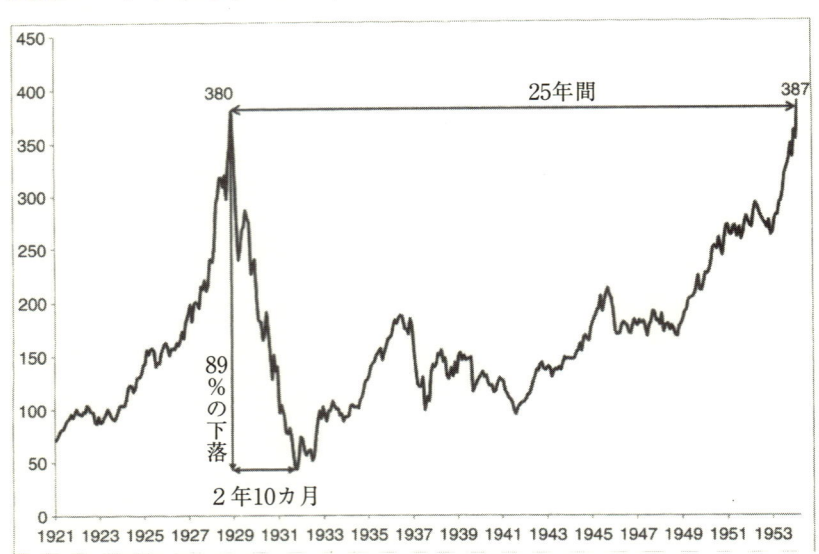

図表2.1　ダウ平均の1929年のクラッシュ

ざまな通貨政策の選択肢を持っているので、デフレよりはインフレ防止で大きな力を発揮する。大恐慌以来、FRBは市場に多めの流動性を提供することでインフレを早めに阻止するだけでなく、デフレについてもそのわずかな兆候の芽にも神経をとがらせている。

典型的な日本の長期弱気相場

　世界を見渡してみると、日本でも同じような状況が起きている。日本の13年にも及ぶ長期の弱気相場は、デフレに有効に対処できなかった日本銀行の無能力さを表している（**図表2.2**を参照）。日経平均は1989〜1991年の高値圏から80％以上も暴落し、2003年4月になってようやく底を打った。日本は10年以上にわたり、不動産バブルの崩壊と

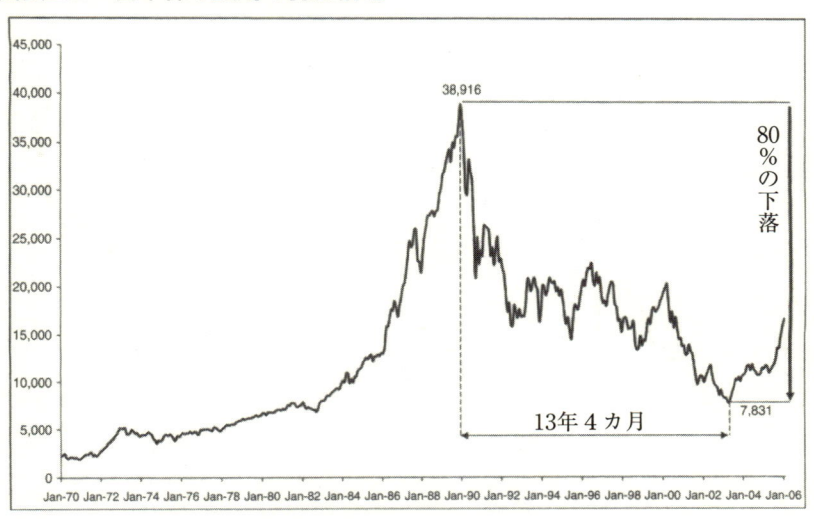

図表2.2　日本株の長期の弱気相場

グラフ中の注記: 38,916／80％の下落／13年4カ月／7,831

それに伴う不良資産の増大による金融システムの機能不全がもたらした深刻なデフレに苦しめられた。

　日本経済は1980年代後半には順調に発展し、低いインフレと積極的な金融政策によってマネーサプライは拡大していった。低インフレと力強い経済を背景に銀行の預金も着実に伸び、金融業界はわが世の春を謳歌していた。経済繁栄はこれからも続くといった予想のもとに、銀行は不動産向け融資を増やしていった。好景気と銀行からの潤沢な資金提供を受けて不動産価格は上昇を続け、不動産会社は値上がりする保有不動産を担保にさらに銀行借り入れを増やしていった。

　しかし、1990年代に入るとこうした不動産バブルもはじけ、不動産価格は下落の一途をたどった。多額の借入金を抱えた不動産会社は担保不動産の価値下落から借金の返済ができず、銀行の不良債権は急増していった。銀行の資産価値は急速に低下し始め、融資企業に対する

追い貸しと保有株の売却を迫られた銀行の資産はさらに減価していった。1990年代の日本の経済成長率は急速に低下し、ついにマイナス成長に追い込まれた。銀行は下落し始めた融資担保の不動産や株式の売却を迫られたため、それらの価格はさらに下落していった。結局、担保価値が融資額をかなり下回った多くの企業は支払不能に陥った。

将来に対する不安、先行きが不透明な経済、雇用減少の懸念などから銀行預金が急増し、国民は支出を抑えて国債や金などを購入した。日本銀行のゼロ金利政策にもかかわらず、国民の消費意欲と企業の設備投資は低迷した。

1990年代の日本の深刻な景気後退について、銀行システムに対する規制が不十分だったこともその一因であると指摘する専門家も少なくない。日本の深刻なデフレが長期にわたったのは、日本特有の政策にその原因があるようだ。日本政府は実質的な死に体企業でも倒産させず、資本主義の核心的なコンセプトである創造的破壊（いわゆる適者生存のダーウィニズム）を実行しなかったのである。苦い薬を飲まなかった日本経済は長期のデフレから脱出できず、生命維持装置でかろうじて息をついている企業でも健全な企業と一緒に生き延びたので、強い企業は成功の果実を手にすることができなかった。

アメリカの株式が将来に急落することもあるだろうが、あの大恐慌や日本の1990年代のデフレのときほど深刻なものとはならないだろう。FRBはデフレ防止に全力を挙げているし、過去の失敗を繰り返すような愚は犯さないだろう。しかし、われわれはこれまでにあの大恐慌のような事態が絶対に起きないということはないという厳しい教訓も学んでいる。

長期のレンジ相場とはどのようなものか

レンジ相場の特徴は、高値と安値がはっきりしている強気相場や弱

図表2.3　S&P500と一戸建て住宅価格のパフォーマンス比較

	S&P500	一戸建て住宅の中央価格
1990/12/31～1995/12/31	86.5%	13.2%
1995/12/31～2000/12/31	114.4%	28.3%
2000/12/31～2005/12/31	−5.5%	54.0%

出所＝S&P500（S&PのCompustat）、一戸建て住宅価格（国勢調査局）

気相場と比べてかなり複雑である。レンジ相場には強気や弱気、トレンドのない循環局面が含まれており、レンジ相場の長期トレンドはほぼフラットであるが、そのなかには上昇と下落、横ばいの短期トレンドがいくつか含まれる。受刑者がじわじわと狂気にいたる中国の水責めの拷問と同じく、長期のレンジ相場のリターンはあまり振るわないので、投資家は次第に自信をなくしていく。そして微々たるリターンが何年にもわたって続くと、投資家は株式に次第に興味がなくなり、株式投資を一切やめてしまうか、またはほかの投資対象に目を向け始める。例えば、1990年代後半のドットコムバブルがはじけ、そのあとにボラティリティの大きいレンジ相場が続いたとき、多くの株式投資家は不動産に資金を振り向けたり、現金で資産を保有するようになった。

図表2.3は５年間ごとのS&P500と一戸建て住宅のパフォーマンスを比較したもので、これを見ると株式から不動産へ資金がシフトしていった状況がよく分かる。S&P500は1990年代には５年ごとにほぼ２倍に値上がりしたが、一戸建て住宅価格は１年間にわずか数％しか上昇しなかった。しかし、2000～2005年になるとS&P500のパフォーマンスは−5.5％に低下したが（この５年間の動きを詳しく見ると、S&P500は2000年12月～2003年３月に35％以上下落したあと、2005年末までにそれまでの下げ分のほとんどを回復した）、これは平均以下

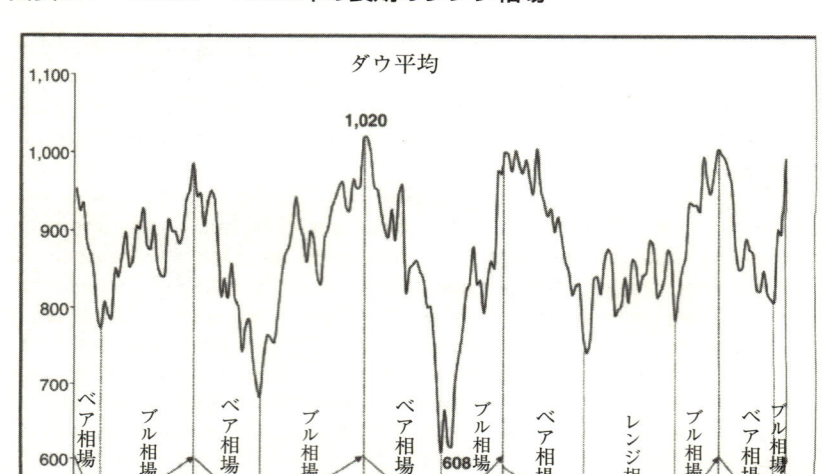

図表2.4　1966～1982年の長期のレンジ相場

のリターンにうんざりした株式の投資家が不動産に資金をシフトしたためである。長期にわたる低金利を背景に不動産市場への資金移動が始まったことから、一戸建て住宅価格は2000年から5年間に54％も上昇した。

　長期のレンジ相場のなかには短期の循環的な上昇局面も含まれるが、その期間は長くても数年（わずか数カ月で終わることもある）であり、それ以降には循環的な下落局面が始まったり、ときに横ばいの局面がはさまることもある（長期のレンジ相場とそのなかの循環局面を混同しないように）。長期のレンジ相場ではこうした循環局面がさまざまなバリエーションをもって繰り返されることになる。**図表2.4**は1966～1982年の長期のレンジ相場の動き（典型的なレンジ相場である）を示したもので、そのなかにはいくつかの循環的な上昇・下落・横ばい

の局面が含まれている。

　長期のレンジ相場では、はっきりした上昇や下落といった比較的長期のトレンドを形成しそうな動きも見られるが、そうした試みはいずれも失敗している（1966～1982年のレンジ相場でもそうだった）。レンジ相場では高いリターンに対する投資家の期待がことごとく打ち砕かれるので、投資家は株式に次第に無関心になり、これが「PERのさらなる低下→パフォーマンスの悪化→株式投資に対する関心の低下」という悪循環をもたらす。では、レンジ相場が終わる時期をどのようにして予測するのか、その答えは第3章で述べる。

強気相場とレンジ相場のボラティリティ

　レンジ相場のリターンは強気相場とほとんど同じくらいに変動する。強気相場は上昇トレンドを描くので、**図表2.8**、**図表2.9**、**図表2.10**などに見られるように、リターンの変動（ボラティリティ）の多くはプラスとなる。しかし、レンジ相場ではそうはならず、その期間を通してリターンはプラスとマイナスを合計するとほぼフラットになる。ほかのレンジ相場の図を見ても分かるように、レンジ相場のボラティリティはかなり大きく、毎年のリターンはプラスやマイナスに大きく振れる。

　図表2.5～**図表2.11**に示したさまざまなレンジ相場のボラティリティ（リターン）の分布を見ると、年間のリターンが＋10％以上になるプラスの大きなボラティリティのケース、－10％以下になるマイナスの大きなボラティリティのケース、ボラティリティが＋10％～－10％の範囲で変動するケースの3つに大別される。これらの図表ではS&P500の直近12カ月間のリターンを算出してそれを月ごとにプロットし、その期間の比率に基づいて各グループに分類した。

　例えば、1966～1982年の長期のレンジ相場のボラティリティを示し

図表2.5　1906〜1924年のレンジ相場のボラティリティ

レンジ内のリターンを示す割合

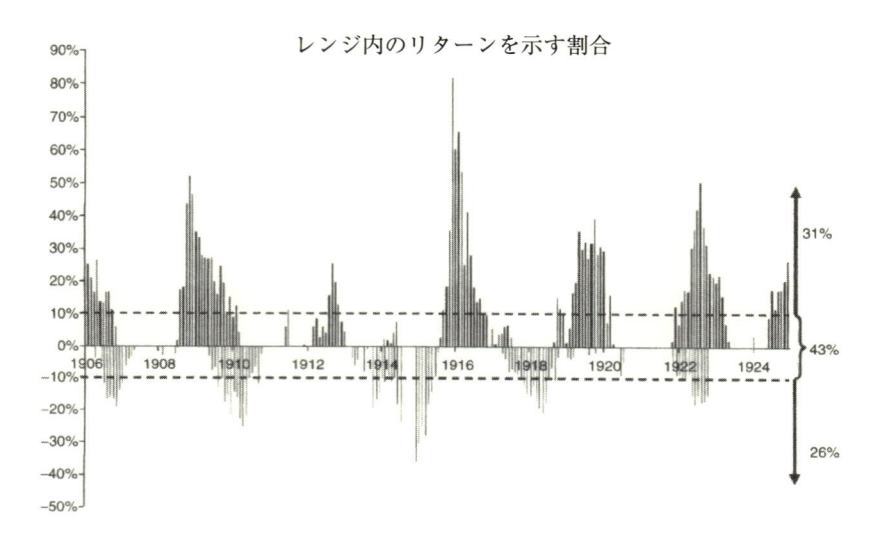

31%
43%
26%

図表2.6　1937〜1950年のレンジ相場のボラティリティ

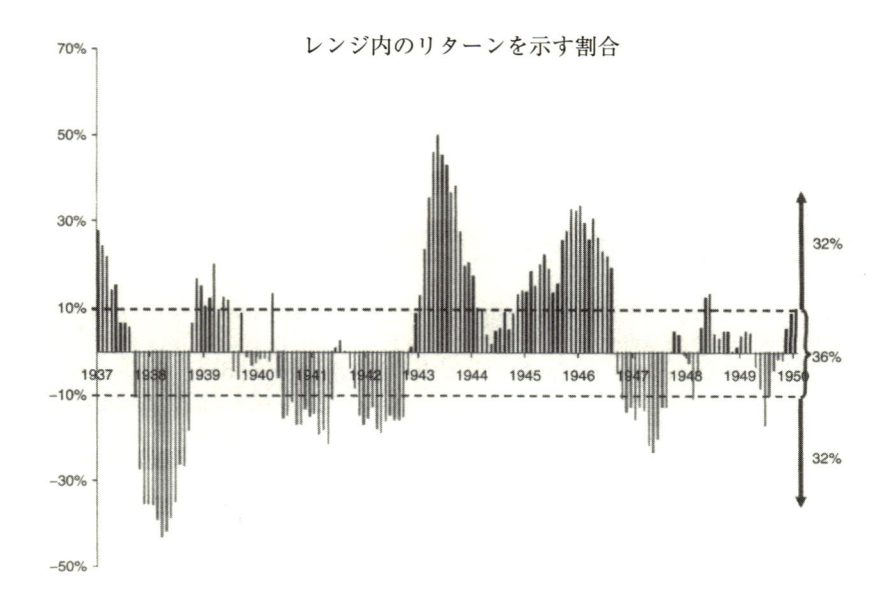

レンジ内のリターンを示す割合

32%
36%
32%

第2章　長期の強気・弱気・レンジ相場の心理

図表2.7　1966～1982年のレンジ相場のボラティリティ

レンジ内のリターンを示す割合

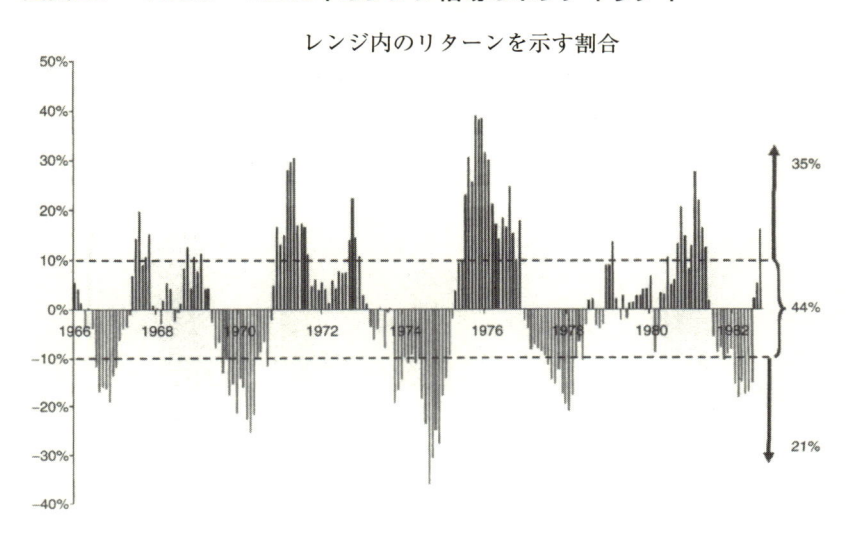

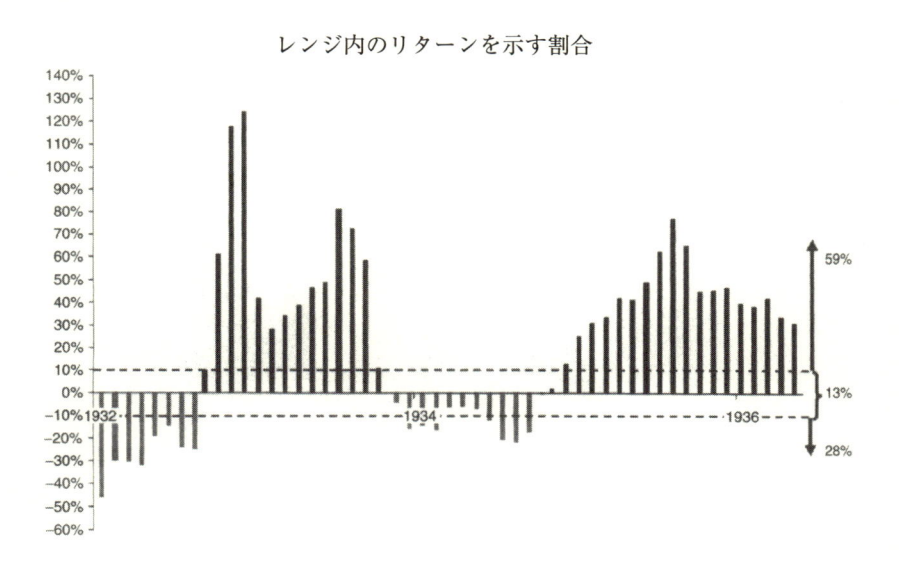

35%
44%
21%

図表2.8　1932～1937年の強気相場のボラティリティ

レンジ内のリターンを示す割合

59%
13%
28%

第1部　将来の展望

図表2.9　1950～1966年の強気相場のボラティリティ

レンジ内のリターンを示す割合

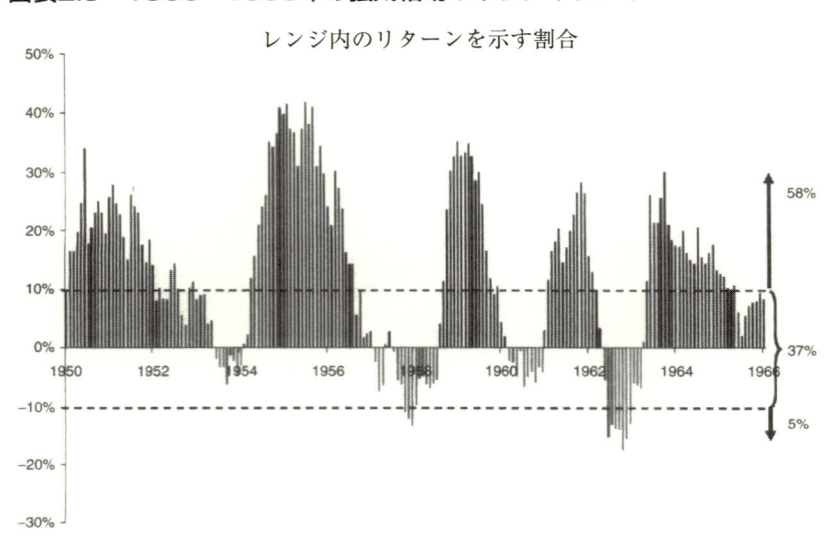

58%
37%
5%

図表2.10　1982～2000年の強気相場のボラティリティ

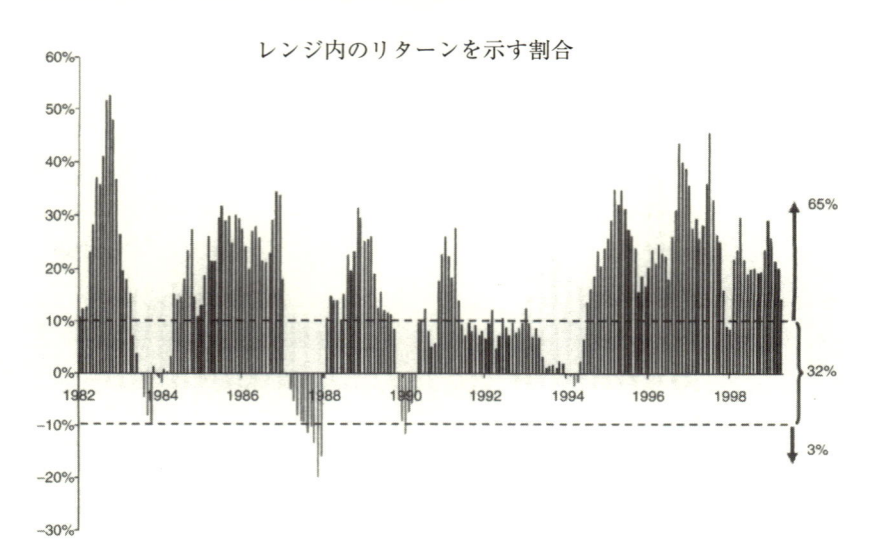

レンジ内のリターンを示す割合

65%
32%
3%

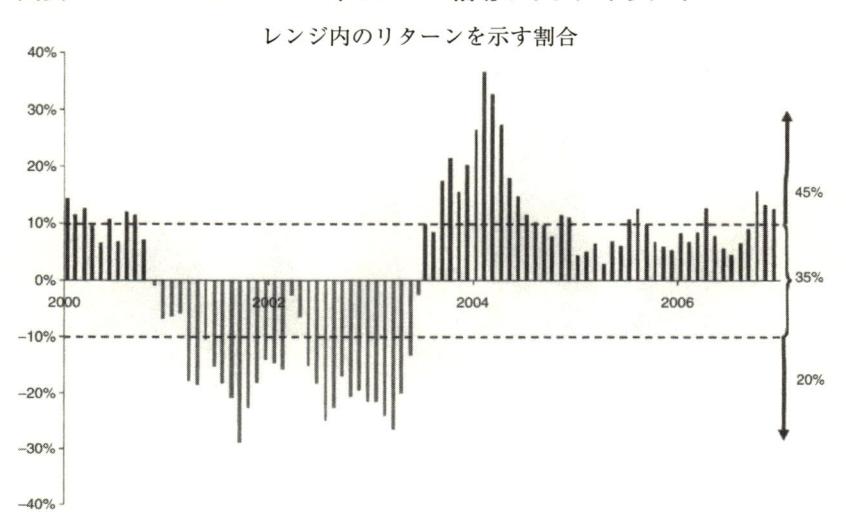

図表2.11　2000〜2006年のレンジ相場のボラティリティ

レンジ内のリターンを示す割合

た**図表2.7**を見ると、ボラティリティが+10％〜−10％の中央分布の範囲にとどまる期間は全体の44％であるが、それ以上の期間は+35％〜−21％の範囲で大きく変動している。20世紀のほかのレンジ相場でも、**図表2.7**と同じようにボラティリティの期間は大きく上下に振れている（**図表2.5**と**図表2.6**を参照）。

一方、1982〜2000年の強気相場（**図表2.10**）では、ボラティリティの中央分布範囲の期間はわずか32％であり、その範囲をはみ出したマイナスのボラティリティの期間は3％、その反対のプラスのボラティリティの期間は65％に達している。こうした傾向はほかの強気相場でもほぼ同じである（**図表2.8**と**図表2.9**を参照）。

他方、**図表2.11**の2000〜2006年のレンジ相場のボラティリティを見ると、先の長期のレンジ相場（**図表2.5**〜**図表2.7**）とかなり類似しており、この6年間も株価が上下に振れる典型的なレンジ相場となっている。

第3章

株式市場の数学

Stock Market Math

「まず最初に事実のデータを入手すれば、次はそれらを好きなようにいじくることができる」──マーク・トウェイン

　もしも読者の方が出版から数年たったころに本書を読まれ（私はそれを望むが）、そのときの平均株価がヒストリカルな平均値よりもかなり安いところでトレードされていなかったとすれば、この章で検討するコンセプトは依然として有効であることになる。この章のコンセプトが引き続き有効だとすれば、株価はこれからどのくらいまで下げる可能性があるのだろうか（しかし、こうした問い掛けはニワトリが先か、卵が先かといったような問題であり、読者の方が本書を読み進む価値があると考えられるならば、どうかこのまま読み続けていただきたい）。

　この章では株式投資のリターンの源泉について考察するが、**図表3.1**はそれを純粋に数学的な観点から図式化したものである。それによれば、株式投資のリターンの源泉はキャピタルゲイン（株式の値上がり益）と配当（インカムゲイン）に大別され、さらにキャピタルゲインはPER（株価収益率）の上昇と企業の利益成長、配当利回りは益回り（1株当たり利益÷株価）と配当性向（配当÷当期利益）で構成

図表3.1　株式投資のリターンの源泉

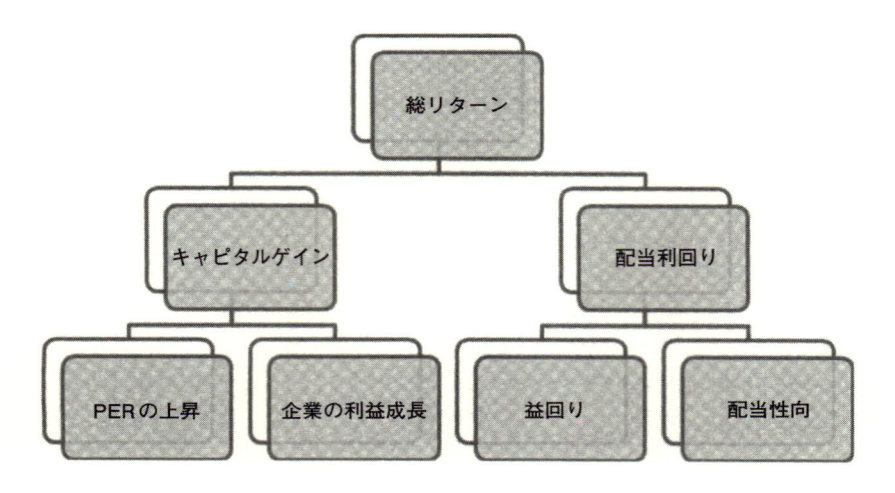

```
                    総リターン
                   /         \
          キャピタルゲイン    配当利回り
           /      \          /      \
       PERの上昇  企業の利益成長  益回り  配当性向
```

される。

　図表3.2は長期相場（弱気相場・強気相場・レンジ相場）のリターンの源泉の内訳を示したもので、以下ではこの問題について検討していく。

キャピタルゲインの源泉──企業の利益成長

　私は2007年初めに本書の仕上げ作業に入ったので、本書に掲載したすべての株価や株価指数などの最新データは2006年12月31日現在のものである。しかし、経済や企業の利益データなどの一部はこの時点でも入手できなかったが、それは2006年第4四半期のデータがまだ公表されなかったためである。したがって、入手できなかった2006年第4四半期のデータについては推定値を使った。

第3章　株式市場の数学

図表3.2　株式投資のリターン（年率）の構成

	弱気相場 1929–1932	レンジ相場 1906–1924	レンジ相場 1937–1950	レンジ相場 1966–1982	レンジ相場 平均	強気相場 1950–1966	強気相場 1982–2000	強気相場 平均
企業の利益成長率	−28.1%	2.5%	7.6%	6.6%	5.6%	4.7%	6.5%	5.6%
PERの上昇率	−12.5	−2.2	−7.4	−4.2	−4.6	6.3	7.7	7.0
キャピタルゲイン	−37.1	0.2	−0.3	2.1	0.7	11.3	14.7	13.0
配当利回り	7.1	5.9	5.7	4.1	5.3	4.3	3.0	3.7
総リターン	−32.6	6.1	5.4	6.3	5.9	16.0	18.2	17.1
インフレ率	−8.4	3.8	4.0	7.0	4.9	1.9	3.2	2.5
実質リターン	−26.4	2.2	1.3	−0.6	1.0	13.9	14.6	14.2

図表3.3　各10年間の株式投資のリターン（キャピタルゲイン）と経済・利益成長率

各10年間	名目GDP成長率	実質GDP成長率	S&P500企業のEPS	インフレ率	S&P500 キャピタルゲイン	S&P500 総リターン
1930–1940	−1.4%	0.5%	−5.0%	−1.9%	−5.3%	0.0%
1940–1950	11.2	5.9	7.7	5.0	2.9	8.9
1950–1960	6.3	3.8	5.4	2.1	13.6	19.3
1960–1970	6.6	4.5	5.6	1.9	4.4	7.8
1970–1980	9.7	3.2	7.9	6.3	1.7	5.8
1980–1990	8.3	3.1	5.5	6.3	12.5	17.3
1990–2000	5.6	3.0	7.1	3.4	15.1	18.0
1930–2000	6.7	3.5	5.2	3.3	6.5	11.0
強気相場	4.8	3.7	5.0	0.8	12.6	17.4
レンジ相場	9.3	4.0	7.0	5.5	2.2	7.3

「大切なのは経済じゃないんだよ」

　強気相場は高い経済成長によってもたらされ、レンジ相場は低い経済成長が引き起こすのだろうか。その答えはどちらも「ノー」である。

　株式市場の日々のノイズで分かりにくくなっているかもしれないが、長期的に見ると株価は企業の利益成長（または利益の低下）とPERの上昇（または低下）という２つの要因によって決まる。

　図表3.3はヒストリカルな10年間ごとの株式投資のリターンと経済成長率、企業の利益成長率などを示したもので、これを見ても株式のキャピタルゲインと経済成長（GDP成長率）との間に密接な相関関係は認められない。例えば、1940年代には名目GDP（国内総生産）成長率は11.2％、S&P500企業のEPS（１株当たり利益）成長率は7.7％という高い数値を記録したが、株価上昇率はわずか2.9％にとどまっている。一方、1950年代にはGDPとS&P500企業の利益成長率はそれぞれ6.3％、5.4％に鈍化したが、株価上昇率は13.6％に達している。

　それならば、ヒストリカルに見て平均以下の株式投資のリターンはインフレ率と関係があるのだろうか。そうした視点で1950年代のデータを見ると、インフレ率は2.1％とかなり低く、一方で翌1960年代にはインフレ率が1.9％にさらに低下したが、株価上昇率はわずか4.4％にとどまっている。1970年代にはインフレ率が6.3％に高進したものの、株価上昇率は1.7％の最低水準に落ち込んだ。1980年代にはインフレ率は6.3％のままだったが、株価は12.5％も上昇した。

　このように**図表3.3**の数字を見るかぎり、経済成長率と株式の基調（強気・弱気・レンジ相場）との間に相関性を見いだすのは難しい。もっと正確に言うと、この２つに密接な関係があるときも存在するが、10年という期間で見るとそれほど大きな相関関係はない。

　次に長期のレンジ相場と強気相場について、それらのデータを比較してみよう。**図表3.4**は1930〜2000年の５つの長期のレンジ相場と強

図表3.4　レンジ相場と強気相場の経済データの比較

レンジ相場

各10年間	名目GDP成長率	実質GDP成長率	S&P500企業のEPS	インフレ率
最初のレンジ相場	9.4%	5.3%	7.9%	3.9%
二番目のレンジ相場	9.3%	2.7%	6.1%	7.0%
平均	9.3%	4.0%	7.0%	5.5%

強気相場

各10年間	名目GDP成長率	実質GDP成長率	S&P500企業のEPS	インフレ率
最初の強気相場	1.8%	3.2%	2.7%	−2.8%
二番目の強気相場	6.4%	4.1%	4.8%	1.9%
三番目の強気相場	6.3%	3.7%	7.5%	3.3%
平均	4.8%	3.7%	5.0%	0.8%

気相場の経済データ（名目・実質GDP成長率、S&P500企業の利益成長率、インフレ率）を示したものであるが、ここでもこれらのデータと株式のパフォーマンスに関する相関性を見いだすのは難しい。

　例えば、3回の強気相場と2回のレンジ相場の実質GDP成長率にそれほど大きな差はない。**図表3.3**を見ると（インフレ調整済みの）実質GDP成長率は過去70年間はほとんど同じペースを維持しており、こうしたことは**図表3.5**のレンジ相場と強気相場についても同じである。面白いのはS&P500企業の利益成長率はレンジ相場のほうが高くなっていることである。しかし、1932〜1936年の強気相場のときを除けば、レンジ相場の平均7％という企業の利益成長率は2回の強気相場の同6.1％をわずかに上回るにすぎない。

第1部　将来の展望

図表3.5　レンジ相場と強気相場の経済データと株式リターンの比較

長期トレンド	期間	名目GDP成長率	実質GDP成長率	S&P500企業のEPS	インフレ率	キャピタルゲイン	総リターン
						S&P500	
強気相場	1932–1937	1.8%	3.2%	2.7%	−2.8%	15.1%	21.8%
レンジ相場	1937–1950	9.4	5.3	7.9	3.9	1.1	6.9
強気相場	1950–1966	6.4	4.1	4.8	1.9	9.2	13.7
レンジ相場	1966–1982	9.3	2.7	6.1	7.0	3.4	7.7
強気相場	1982–2000	6.3	3.7	7.5	3.3	13.4	16.7
強気相場の平均		4.8	3.7	5.0	0.8	12.6	17.4
レンジ相場の平均		9.3	4.0	7.0	5.5	2.2	7.3

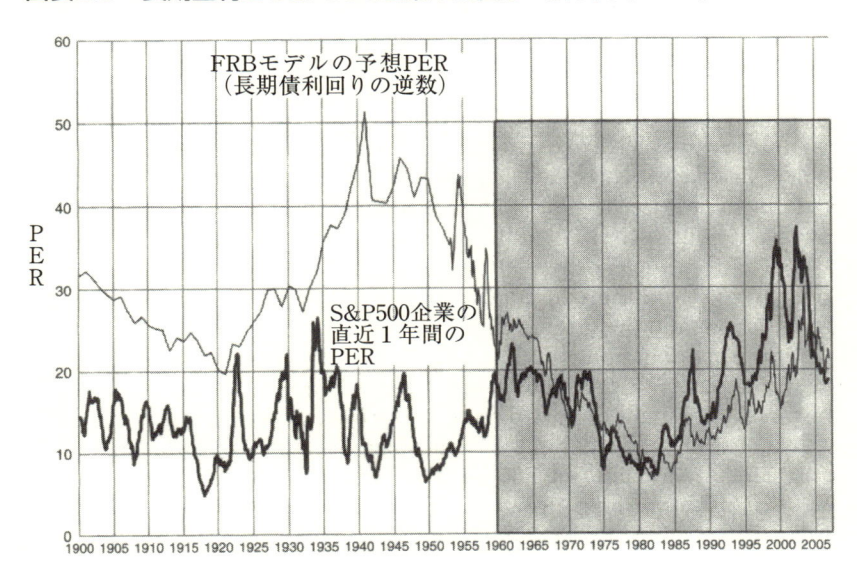

図表3.6　長期金利とS&P500企業の益回り（株式リターン）

　このように（プラスの）経済成長率と株式の長期リターンや株式相場のトレンドに目立った相関関係はない。短期的にはGDP成長率や企業の利益成長率が短い循環局面に影響を及ぼすこともあるが、長期的には経済成長率の違いで強気相場またはレンジ相場が出現する確率の間に相関性はない。

　一方、金利と株式リターン（益回り）の関係はどのようになっているのだろうか。**図表3.6**はS&P500企業の（直近1年間の利益に基づく）益回りと長期債の利回りの関係を示したもので、これを見ると長期債の利回りと、益回りで表した株式投資のリターンの間にはかなり密接な相関関係が認められる（**図表3.6**のFRBモデルとはプルーデンシャル証券のストラテジストだったエドワード・ヤルデニ氏が考案したもので、10年債と比較した株価の割安・割高度を示す指標）。

図表3.6の（レンジ相場と強気相場を含む）1966〜2000年の期間を見ると、FRBモデルはほぼ完璧に株価と金利の方向を予測している。長期金利と益回りはレンジ相場の1966〜1982年にはともに上昇したが（PERは低下した）、強気相場の1982〜2000年には低下した（PERは上昇した）。一般に株価と金利は逆相関の関係にあり、金利が上昇すると株価は下落する（金利が低下すると株価は上昇する）。

もっとも、ほかの長期相場を見ると金利と益回りはそれほど密接に関係していない。例えば、1906〜1924年のレンジ相場では長期金利は3.4％から3.9％にわずかに上昇したが、次のレンジ相場（1937〜1950年）には逆に2.7％から2.3％に低下している。1929〜1932年にも長期金利は低下したが、これはデフレの高進を反映したものである。長期金利は1924〜1929年、1932〜1937年、1982〜2000年の強気相場でも低下したが、1950〜1966年の強気相場では2.3％から4.6％に上昇した。

1966〜2000年の期間を除き、長期金利と株式相場の基調との間に緊密な相関関係は見られない。

企業の利益成長が続いているときは、PERが株式リターンを決定する決め手となる。一方、株式投資のリターンとは大きな関連性がなかった経済成長率は、大恐慌の時期を除いて20世紀にはかなり安定している（**図表3.3〜図表3.5**を参照）。実質GDP成長率に比べて変動の大きい企業の利益成長率も10年単位で見ると一貫して上昇しているが、強気・弱気・レンジ相場という株式相場の基調を決定する大きな要因とはなっていない。

企業の利益成長率は常にGDP成長率よりも大きいのか

大方の予想とは裏腹に、20世紀において企業の利益成長率は名目GDP成長率を下回っている。この2つを10年ごとに比較してみると、S&P500企業の利益成長率がGDP成長率を上回ったのは1990年代だけ

であり、この時期の同利益成長率は7.1％、名目GDP成長率は5.6％だった（**図表3.3**を参照のこと）。しかし、2000年代半ばの現在、このまま企業利益が高成長を遂げるとすれば、将来は利益成長率が名目GDP成長率を上回ると予想する投資家も少なくない。

S&P500企業の利益成長率は2001年に大きく低下したが、2002～2005年にはGDP成長率（5.4％）を大きく上回った。多くの投資家はこうした企業の高い利益成長率に目を見張っている。

S&P500企業のEPS（1株当たり利益）とEPS成長率を示した**図表3.7**を見ると、その利益成長率は2004～2005年に20％前後に達したあと、翌2006年には22.5％に上昇した。企業利益のこの驚くほど高い成長率はGDP成長率をかなり上回っている。GDP成長率は2004年に7％でピークアウトしたあと、2005～2006年には鈍化した。

2002年以降のこうした企業利益の高い成長率の背景には、次のような状況があると見られる。

1．2001年の景気後退期にS&P500企業の利益は前年の半分に落ち込み、それ以降の企業利益の成長率はこの年の低い利益がベースとなっている（**図表3.7**を参照）。
2．2003年以降の利益成長率は、企業の利益率（マージン）がヒストリカルな平均以上に上昇したことによってもたらされている（**図表3.8**を参照）。

企業の利益率について

「企業の利益率はファイナンス分野において、おそらく最も平均回帰的なものである。もしもそうでないとしたら、それはアメリカの資本主義に何か異常な事態が起こった証拠である。高水準の利益が企業間の競争を引き起こさないとすれば、それはアメリ

図表3.7　S&P500企業の１株利益と利益成長率

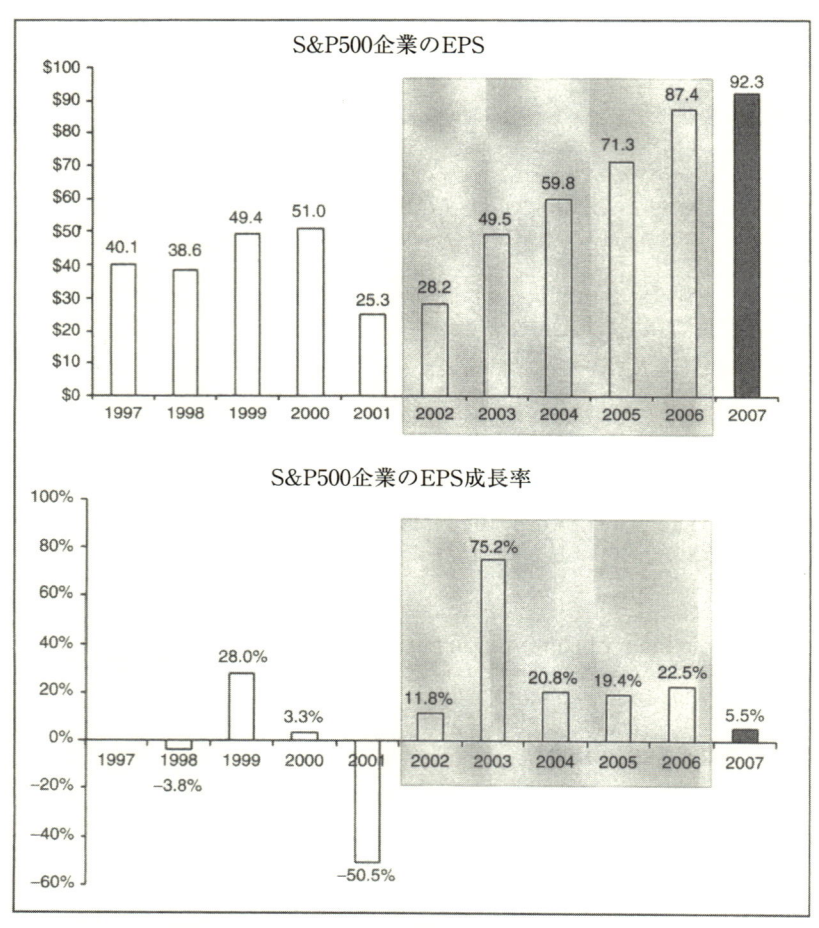

S&P500企業のEPS

年	EPS
1997	40.1
1998	38.6
1999	49.4
2000	51.0
2001	25.3
2002	28.2
2003	49.5
2004	59.8
2005	71.3
2006	87.4
2007	92.3

S&P500企業のEPS成長率

年	成長率
1998	-3.8%
1999	28.0%
2000	3.3%
2001	-50.5%
2002	11.8%
2003	75.2%
2004	20.8%
2005	19.4%
2006	22.5%
2007	5.5%

出所＝S&PのCompustat（2006年と2007年のEPSは推定値）

　　カの経済システムに何か重大な欠陥がある証拠であり、そのような経済システムはうまく機能しないだろう」――バロンズ紙に掲載されたジェレミー・グランサム（著名なバリュー投資家で大手資産運用会社GMOの会長）のコメント

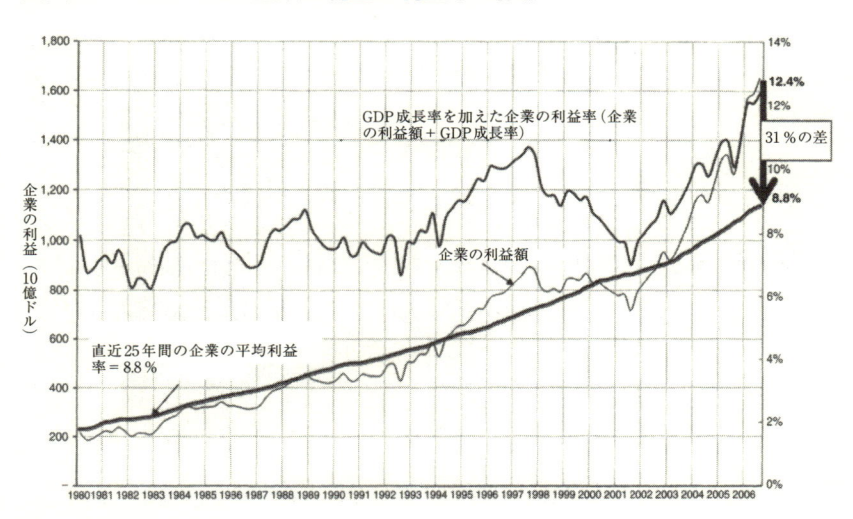

図表3.8　S&P500企業の利益と利益率の推移

（グラフ）
- 企業の利益（10億ドル）
- GDP成長率を加えた企業の利益率（企業の利益額＋GDP成長率）
- 31％の差
- 12.4％
- 8.8％
- 企業の利益額
- 直近25年間の企業の平均利益率＝8.8％
- 1980〜2006年

出所＝米商務省経済分析局

　われわれは企業の利益成長率がGDP成長率を上回るという新しい時代に入ったのかもしれない。企業の利益成長率はGDP成長率と企業利益率がベースとなっており、最近の異常に高い利益成長率をもたらしたものは利益率の向上である（ここでは企業の利益率を企業の利益額とGDP成長率とに分けて考える）。米企業の利益率は2001年第3四半期の7.0％から、2006年第3四半期にはなんと12.4％に上昇した（**図表3.8**を参照）。利益率が伸びるということは収益性の改善につながる。米企業の平均利益率は1981〜2006年には約8.8％だったが、2006年末にはその水準からさらに3.6％上昇した。

　米企業のこうした高い利益率は、20〜21世紀かけて推進された設備投資と生産性向上の努力が報われた結果なのだろうか。そしてアメリカはハイテク主導の新しい効率的な企業経営の時代を迎えたのだろうか。これからもアメリカ経済では高いレベルの利益率が続いていくのだろうか。そうした問いに対する答えはすべて「ノー」である。

合成の誤謬

　ハイテクに対する米企業の大規模な設備投資は、けっして無駄にはなっていない。それによって企業経営の効率化は促進され、生産性は大きく向上した。しかし、これは技術革新によるコインの表側であり、コインの裏側としては高度な技術が広く普及した結果、だれでも簡単にそれらの恩恵が受けられるという現実がある。今ではお金を出せばだれでもオラクルの高度なソフトが買えるので、これが経済学で言う「合成の誤謬（個々の利益の積み重ねが、必ずしも全体の利益にはならないこと）」を促進している。

　技術革新によって企業はコストを節減し、競争力を高めることができたが、競合企業も競争相手のそうした状況を黙視しているわけではない。それらの企業も競ってオラクルやマイクロソフトの製品を購入して競争力をつけるので、企業の利益率は次第に低下していく。つまり、1社の利益が必ずしも企業全体の利益にはつながらない。

　技術革新によって企業の収益性は向上したと一般に考えられているが、ビジネスの歴史を振り返ると、現実は必ずしもそうはなっていない。例えば、小売り最大手のウォルマート・ストアーズは最先端の在庫管理・商品配送システムを導入して小売業界を一変させ、非効率的な企業を駆逐してその恩恵を消費者に還元した。

　しかし、まもなく同業他社もそうしたシステムを導入して競争力を高めていった。全米に8000以上の店舗数を持つディスカウント小売り大手のダラー・ジェネラルは、SCM（サプライチェーン・マネジメント）ベンダーのマンハッタン・アソシエイツから最先端の在庫管理・自動追加注文システムを導入し、小売業界での生き残りを図っている。

　過去10年間に新しい技術が続々と導入されることによって、確かに企業利益は成長してきた。こうした状況はこれからも続き、その効果は数十年後にははっきりするだろうが、企業の利益成長の伸びは一時

的なものにとどまるであろう。

史上最高の利益率は投資家を困らせる？

図表3.8に示したように、過去25年間の米企業の（GDP成長率を加えた）平均利益率は8.8％に達している。しかし、標準的な領域からはみ出したものはやがては元の水準に戻るように、2007年初めのかなり高い利益率が平均的な水準に戻れば、米企業の利益率は31％も鈍化することになる。

2007年の米国株式のバリュエーションはヒストリカルな平均よりもかなり高いので、企業の利益率が平均水準に戻るとすれば、（株価÷利益で表される）PERの分母が小さくなり、ウォール街と投資家を大きく失望させるだろう。こうして株価の割高感が強まれば、インデックス投資家などはかなりの苦境に追い込まれる。企業の利益率が過去25年間の平均水準に戻れば、そこに待ち受けているのは循環的な弱気局面であり、これまでの高い利益率に慣れ切った投資家は、企業利益の低下という新しい状況に直面することになる。

こうした持続的な競争力（ウォーレン・バフェットの言う「企業を取り巻く堀」）を失った企業は、生産性向上のメリットを享受することもなく、利益率を低下させていくだろう。私は読者の方に、史上最高水準にある米企業の利益率の現実を直視し、その競争力がこれからどのように変化していくのかをよくよく考えてほしいと願う。

企業の利益率が平均に回帰すれば、今後数年間のうちに再びGDP成長率は企業の利益率を追い越すだろう。

平均回帰の間違い

平均回帰のコンセプトはよく誤解されている。平均とは一連の大き

い数字と小さな数字の中央値であり、これを回帰点と考えることから混乱が生じている。ファイナンス論では企業の利益率は最も平均回帰的なものと考えられているが、企業の利益率が中央値に回帰するという一般投資家の考えは正しくはない。

ファイナンス論で言う平均回帰とは、動きの「方向」を意味している。すべての指標に中央値は存在するが、その中央値を超えて反対の極の方向に向かうのはけっして珍しいことではない。これは企業の利益率についても同じであり、平均以上の利益率が中央値を超えてその反対の平均以下の方向に向かう（またはその逆の）可能性もある（これは利益率だけでなく、資本利益率［ROC］やPERについても同じである）。

このように平均回帰のコンセプトに「平均値に向かい、さらにそこを超える」可能性も含めると、企業の利益率やPERが自動的に平均値に落ち着くと考えることはできなくなる。

キャピタルゲインの源泉——PER

PERの構成要素

PERを理解するには、その構成要素を知らなければならない（以下ではこの点について少し詳しく説明するので、PERに関する十分な知識を持っている読者はこの部分を飛ばして読み進んでいただきたい）。

例えば、「直近12カ月（または1年間、3年間、5年間、10年間など）の利益に基づくPER」などと言うが、このように価格と何かを比較するとき、その期間の取り方はPCFR（株価キャッシュフロー倍率）、PBR（株価純資産倍率）、PSR（株価売上倍率）や土地の値段などでも同じである。

PERを理解するには、まず最初にそれが何を意味するのかを知らなければならない。「P＝Price」とはその時点の株価である（本書でよ

く使用しているロバート・シラー博士のデータは、その月の終値ではなく、その月の平均値である。したがって、投資家がある月に株式を買ったというとき、その値段はその月の終値ではなく平均値を意味している)。

　PERを含めてPCFR、PBR、PSRなどでも、その数字が変わるのは主に分母が変化したときである。PERの分母である「E = Earnings」の期間はさまざまであり、例えば、直近5年間の利益とは過去5年間の利益を平均したものである（12カ月を超えるどの期間についても同じ)。

　PERの計算で直近3年、5年、10年間などの平均利益を使うのは、短期の数字に伴うノイズを除去するためである。景気の循環という性質上、1年間のデータではボラティリティがかなり大きく、企業の利益は史上最高や史上最低となることもあり、適正な予想株価を過大評価したり過小評価する可能性がある。このため比較的長期の平均利益を使うと、いくつかの景気サイクルが含まれるのでそのデータのノイズの影響は小さくなる。

さまざまな期間の利益で見たPERと株式相場の局面

　1982～2000年にわたる最後の大強気相場が終了してかなりの期間が経過したが、2007年初めのPERは依然として高水準にある。

　ある一定期間（例えば、直近12カ月など）の利益だけに基づくPERは不完全かつ不正確であり、そのときの出来事に大きく歪められるとされているが、私もその考えには賛成である。そこで直近1年、3年、5年、そして10年間の平均利益に基づくPERとそれによる株式相場の局面を図式化してみた（**図表3.9～図表3.12**を参照)。

　1982～2000年の長期の大強気相場（および、2020年ごろまで続くと予想されるそれに続くレンジ相場）のPERは、20世紀の強気相場と

第1部　将来の展望

図表3.9　直近1年間の平均利益に基づくS&P500のPERと株式相場の局面

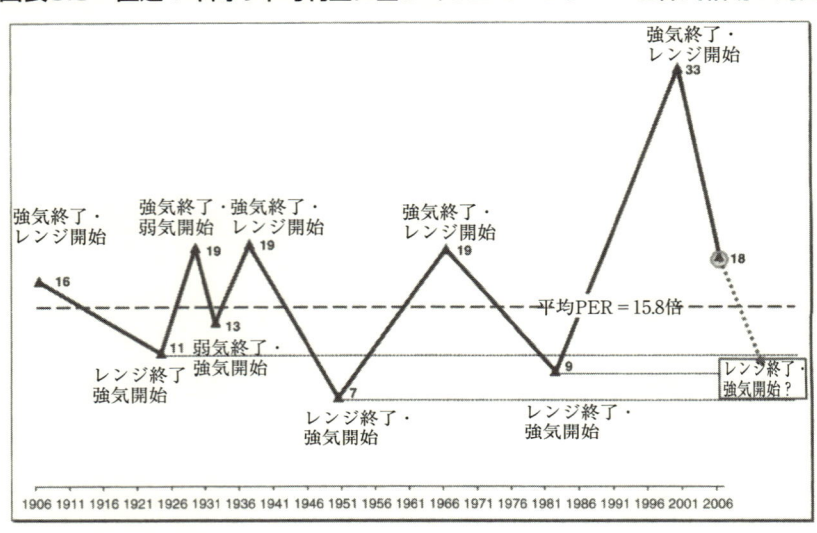

グラフ内ラベル:
- 強気終了・レンジ開始　16（1906年頃）
- レンジ終了・強気開始　11
- 強気終了・弱気開始　19
- 弱気終了・強気開始　13
- 強気終了・レンジ開始　19
- レンジ終了・強気開始　7
- 強気終了・レンジ開始　19
- レンジ終了・強気開始　9
- 強気終了・レンジ開始　33
- 18（レンジ終了・強気開始？）
- 平均PER＝15.8倍

横軸：1906　1911　1916　1921　1926　1931　1936　1941　1946　1951　1956　1961　1966　1971　1976　1981　1986　1991　1996　2001　2006

図表3.10　直近3年間の平均利益に基づくS&P500のPERと株式相場の局面

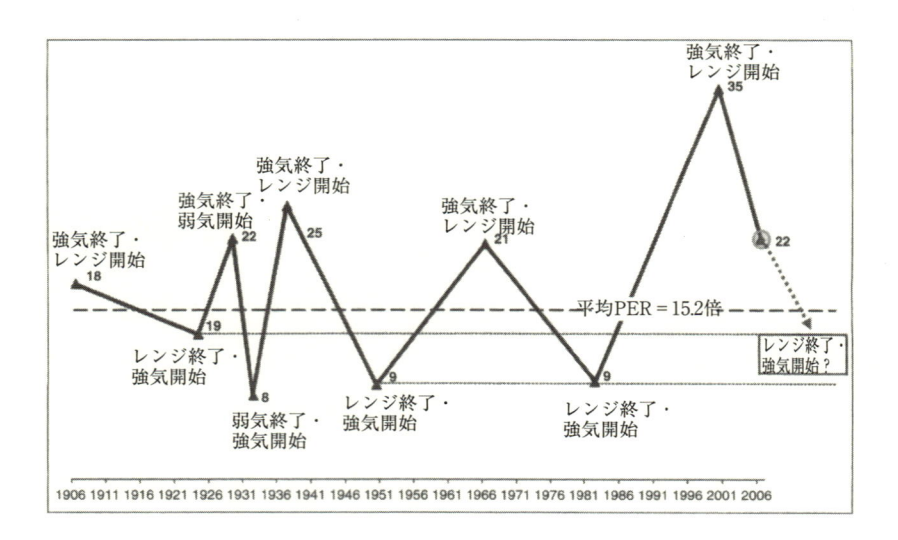

グラフ内ラベル:
- 強気終了・レンジ開始　18
- レンジ終了・強気開始　19
- 強気終了・弱気開始　22
- 弱気終了・強気開始　8
- 強気終了・レンジ開始　25
- レンジ終了・強気開始　9
- 強気終了・レンジ開始　21
- レンジ終了・強気開始　9
- 強気終了・レンジ開始　35
- 22（レンジ終了・強気開始？）
- 平均PER＝15.2倍

横軸：1906　1911　1916　1921　1926　1931　1936　1941　1946　1951　1956　1961　1966　1971　1976　1981　1986　1991　1996　2001　2006

第3章　株式市場の数学

図表3.11　直近5年間の平均利益に基づくS&P500のPERと株式相場の局面

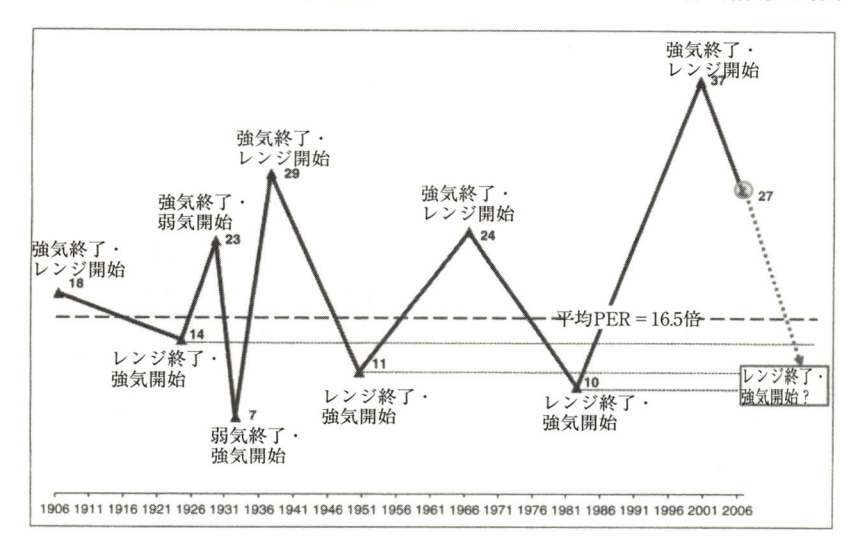

強気終了・レンジ開始　37
強気終了・レンジ開始　29
27
強気終了・レンジ開始　24
強気終了・弱気開始　23
強気終了・レンジ開始　18
14
平均PER = 16.5倍
11
10
レンジ終了・強気開始
レンジ終了・強気開始
レンジ終了・強気開始
レンジ終了・強気開始?
弱気終了・強気開始　7

1906 1911 1916 1921 1926 1931 1936 1941 1946 1951 1956 1961 1966 1971 1976 1981 1986 1991 1996 2001 2006

図表3.12　直近10年間の平均利益に基づくS&P500のPERと株式相場の局面

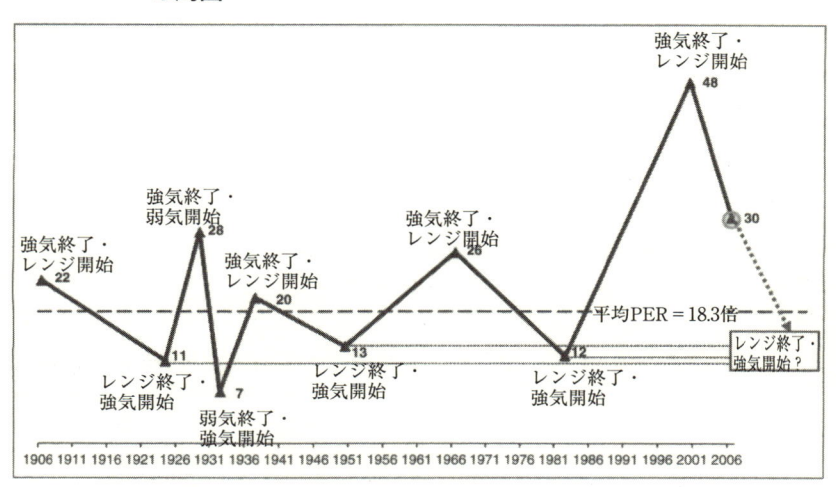

強気終了・レンジ開始　48
強気終了・弱気開始　28
30
強気終了・レンジ開始　26
強気終了・レンジ開始　22
強気終了・レンジ開始　20
平均PER = 18.3倍
11
13
12
レンジ終了・強気開始
レンジ終了・強気開始
レンジ終了・強気開始
レンジ終了・強気開始?
弱気終了・強気開始　7

1906 1911 1916 1921 1926 1931 1936 1941 1946 1951 1956 1961 1966 1971 1976 1981 1986 1991 1996 2001 2006

しては最も高水準までかけ上がった。すなわち、2000年のS&P500のPERは直近1年間の平均利益をベースとしたときは33倍、過去3年間の利益では35倍、5年間の利益では37倍、10年間の平均利益をベースとすれば48倍になっている。

　レンジ相場のスタート時点のPERが高いほど、そのレンジ相場は長期にわたると予想される。そしてそれまでの経済成長のペースがそれほど変化しないとすれば、そのような高いPERがヒストリカルな平均以下の水準まで低下するにはかなりの時間を要する。

　2006年末までの6年間に株式投資家はかなり低いリターンを余儀なくされたが、（直近1年、3年、5年、そして10年間の平均利益に基づく）それでもS&P500のPERは、それまで繰り返されたレンジ相場のスタート時点の高いPERとほぼ同じ水準にある。したがって、20世紀に出現したレンジ相場の期間が13～18年だったことを考慮すると、現在進行中のレンジ相場はそれらよりも長期にわたると予想される。

　図表3.8に示したように、直近1年間の平均利益に基づくPERは過小評価されている可能性があるので（逆に言えば、企業利益が過大評価されている）、史上最高水準にある企業の利益率が平均に回帰、またはそこを通り抜けて平均以下に落ち込めば、PERの分母である利益は低下し、株価の割高感が強まるだろう。

　少なくとも20世紀の株式相場の動きを見るかぎり、株価が適正なPERの水準に落ち着くことはほとんどなかった。強気相場のあとの株式市場には弱気感がまん延しているので、株価は本質的価値をかなり下回る水準まで押し下げられる。**図表3.9～図表3.12**に見られるように、20世紀に出現したレンジ相場の末期には、PERが平均以下の水準まで低下している。

図表3.13　PERと株式投資のリターンの相関関係

S&P500の平均リターン（1900～2005年）

スタート時点のPER	直近1年間の平均利益に基づくPER			
	キャピタルゲイン		総リターン	
	5年間	10年間	5年間	10年間
10倍以下	10.5%	10.8%	16.6%	16.1%
10～12倍	8.2	6.8	13.5	12.6
12～16倍	3.8	3.2	8.9	9.0
16～20倍	3.0	2.3	7.3	7.1
20倍以上	4.3	4.3	7.9	8.2

スタート時点のPER	直近3年間の平均利益に基づくPER			
	キャピタルゲイン		総リターン	
	5年間	10年間	5年間	10年間
10倍以下	11.7%	11.1%	17.3%	16.2%
10～12倍	7.6	8.4	12.8	14.1
12～16倍	3.3	2.4	8.8	8.3
16～20倍	4.2	3.3	8.6	7.8
20倍以上	2.1	3.3	5.6	7.5

スタート時点のPER	直近5年間の平均利益に基づくPER			
	キャピタルゲイン		総リターン	
	5年間	10年間	5年間	10年間
10倍以下	11.5%	10.2%	17.3%	16.2%
10～12倍	11.1	10.1	16.4	14.7
12～16倍	3.3	2.9	8.7	9.0
16～20倍	4.5	4.5	9.3	8.6
20倍以上	2.8	2.2	6.1	6.8

「大切なのは景気、企業利益、インフレ率ではなく、PERだよ」

　2006年末現在の米国株式のPERが依然として高水準であることはすでに指摘したが、それがなぜ重要であるのかというと、長期相場のスタート時点のPERが将来の株式投資のリターンを決定づけるから

図表3.14 PER・企業の利益成長率・株価の関係（いずれも年率%）

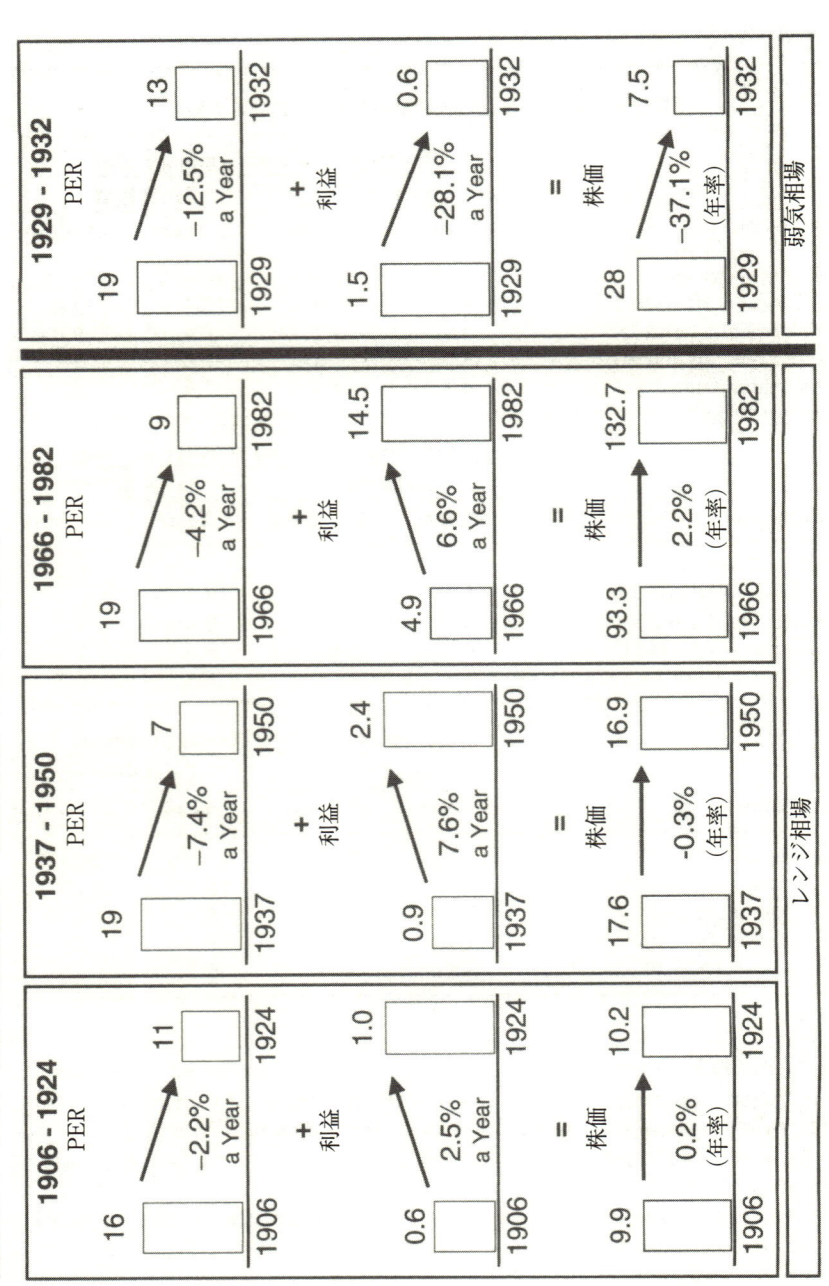

1906 - 1924
PER: 16 → 11　−2.2% a Year　（1906 → 1924）
＋
利益: 0.6 → 1.0　2.5% a Year　（1906 → 1924）
＝
株価: 9.9 → 10.2　0.2%（年率）　（1906 → 1924）

1937 - 1950
PER: 19 → 7　−7.4% a Year　（1937 → 1950）
＋
利益: 0.9 → 2.4　7.6% a Year　（1937 → 1950）
＝
株価: 17.6 → 16.9　−0.3%（年率）　（1937 → 1950）

1966 - 1982
PER: 19 → 9　−4.2% a Year　（1966 → 1982）
＋
利益: 4.9 → 14.5　6.6% a Year　（1966 → 1982）
＝
株価: 93.3 → 132.7　2.2%（年率）　（1966 → 1982）

1929 - 1932
PER: 19 → 13　−12.5% a Year　（1929 → 1932）
＋
利益: 1.5 → 0.6　−28.1% a Year　（1929 → 1932）
＝
株価: 28 → 7.5　−37.1%（年率）　（1929 → 1932）

レンジ相場　　弱気相場

第3章　株式市場の数学

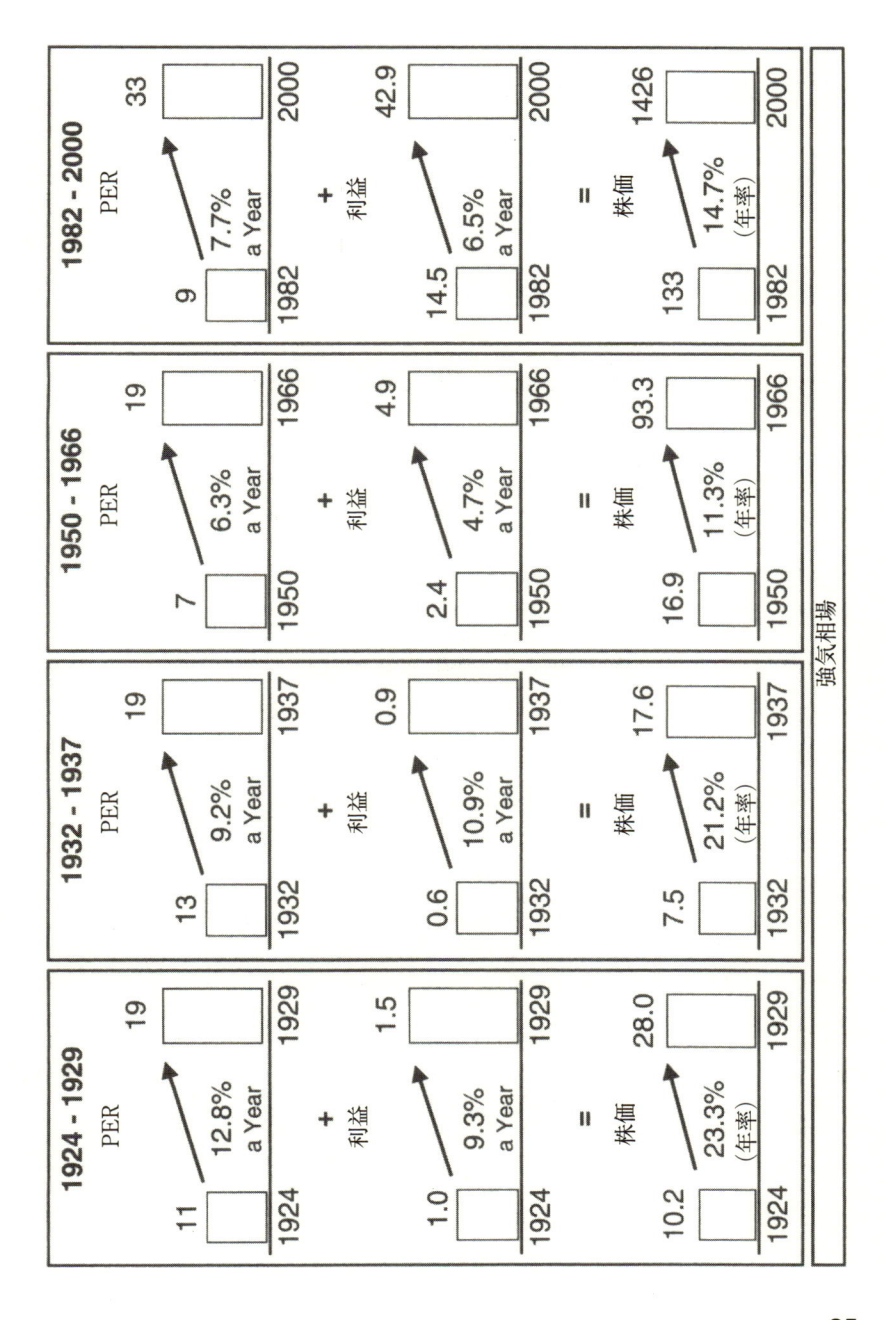

強気相場

1924 - 1929
- PER: 11 → 19 （12.8% a Year）　1924 → 1929
- 利益: 1.0 → 1.5 （9.3% a Year）　1924 → 1929
- = 株価: 10.2 → 28.0 （23.3% 年率）　1924 → 1929

1932 - 1937
- PER: 13 → 19 （9.2% a Year）　1932 → 1937
- 利益: 0.6 → 0.9 （10.9% a Year）　1932 → 1937
- = 株価: 7.5 → 17.6 （21.2% 年率）　1932 → 1937

1950 - 1966
- PER: 7 → 19 （6.3% a Year）　1950 → 1966
- 利益: 2.4 → 4.9 （4.7% a Year）　1950 → 1966
- = 株価: 16.9 → 93.3 （11.3% 年率）　1950 → 1966

1982 - 2000
- PER: 9 → 33 （7.7% a Year）　1982 → 2000
- 利益: 14.5 → 42.9 （6.5% a Year）　1982 → 2000
- = 株価: 133 → 1426 （14.7% 年率）　1982 → 2000

である。**図表3.13**はさまざまな期間のS&P500企業のPERに基づく、５年間と10年間の株式のキャピタルゲインと（配当を含む）総リターンを示したもので（対象期間は1900～2005年）、これを見るとPERと株式投資リターンの間に緊密な相関関係のあることが分かる。

すなわち、低いPERでスタートした株式相場では高いリターンが得られ、高いPERで始まった相場では低いリターンにとどまる。この傾向は（直近12カ月、３年、５年、10年間の平均利益に基づく）どのPERと株式リターンについても当てはまる。

一般にヒストリカルな平均PER以下（12倍以下）で株式を購入した投資家にとってPERは最高の友であり、企業の利益成長と配当利回りが総リターンを膨らませてくれる。その反対に、ヒストリカルな平均PER以上（16倍以上）で株式を購入した投資家にとってPERは敵であり、PERの低下が株式リターンを引き下げてしまう。

図表3.14はこうしたPER・企業の利益成長率・株価の３つの関係を図式化したもので、それをまとめると次のようになる。

- PERの上昇は株式投資のリターンの源泉である。強気相場のPERは投資家にとって追い風となり、株式投資のリターンは２ケタに達する。
- レンジ相場や弱気相場のPERは株式投資家にとって向かい風となり、レンジ相場のリターンは微々たるものにとどまる。レンジ相場や弱気相場におけるPERの低下と低いリターンは、PERの上昇を伴う直前の強気相場で得られた大きなリターンに対する払戻金である。

キャピタルゲインの主な源泉はPERの上昇

20世紀のすべての長期強気相場で、PERは長期にわたって上昇し

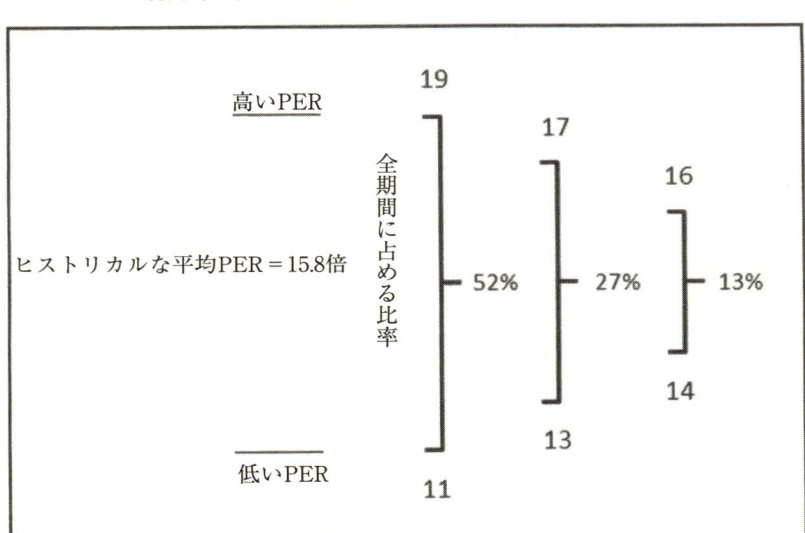

図表3.15 直近3年間の平均利益に基づくS&P500のPER水準の期間別比率（1900〜2006年）

高いPER
19
17
16
ヒストリカルな平均PER＝15.8倍
全期間に占める比率
52%　27%　13%
14
13
低いPER
11

たが、その天井にも限りがある。上限を数式で計算することなどできないが、青天井にならないことだけは確かである（1990年代後半にはPERは無限に上昇していくといった予想も出ていた）。株式もほかの投資対象とリターンを競っているため、分母（利益）が同じなのにPERだけが上昇していくと、やがて株価は割高になって投資対象としての魅力がなくなる。

株価はいずれ合理的な水準に落ち着く

　株式市場はいわゆる変なヤツで、いくつもの人格を持っている。幸福の絶頂にあるかと思えば、次は意気消沈の極に落ちてしまう。この2つが同時に現れることはなく、その一方だけが長期にわたって顕在化する。しかし、かなり長い期間を見ると、これらの人格は互いに相

殺されて平均化するという点では非常に合理的である。ただし、株価がその平均水準に落ち着くというのはほとんどない。

　投資家の心理は一方の極端から他方の極端に振れるので、株価が時間をかけて合理的な水準（適正なPERの水準）にとどまっていることはない。**図表3.15**は直近３年間の平均利益に基づくS&P500のPERがどの水準にあるのかを期間別比率で示したもので、対象期間は1900～2006年、PERの範囲は11～19倍、13～17倍、14～16倍とした。20世紀のS&P500のPERの平均を15.8倍とすれば、株価が14～16倍の範囲にあるのは全期間のわずか13％、13～17倍の期間は27％であるのに対し、11～19倍のPERの期間が半分以上を占めている。これを見ると、株価が適正な水準（PERで約15倍）にある期間は非常に少なく、一方の極から他方の極に揺れ動いているのが分かる（**図表1.1**を参照のこと）。

　それならば、現在のレンジ相場はいつまで続くのだろうか。マーク・トウェインは「歴史は繰り返すのではなく、韻を踏むのだ」と言ったが、それになぞらえてひとつの予測を立てると次のようになる。PERがヒストリカルな平均である約15倍よりもかなり低い水準で底を打つ（韻を踏む）とすれば、20世紀のどのレンジ相場も終了時点ではPERは１ケタになっていることがヒントになるだろう。

　1982～2000年の大強気相場がそれ以前の強気相場に比べて極めて高いPERで終わり、依然として高水準のPERが続いている現在のレンジ相場は、過去のレンジ相場よりもかなり長期にわたる可能性が高い。

配当利回りの源泉

益回り

配当利回りに関する説明は退屈であると思われるかもしれないが、

図表3.16　S&P500の総リターンの源泉

20世紀

株式投資のリターン	1/31/1900–12/31/2000
キャピタルゲイン	4.6%
配当	5.5%
総リターン	10.4%
総リターンに占める配当の比率	45%

レンジ相場

株式投資のリターン	1/31/1906–12/31/1924	1/31/1937–1/31/1950	1/31/1966–10/31/1982	平均
キャピタルゲイン	0.2%	−0.3%	2.1%	0.7%
配当	5.9%	5.7%	4.1%	5.3%
総リターン	6.1%	5.4%	6.3%	5.9%
総リターンに占める配当の比率	97%	106%	65%	90%

強気相場

株式投資のリターン	12/31/1924–10/31/1929	8/31/1932–1/31/1937	1/31/1950–1/31/1966	10/31/1982–1/31/2000	平均
キャピタルゲイン	23.3%	21.2%	11.3%	14.7%	17.6%
配当	4.7%	4.8%	4.3%	3.0%	4.2%
総リターン	29.1%	27.0%	16.0%	18.2%	22.6%
総リターンに占める配当の比率	16%	18%	27%	17%	19%

実際にはMMF（マネー・マーケット・ファンド）やTビルのリターンについての話と同じく面白いものである。**図表3.16**は20世紀のさまざまな長期相場における株式投資のリターンの源泉を示したものであるが、過去のレンジ相場の平均総リターン（5.9％）のうち、何と配当金はその90％以上に当たる5.3％を占めている。

（1982～2000年の歴史的な大強気相場に続く）現在の長期レンジ相場の配当利回りはわずか1.2％と、過去のレンジ相場がスタートしたときの配当利回りを大きく下回る史上最低水準に落ち込んでいる。2000年以降に配当利回りはやや上昇しているが、今回のレンジ相場が6年目を迎えた2006年末時点の配当利回りは依然として低水準にある

図表3.17　S&P500の配当利回りの推移（直近1年間の配当に基づく利回り）

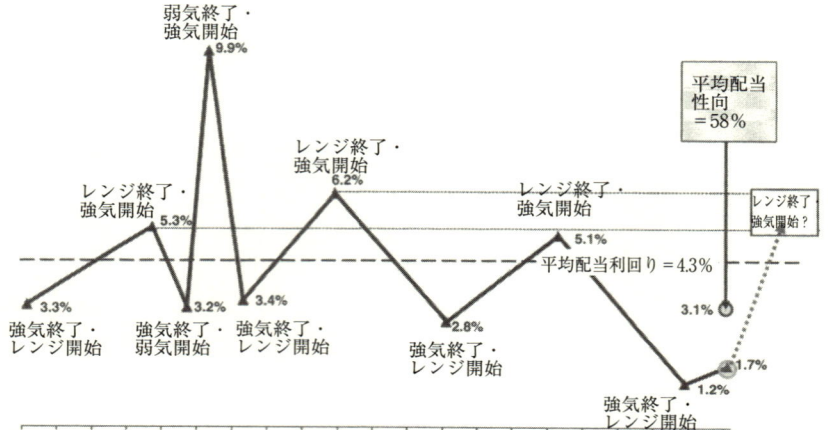

弱気終了・強気開始 9.9%
平均配当性向＝58%
レンジ終了・強気開始 5.3%
レンジ終了・強気開始 6.2%
レンジ終了・強気開始
レンジ終了・強気開始？
5.1%
平均配当利回り＝4.3%
3.3% 強気終了・レンジ開始
3.2% 強気終了・弱気開始
3.4% 強気終了・レンジ開始
2.8% 強気終了・レンジ開始
3.1%
1.2% 強気終了・レンジ開始
1.7%

1906 1911 1916 1921 1926 1931 1936 1941 1946 1951 1956 1961 1966 1971 1976 1981 1986 1991 1996 2001 2006

出所＝ロバート・シラー、S&PのCompustat

（**図表3.17**を参照）。

配当利回り＝1株当たり配当額÷株価
　　　　　＝（1株当たり利益÷株価）×（1株当たり配当額÷1株当たり利益）

または、

配当利回り＝益回り×配当性向

　PERが上昇すれば、益回りは低下する。2006年末現在のPERは依然として高いので、配当利回りは低水準にとどまっている（**図表3.9～図表3.12**を参照のこと）。

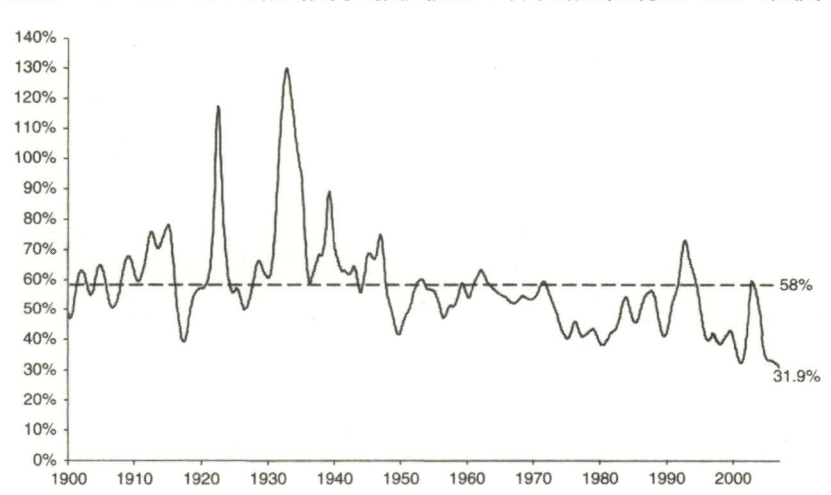

図表3.18　S&P500の配当性向の推移（直近１年間の配当と利益に基づく数値）

配当性向

　2006年末現在の配当利回りが低いのはPERが高水準にあることが原因であり、同時に配当性向は歴史的な水準に低下している。

　図表3.18を見ると、2006年末現在の配当性向は約32％である。この時点の利益に基づく配当性向が平均レベルにあるとすれば、配当利回りは約3.1％となる。3.1％という配当利回りはこれまでのレンジ相場がスタートした時点の平均的な配当利回りの水準であるが、現在の実際の配当利回りは過去のレンジ相場が終了し、次の強気相場がスタートするときの水準をかなり下回っている（**図表3.17**を参照）。

　配当性向とは配当支払額を当期利益で割ったものであるが、企業の利益は景気の循環に応じて変動する。景気拡大期には企業の利益（利益率）は増大し、景気減速期には減少する。しかし、配当支払額は利益よりも変動が小さく、景気減速・利益下降期でも企業の配当額はあ

まり変わらないので配当性向は高くなる（その反対に、景気拡大・利益増大期には配当性向は低くなる）。

1990年代には「不利な税制上の取り扱い（受取配当には20％のキャピタルゲイン税を上回る通常の所得税が適用された）」を理由に、米企業の配当性向は低下し、代わって自社株買いが積極的に推進された。その結果、投資家の間では高率の株式配当課税を避けるために、値上がりした一部の株式を売却して節税するという動きが強まった。しかし、2002年に実施された減税政策により、配当課税は長期のキャピタルゲイン税と同じ水準に引き下げられた。

その結果、低いキャピタルゲインとわずかな配当に業を煮やした投資家は、高配当企業の株式を選別投資するようになり、自社株買いよりも高い配当利回りを求めるようになった。こうした動きを背景に、これからの10年間は配当金の増加率が企業の利益成長率を上回ることになるだろう。

なぜ強気相場のあとにレンジ相場が到来するのか

この世のなかでいつの時代でも変わらないのが人間の心理である。強気相場のあとにレンジ相場が到来するのは、何も神が前の強気相場で大儲けして有頂天になった人間を罰したり、株式市場の深層に存在する不思議な波が表面化するためではない。その原因は、長期の強気相場でPERを極限まで押し上げた投資家の楽観主義が大きな壁にぶつかって失望に変わり、それが今度はPERをこれまでとは反対の方向に押し下げるからである。楽観主義の期間が長いほど、PERと株価の調整期間も長期化する。

1990年代の大強気相場では、大きなリターンを手にするのが当たり前だと思っていた投資家の楽観主義がPERをとてつもなく高い水準まで押し上げた。ヒストリカルな平均を大幅に上回るPERの水準で

この大強気相場が終わったあと、今度はPERの方向が逆転し、投資家は平均以下の微々たるリターンしか得られないという厳しい現実にさらされた。

　投資家の心理リサイクルが楽観主義の頂点に達するには長い期間を要するが、そのサイクルが逆回転し、反対の極に行き着くときも同じように長い時間がかかる。20世紀の長期の強気相場がほぼ17年にも及び、それに続くレンジ相場も同じように長期間続くのはこのような理由による。長期の強気相場ではPERの上昇が不可欠であり、そのためには強気相場がスタートする前に、PERが平均以下の水準まで低下して底を打つ必要がある。

PERはいつ底を打つのか

　第1章では過去の歴史に照らせば、現在のレンジ相場が終了するのは2020年ごろになると予想した。そのためには今後10～20年間の実質経済成長率、インフレ率、企業の利益成長率とそれに基づく株式相場のトレンド（横ばい・上昇・下降など）を予測しなければならない。

　しかし、こうした予測はジョン・メイナード・ケインズの言葉を借りれば、「完全な間違いではダメだが、ある程度正しければ、それで良しとすべきである」。現在のレンジ相場が終了するのはかなり先のことになるだろうが、以下では具体的な数字を使ってこの点を検証したいと思う。それほど大きく的外れになることはないだろう。

　もっとも、私は自分の水晶球についてそれほど大きな幻想は抱いていない。それは出張に行ったとき、子供のために空港のギフトショップで買うスノーボール（透明なボール型の置物で、振るとそのなかの白い物が水中を舞って雪が降っているような風景となる）のようなもので（いつでもどこでも雪を降らすことができる）、ときに当たることはあるが、完全に正確というわけではない。しかし、今のレンジ相

場がいつ終わるのかという予想よりも、このレンジ相場がどれほど続くのかを決定する要因を理解することは大切である。それらの要因とは次のようなものである。

● **実質経済成長率** 既述したように、20世紀の平均実質GDP成長率はほぼ3.5％とかなり安定していた。企業の利益成長率はGDP成長率と利益率によって決まるので、これからも3.5％の実質GDP成長率が持続し、さらに企業の利益成長率はそれを下回る傾向が続くとすれば、企業の長期の実質利益成長率は年率3％前後になると予想される。

● **インフレ率** 図表3.3にも示したように、20世紀の平均インフレ率は3％を少し上回る水準だった。世界経済のグローバル化によってインフレ率はこれから低下していくとの予測もあるので、将来の予想インフレ率は2.5％とする。

● **企業の名目利益成長率** 企業の実質利益成長率が3％、インフレ率が2.5％と予想すれば、企業の名目利益成長率は5.5％となる。

● **純利益成長率** 現在のレンジ相場が終了するときの株価が今の水準とほぼ同じであるとすれば、純利益と名目利益の成長率もほぼ同じになる（もっとも、レンジ相場の循環局面で株価は大きく変動する可能性がある）。**図表3.14**を見ても分かるように、20世紀の最初の2つのレンジ相場（1906～1924年と1937～1950年）では、そのスタートと終了時期のS&P500の水準はそれほど変わらなかった。しかし、三番目のレンジ相場（1966～1982年）ではS&P500は年2.2％のペースで上昇していった。もしも株価が長期のレンジ相場を通じて上昇すると予想すれば、その上昇分を名目利益成長率から差し引かなければならない（その分だけPERは低くなる）。その反対に株価が下落すると予想するならば、その下落分を名目利益成長率に加える必要がある（その分だけPERは高くなる）。1966～1982年のレン

第3章 株式市場の数学

図表3.19 今のレンジ相場が終了するまでの予想年数（5.5%の純利益成長率が続くと仮定したとき）

PER	37	36	35	34	33	32	31	30	29	28	27	26	25	24	23	22	21	20	19
18	13.5	12.9	12.4	11.9	11.3	10.7	10.2	9.5	8.9	8.3	7.6	6.9	6.1	5.4	4.6	3.7	2.9	2.0	1.0
17	14.5	14.0	13.5	12.9	12.4	11.8	11.2	10.6	10.0	9.3	8.6	7.9	7.2	6.4	5.6	4.8	3.9	3.0	2.1
16	15.7	15.1	14.6	14.1	13.5	12.9	12.4	11.7	11.1	10.5	9.8	9.1	8.3	7.6	6.8	5.9	5.1	4.2	3.2
15	16.9	16.4	15.8	15.3	14.7	14.2	13.6	12.9	12.3	11.7	11.0	10.3	9.5	8.8	8.0	7.2	6.3	5.4	4.4
14	18.2	17.6	17.1	16.6	16.0	15.4	14.8	14.2	13.6	12.9	12.3	11.6	10.8	10.1	9.3	8.4	7.6	6.7	5.7
13	19.5	19.0	18.5	18.0	17.4	16.8	16.2	15.6	15.0	14.3	13.7	12.9	12.2	11.5	10.7	9.8	9.0	8.0	7.1
12	21.0	20.5	20.0	19.5	18.9	18.3	17.7	17.1	16.5	15.8	15.1	14.4	13.7	12.9	12.2	11.3	10.5	9.5	8.6
11	22.7	22.1	21.6	21.1	20.5	19.9	19.4	18.7	18.1	17.5	16.8	16.1	15.3	14.6	13.8	12.9	12.1	11.2	10.2
10	24.4	23.9	23.4	22.9	22.3	21.7	21.1	20.5	19.9	19.2	18.6	17.8	17.1	16.4	15.6	14.7	13.9	12.9	12.0
9	26.4	25.9	25.4	24.8	24.3	23.7	23.1	22.5	21.9	21.2	20.5	19.8	19.1	18.3	17.5	16.7	15.8	14.9	14.0
8	28.6	28.1	27.6	27.0	26.5	25.9	25.3	24.7	24.1	23.4	22.7	22.0	21.3	20.5	19.7	18.9	18.0	17.1	16.2

レンジ相場が進行している現時点のPER

レンジ相場が終了するときの予想PER

ジ相場を例に取ると、純利益成長率は6.6％（名目利益成長率）－2.2％（株価上昇率）＝4.4％となる。長期の株価の方向は予測できないが、私は今のレンジ相場では将来的にも現在の株価水準とそれほど大きく変わらないと予想する。ここで問題にしているのは、長期的に株価がどの程度上昇・下降するかではなく、現在のレンジ相場が終了したあとに強気相場か弱気相場のどちらが到来するのかである。現在の景気が長期的にそれほど悪化しないとすれば、歴史的に見て弱気相場が到来する可能性は低く、平均以下のPERが上昇していく強気相場が到来することになるだろう。

● **現在のレンジ相場が終了するときのPER**　（直近1年、3年、5年、10年間という）どの期間の平均利益をベースとするのかによって違ってくるが、私は企業の利益成長率の変動によるノイズを除去するために、直近5年間の平均利益に基づくPERを採用する。20世紀においては、5年ごとにずらして求めたPERが10〜14倍の範囲になったとき、レンジ相場が終了している。前の大強気相場の終了から時間が経過するにつれてPERも次第に低下していくと見られるため、現在のレンジ相場が終了するときのPERは最低で10倍、最高で14倍、平均で12倍になると予想する。

● **今のレンジ相場が進行している現時点のPER**　直近5年間の平均利益に基づく現時点（本書の執筆時点）のPERは27倍となる（**図表3.11**を参照のこと）。

　図表3.19は今のレンジ相場が進行している現在とそれが終了するときのPER、それに基づく次の強気相場の到来時期を予測したもので（純利益成長率をベースとしたPERは一定のペースで変化させている）、これを見ると今のレンジ相場のPERがいつ底入れして、次の強気相場がいつスタートするのかの大ざっぱな時期が分かるだろう（5.5％以外のいろいろな純利益成長率に基づく類似の予想表は巻末に掲載

した)。

　例えば、これからも純利益成長率が5.5％を持続すると仮定した**図表3.19**によれば、今のレンジ相場が進行している現時点のPERが27倍、終了するときのPERが14倍と予想すれば、この長期のレンジ相場が終了するのは約12.3年先のことになる（現在のレンジ相場が終了するのは2020年ごろになるという私の先の予想はこうした理由に基づいている）。さらに今のレンジ相場が終了するときのPERを10倍（または11倍）と予想すれば、このレンジ相場が終わるのは18.6年後（または16.8年後）である。

第4章

債券——株のライバルとなる投資対象か

Bonds : A Viable Alternative ?

「一般に株式は債券の平均リターンを上回るが、それは債券が確定利付き証券であるのに対し、株式のリターンにはばらつきがあるからである（リターンがゼロ、またはマイナスのときもある）。これは何も道徳の問題ではなく、投資家は債券よりも高いリターンを求めるがゆえにリスクをとって株式を購入するのである」——トマス・ソーウェル著『入門経済学——グラフ・数式のない教科書』（ダイヤモンド社）

債券投資

　この章ではさまざまな株式相場の局面における株式と債券のパフォーマンスを比較していく。これは株式投資からさほど大きなリターンが期待できないレンジ相場では、債券への投資が有利に思われているからである。

　しかし、残念なことに過去の2つのレンジ相場では債券のリターンはあまり芳しいものではない。**図表4.1**と**図表4.2**は1937～1950年と1966～1982年の2つのレンジ相場における株式と債券のリターンを比較したものであるが、Tボンド（長期債）のリターンは総じて株式のリターンを下回っている（株式よりも高いリターンになった時期もあ

第1部　将来の展望

図表4.1　1966〜1982年のレンジ相場における株式と債券のリターン比較（実質総リターン）

出所＝債券（イボットソン・アソシエイツ）、1965/12/31〜1982/10/30のS&P500（ロバート・シラー）

図表4.2　1937〜1950年のレンジ相場における株式と債券のリターン比較（実質総リターン）

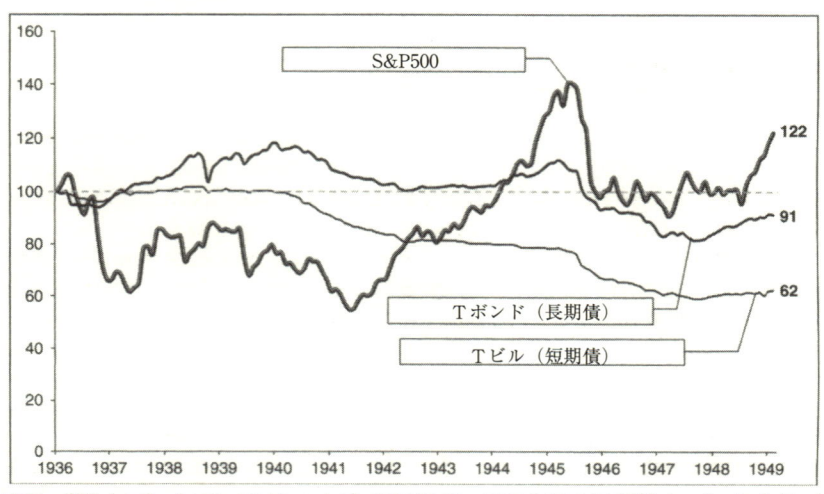

出所＝債券（イボットソン・アソシエイツ）、1936/12/31〜1950/1/31のS&P500（ロバート・シラー）

る)。

　1937～1950年のレンジ相場ではTビル（短期債）は株式と長期債のリターンを大きく下回ったが、1966～1982年のレンジ相場ではTビルは株式と長期債よりも高いリターンを上げている。その原因はこの時期にインフレが高進し、(30日～1年の満期である) Tビルの利回りはそのときの金利水準を反映して上昇したからである（一方、満期が10年以上のTボンドはずっと同じ利回りだった）。

　しかし、時期によってばらつきはあるが、全体として株式はわずかながら長期債と短期債のリターンを上回っている。もっとも、1937～1950年のレンジ相場では、ほぼ3分の2の期間で債券は株式よりも高いリターンを上げており、1966～1982年のレンジ相場でもTビルは株式のリターンをわずかに上回っている。

　一方、1950～1966年と1982～2000年の2つの強気相場における株式と債券のリターンを比較した**図表4.3**と**図表4.4**を見ると、予想どおり株式が債券のリターンを大きく引き離している。なお、上記のレンジ相場ではバイ・アンド・ホールドまたはパッシブなインデックス投資のどちらが支配的だったのかは分からない。

レンジ相場ではアセットアロケーションの重要性が低下

　株式市場には「株式投資のリターンの90％はアセットアロケーションによって決まる」というウォール街での古い格言があるが、これはどの銘柄を選ぶのかというよりも、最高のアセットクラスを見極めるのが大切だという意味である。それならば、この言葉はどのような相場の局面でも当てはまるのだろうか。

　図表4.5～図表4.6は、1982～2000年の強気相場と1966～1982年のレンジ相場における株式、Tボンド（長期債）とTビル（短期債）の

第1部　将来の展望

図表4.3　1950〜1966年の強気相場における株式と債券のリターン比較（実質総リターン）

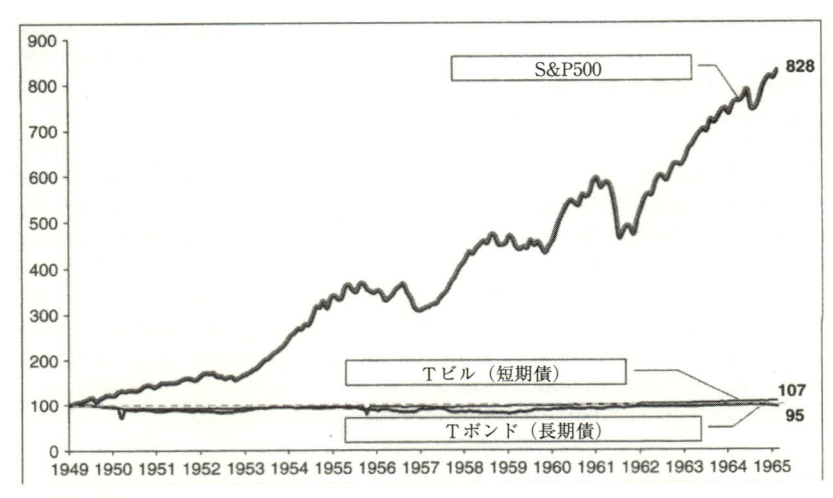

[グラフ：1949〜1965年の推移。S&P500 = 828、Tビル（短期債）= 107、Tボンド（長期債）= 95]

出所＝債券（イボットソン・アソシエイツ）、S&P500（ロバート・シラー）

図表4.4　1982〜2000年の強気相場における株式と債券のリターン比較（実質総リターン）

[グラフ：1982〜2000年の推移。S&P500 = 1,044、Tビル（短期債）= 416、Tボンド（長期債）= 163]

出所＝債券（イボットソン・アソシエイツ）、S&P500（ロバート・シラー）

第4章 債券──株のライバルとなる投資対象か

図表4.5　1982〜2000年の強気相場における株式と債券のリターン（年率）比較

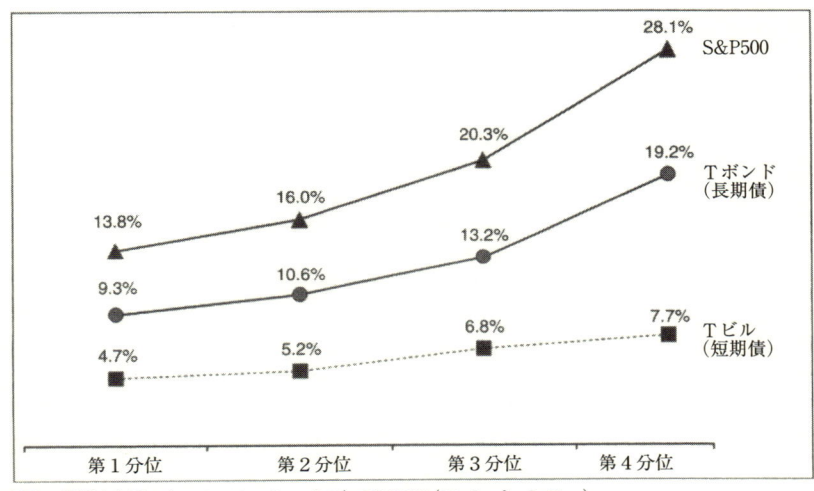

（グラフ）
- S&P500: 13.8%（第1分位）、16.0%（第2分位）、20.3%（第3分位）、28.1%（第4分位）
- Tボンド（長期債）: 9.3%、10.6%、13.2%、19.2%
- Tビル（短期債）: 4.7%、5.2%、6.8%、7.7%

出所＝債券（イボットソン・アソシエイツ）、S&P500（ロバート・シラー）

図表4.6　1966〜1982年のレンジ相場における株式と債券のリターン（年率）比較

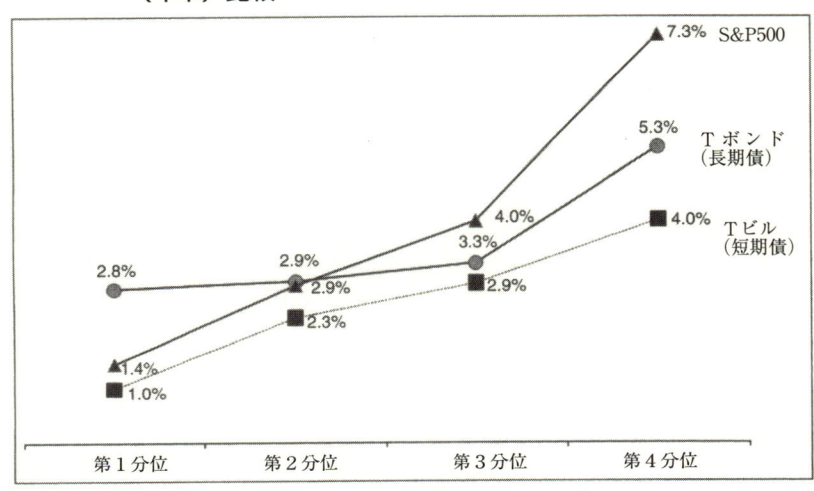

（グラフ）
- S&P500: 1.4%（第1分位）、2.3%（第2分位）、4.0%（第3分位）、7.3%（第4分位）
- Tボンド（長期債）: 2.8%、2.9%、2.9%、5.3%
- Tビル（短期債）: 1.0%、2.9%、3.3%、4.0%

出所＝債券（イボットソン・アソシエイツ）、S&P500（ロバート・シラー）

パフォーマンス（年率リターン）を比較したものである。それぞれの期間における各アセットクラスの年率リターン（連続した月間ベース）を５年ごとに集計し（短期のノイズを除去するために５年の期間を採用した）、その平均リターンを４分位として表した。

1982～2000年の強気相場における各アセットクラスのリターンを比較した**図表4.5**を見ると、株式は長期債と短期債のどちらと比べてもかなり高いリターンを上げている。その最低の分位（第１分位）のリターン（13.8％）でさえも、株式はＴボンドの第１分位～第３分位のリターンを上回っており、Ｔビルのすべての分位のリターンよりも高い。つまり強気相場では、（株式それとも債券のどちらに投資するのかという）アセットアロケーションがほぼすべてのリターンを決定する。この強気相場（1982～2000年）でリターンが最も高かった時期にＴビルを購入しても、そのリターン（7.7％）は株式の最低の時期のリターン（13.8％）にもはるかに及ばない。

強気相場の時期には投資家が平凡な株式でポートフォリオを組成し、構成銘柄をほとんど入れ替えずにそのまま保有しても（現金と債券は極力少なくする）、短期債や超一流の債券で構成した最高のポートフォリオよりも高いリターンを上げることができる。強気相場の上げ潮は平凡な株式でも持ち上げるので、株式と債券のリターンの差はかなり大きくなる。長期の強気相場ではアセットアロケーションがすべてである。

しかし**図表4.6**に示したようなレンジ相場（1966～1982年）では、状況は大きく異なる。Ｔビルの最高のリターン（4.0％）は株式の第１分位と第２分位のリターン（1.4％と2.9％）を上回り、第３分位のリターン（4.0％）と並んでいる。また、Ｔビルのこの時期の最高リターンはＴボンドの第１分位～第３分位のリターンよりも高い。株式のリターンは４分位すべてにおいてＴビルのリターンを上回っているが、その差はそれほど大きくはない。一方、Ｔボンドの第１分位～第

2分位のリターンは同じ分位の株式のリターンよりも高い、またはそれと同じであるが、第3分位～第4分位のリターンでは0.7～2％ほど株式よりも下回っている。

このようにレンジ相場では、「株式投資のリターンの90％はアセットアロケーションによって決まる」という格言は当てはまらない。長期の強気相場の追い風が向かい風に変わる（PERが低下する）レンジ相場では、アセットアロケーションによるリターンの差は強気相場ほど顕著ではない。逆に言うと、レンジ相場では株式の銘柄選択が重要であり、株式、長期債または短期債のどれに投資するのかといったアセットアロケーションは強気相場ほど重視しなくてもよい。

レンジ相場では有望な株式を選ぶことが大切である。一方、強気相場ではどんな株式を買っても債券より高いリターンが得られるし、パッシブなインデックス投資かバイ・アンド・ホールドのどちらを実行してもよい。しかし、レンジ相場ではすべての株式のリターンが債券のリターンを上回るわけではなく、債券よりも高いリターンが得られるのは最高の株式だけである。したがって、レンジ相場で債券よりも高いリターンを手にするには、適正にマネジメントされた株式ポートフォリオを組成する必要がある。レンジ相場で期待されるリターンを上げるには、最高の銘柄を選択し、規律ある売買戦略を実行しなければならない。

別の見方をすれば、平均的な株式か確定利付き証券のどちらか一方に投資したときの機会コストは、レンジ相場では強気相場ほどは高くない。しかし、レンジ相場では漠然とした投資目的で株式を購入してはならない。有望な投資対象（最高の株式）が少なくなるレンジ相場では、限界的な株式に投資するよりは確定利付き証券や現金を保有しているほうがよい場合が多い。

それならば、レンジ相場で投資すべき最高の株式とはどのようなものなのか。次章ではこの問題について検討していく。

第2部

アクティブなバリュー投資法

分析論
Analytics

はじめに——企業の質、成長および評価の枠組み

Introduction to Analytics:The Quality,Growth,and Valuation Framework

　第1部でも述べたように、レンジ相場の株式投資のリターンはあまり期待できない。それは企業の利益成長率が鈍化するためではなく、企業の利益成長というプラスの要因がレンジ相場の重要な特徴であるPER（株価収益率）の低下というマイナス要因に足を引っ張られるためである。こうしたレンジ相場で相応のリターンを上げるには、PERの低下によるリターンの減少をできるだけ食い止めながら、ポートフォリオの総リターンを高めていくことである。そのためには、主に次の3つのことを心掛けるべきである。

1．余裕ある「安全域（Margin of Safety）」をとる。
2．利益成長率の高い（多くのキャッシュフローを生む）企業に投資する。
3．ポートフォリオ全体の配当利回りを高める。
　（**注**　「安全域」とはバリュー投資の父と言われるベンジャミン・グレアムが提唱したコンセプトで、その株式の予想される本質的価値と買い値との差額。例えば、予想される本質的価値が100ドルの株式を70ドルで購入したときの安全域は30ドル［30％］となる）

　白黒のはっきりした世界では、**図**に示したような企業の質と成長、

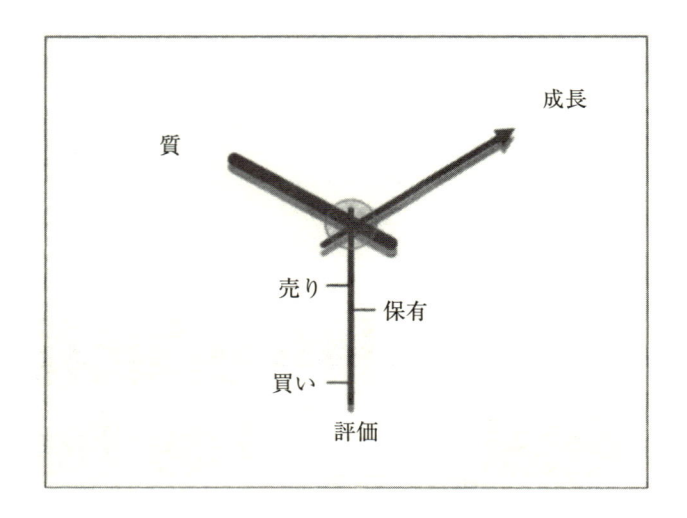

[図: 質・成長・評価の3つの座標軸。評価軸上に「売り」「保有」「買い」の目盛]

評価という3つの座標軸の頂点に位置するような株式のポートフォリオを組成することも可能であろう。すなわち、マイクロソフトのような独占的な競争上の優位性（ほかの企業がうらやむようなピカピカのバランスシートと高い資本利益率［ROC］）、グーグルのような目を見張るような高い売上高と高い利益成長率、そしてゼネラルモーターズ（GM）株のようにPERが1ケタ台にあるという3つの条件を兼ね備えた企業の株式で構成するようなポートフォリオである。

しかし、ヨギ・ベラの言うように、「この世に完全な世界など存在しない」のと同じく、相場の世界も白黒のはっきりした完全な世界ではなく、投資のプロセスもほとんどグレーゾーンばかりである。これから検討する企業の質と成長、評価の枠組みとは、いわばそうした投資のグレーゾーンのプロセスに光を当てるものである。これによって、読者の方はこの3つの条件を高いスコアでクリアする株式を見つけることができるだろう。

それでは1万メートルの上空からこの地上に舞い降りて、具体的な企業の分析に移っていこう。

第5章

企業の質

The "Q"—Quality

「偉大な企業とは、今から25年または30年たっても偉大な企業である」
——ウォーレン・バフェット

　株式投資の損失を取り戻すのはかなり難しいので、できるだけ損失を出さないことがレンジ相場のひとつの目的となる。一方、競争のない企業はダメになり、競争という荒波にもまれないと、これまで最も成功してきた企業でもつまずいてしまう。強い企業（質の高い企業）はつまずいても再び起きあがって前進するが、弱い企業は早々と脱落してしまう。レンジ相場では質の高い企業を見つけるべきだという理由がここにある。「質の高い」という表現には主観的なニュアンスが含まれるので、これについて具体的に説明していこう。

競争上の優位性

　持続的な競争上の優位性（その企業を守る強固な堀や鉄条網のようなもの）とは、強力なブランドや特許、新規参入を阻止する高い障壁など、競合他社の脅威からその企業を守る質の高い企業の特徴を意味する。

あらゆる資産の価値とは、将来のキャッシュフローを現在価値に換算したものである。将来のキャッシュフローが大きいほど、その企業の価値は高くなる。持続的な競争上の優位性とは、将来の大きなキャッシュフローを保証する強固な障壁とその自信、競合他社の新規参入を阻止する力などを意味する。

平均以上の資本利益率（ROC）を持った企業が存在する分野には新規参入が後を絶たない。競合各社はみつに群がるミツバチのように、肥沃な分野への新規参入を虎視眈々と狙っている。そこでは企業が強力な競争上の優位性を持たないと、競合各社はその製品やサービスの分野に乗り込んで、低価格や差別化商品の投入といった競争を仕掛けてくる。これらのちりを追い払わないと、その企業のROCはすぐに平均レベルまで低下してしまう。

既述したように、競争上の優位性には強力なブランドや特許、ユニークなノウハウ、規制で守られた独占力、天然資源の確保などが含まれるが、著名な経済学者であるマイケル・ポーターは1980年代に出版した『競争の戦略』（ダイヤモンド社）のなかで、企業が属する業界の競争と収益の構造を決定する要因として次の５つを挙げている。すなわち、①新規参入の脅威、②代替品の脅威、③供給業者からの購買力、④買い手との交渉力、⑤既存の競争企業間の敵対関係――である。ポーターによれば、これらの要因が最終的にその企業の収益性を決定する。

競争上の優位性とは、何も天から与えられた恒久的なプレゼントではない。人生と同じようにビジネスの世界も常に変化しており、そのスピードは情報時代と世界のフラット化の進展でますます速くなっている。インターネットは商品の価格を全世界に公開し、企業間の競争を加速させた。今や多国籍企業もほかの多国籍企業とだけ競争しているのではなく、生産のアウトソーシング（外部委託）によって以前には大手企業しか持てなかった最先端の技術を有する小規模な企業、高

度な物流ネットワークを持つ宅配会社のフェデックスやUPSなどとも激しい競争を繰り広げている。

マーケットが急ピッチで拡大しているときは、すべての企業の売り上げが増加するので、競争上の優位性を持たない企業でも生き残れる。しかし、いったんそのマーケットの成長が止まると競争は激化し、弱い企業は低価格戦略を仕掛ける同業他社によって駆逐されてしまう。

ウォーレン・バフェットは「質の高い企業とはどのようなものですか」という問いに対して、迷わず「持続的な競争上の優位性を持つ企業です」と答えたというが、われわれもこのバフェットの言葉を肝に銘じるべきであろう。

強いブランド──すべてのブランドが同じように強いわけではない

強力なブランドは競合他社の新規参入を阻止し、業界の競争を乗り切り、安定した高利益率と将来のキャッシュフローを確保する強固な堀となる。例えば、レストランに入ってソフトドリンクが飲みたいときは、なじみのあるコークやペプシを注文するだろう。これがブランド力であり、コカ・コーラとペプシコは50年間にわたり巨額の経費を投入して、これらの製品の知名度を向上するマーケティング戦略を展開してきた。この分野に新規参入しようとする企業は、両社の圧倒的な知名度とブランド力に対抗しなければならない。

しかし、すべてのブランドが同じように強力なわけではない。他社と競争する力にはなりうるが、プレミアム料金を設定できるほどではないブランドもある。例えば、消費者商品メーカーのサラ・リーの場合、サラ・リーやジミー・ディーン、ヒルシャイア・ファーム、ボール・パーク、レッグズ、ヘインズなど数多くのブランド商品を持っている。一般には強力なブランド商品には価格決定力があり、価格の弾

力性も小さい（値上げしても需要はそれほど落ちない）と考えられているが、同社の場合はそうではなかった。

　同社は2004年にブランド商品を値上げしたところ、売り上げが激減した。消費者はホットドッグやソーセージ、パイや下着などの購入はやめないと思われたが、サラ・リーが値上げしたら、消費者はほかの有名な製品にくら替えしてしまったのである。同社の商品分野では有名なブランド商品が目白押しだった。このように同社の商品はノーブランド商品よりは価格競争力があるが、かといって独自に値上げができるほど強力なブランド力はなかった。すなわち、サラ・リーの商品はその分野への新規参入を食い止めることはできても、競合するブランド商品よりも高い利益率を確保できるほどのものではなかったのである。

　小売り分野には多くのブランド商品があふれており、ある会社が素晴らしいブランド商品を売り出すと、別の会社がすぐに類似の商品を発売する。このように、競争に参加することはできても、強い価格競争力を持つことができる商品は少ない。

　私はブランドの重要性はけっして否定しないが、そのブランド商品がどれだけ持続的な競争上の優位性を持っているのかをよく見極める必要があると思う。

経営陣

　その企業のバランスシートと同じように、経営陣についても慎重に分析・評価すべきだ。彼らが過去にどれほど輝かしい実績を上げたとしても、われわれの常識的な判断力でその経営能力を評価する必要がある。経営陣の報酬や給与はその企業の株価とリンクしており、彼らは常に自社の株価を上昇させなければならないという大きなプレッシャーを受けている。

経営陣にはその会社の戦略を策定・実施する責任があるが、最も大切なことは長期にわたって持続する競争上の優位性を高め、株主価値を向上させることである。

ケーススタディ――（パソコンメーカーの）デルとゲートウェイがたどった道

　１株当たり利益や四半期報告、さまざまな財務指標を調べることも大切であるが、企業は人間（経営陣）によって運営されているという単純な事実を忘れてはならない。彼らは多くの報酬をもらい、大きな家に住み、高級車に乗ったり、自信ありげに企業戦略を語ったりするが、彼らもわれわれと同じ人間であり、同じような弱点を持っている。デルとゲートウェイという類似した２つの企業がたどった道を比較すると、その経営陣の能力が一目で分かる。

　この２つのパソコンメーカーは1992年当時はほぼ同じ規模であり、将来に成功するチャンスもほぼ同じだった。デルは1984年、ゲートウェイは1985年に創業したが、図表5.1を見ると、1992年までにゲートウェイの総資産利益率（ROA）はデルの3.5倍に達していた。デルの売上高はゲートウェイのほぼ２倍だったが、両社の純利益はほぼ同じだった。ゲートウェイはパソコン直販方式のパイオニアで、雑誌やカタログの広告を通じて個人向けにパソコンを販売し始めた（その当時はインターネットが広範に普及していなかった）。一方のデルは大型ディスカウントショップやパソコン専門店などを通して製品を売っていたが、あまり成功していなかった。1990年代半ばになってデルはこうした販売戦略を大きく変更し、直販方式に絞った。当時は両社とも独自の競争上の優位性を持っておらず、それぞれの経営陣が違う道をたどり始めたという小さな違いしかなかった。

図表5.1　デルとゲートウェイの業績比較（1992～2005年、単位＝100万ドル）

1992	ゲートウェイ	デル
売上高	$1,107	$2,014
営業利益	$103	$139
純利益	$106	$102
ROA	39%	11%

2005	ゲートウェイ	デル
売上高	$3,854	$55,908
営業利益	-$11	$4,789
純利益	$6	$3,572
ROA	0.3%	15%

出所＝S&PのCompustat

　それが2005年になると、両社の間には雲泥の違いが生じてしまった。デルは世界最大のパソコンメーカーになったが、ゲートウェイはかろうじて生き残っているという状態だった。デルの成功は企業買収や財務戦略などによるものではなく、主力製品の売り上げを伸ばすという有機的な戦略によってもたらされた。つまり、単純に高性能のパソコンを低価格で多くの企業や個人に販売することで、大きな成功を勝ち取ったのである。デルの成功は何もゲートウェイの犠牲によって得られたのではない。1990年代半ばから後半にかけ、コンピューター産業はGDPの数倍のスピードで成長し、デルは当時の巨人たち（IBMやパッカードベルなど）からこつこつとシェアを奪い取ってきたのである。

　一方のゲートウェイは1990年代半ばに、同社の販売店を次々とオープンさせ、それまでの直販方式というコスト上のメリットを放棄した。直販方式は卸売・小売店を通さず、直接ユーザーにパソコンを販売することで在庫を少なくし、利益率を向上できるという点で、従来の販

売方式に比べて大きなコスト上の優位性があった。2001年になるとパソコン業界の成長は大きく落ち込み、デルは売り上げを伸ばして市場シェアを拡大するという戦略に打って出た。これは大成功となり、ゲートウェイが放棄した直販方式による低価格競争力という競争上の優位性を手に入れた。どのメーカー（デル、ゲートウェイ、IBM、ヒューレット・パッカード、コンパックなど）のパソコンでも品質にほとんど差がなくなったため、低価格パソコンメーカーの優位性はさらに強まっていった。パソコンの基本的な部品（CPU、メモリー、ハードディスクなど）は規格化され、パソコンは単なる商品になったことから、唯一の差別化は価格だけとなった。

　ゲートウェイが払った代償はあまりにも大きく、デルが売り上げを倍増させている一方で、ゲートウェイの売り上げは減少していった。この両社は何も魂のない企業ではなく、いずれも人間によって運営されている。ゲートウェイの経営陣がどれほどベストの考えを持っていたとしても、結果的には競争上の優位性を自ら放棄する間違った決定を繰り返してしまった。どのようなマーケットにおいても、われわれは成功する企業を選びたいと思っているが、そのためにはゲートウェイではなく、デルのような企業を見つけるべきだ。両社の二極分化を引き起こしたのは、企業の競争上の優位性を向上させられるかどうかという経営陣の能力である。

経営陣の言動には疑いの目を向けよう

　経済学者のポール・クルーグマン・プリンストン大学教授は2006年8月25日付のニューヨーク・タイムズ紙で、高級住宅大手のトール・ブラザーズ社の創業者であるロバート・トールCEO（最高経営責任者）が語った、不動産バブルの進展中およびバブル崩壊後の言動について

コメントしている。そのなかで私が最も注目したのは、トールCEOが2006年までの住宅産業で起こったことを全面的に否定していたことである。不動産バブルがはじける前の2005年までに、彼は次のように語っていた。「われわれには販売する住宅があり、それを買いたいという多くの人々がいる。住宅の供給と需要が一致しているだけだよ」「ほかの産業と同じように、不動産業界にもブームがあっていいんじゃないの。……そうしたブーム（バブル）は必ずはじけなきゃならないのかい」

　そして住宅産業に暗雲が漂い始めた2006年第2四半期には、次のような発言に変わっていった。「これまでとは状況が違う。経済と住宅産業のマクロ状況には不安材料は見当たらないのに、住宅の販売件数は落ち込んでいる」「アメリカ経済の将来とイラクの状況に対する不安感は、国民の自信を喪失させている。住宅ブームは終わったのかもしれない」

　トール氏は賢明な人で、アメリカでも屈指の住宅販売会社を創業した。しかし、彼の言動にはバイアスがある。彼は巨額の個人資産を事業に投資しているので（2007年2月にSEC［証券取引委員会］に提出した報告書によると、その金額は約10億ドルに上るという）、これまでの住宅産業の活況は（バブルではなく）通常のブームであると強く確信している。彼は住宅産業の今の状況を客観的に見ることができる理性的な人々の意見には耳を貸そうとしない。彼はアメリカの住宅産業はけっしてバブルではないと固く信じている。

　トール氏の仕事は、高価な住宅を買う潜在的な顧客を説得することである。トール・ブラザーズ社のセールスマンは、「今の住宅産業はバブルなのかい」という顧客の問いに対して、「そうですよ。今の住宅はバブル資産ですよ」とは口が裂けても言えない。そんなことを言おうものなら、同社の株価と顧客の資産価値が暴落することは目に見えているからだ。トール氏が実際に考えていることは知るよしもない

が、彼が住宅産業の擁護発言を繰り返しているというのは、逆に言えば、同社の株式と自分の数十億ドルの資産を販売しているようなものである。

一方、車のセールスマンは自動車については本当のことを話しているのかもしれないが、そこには必然的に車を売ろうというバイアスがかかっているので、そうした話を真に受けてはならない。そうしたセールスマンは悪い人ではないが、彼には養う家族もいる。われわれは車のセールスマンよりは大手企業のトップの言うことを信じがちであるが、だからといってそうした企業のトップの言うことが車のセールスマンの話よりも信頼できるとは限らない。

住宅バブルの前後のトール氏の発言には重要な教訓が含まれている。すなわち、企業の経営陣の発言には疑いの目を向け、われわれの常識でそのバイアスを見抜かなければならないということである。

メッセージを発する人の言動に惑わされないように、われわれは常識というフィルターを磨いておく必要がある。企業のトップは口がうまく自信家なので（企業の経営には不可欠の資質ではあるが）、われわれはつい彼らの発言に圧倒されてしまう。しかし、彼らもまたわれわれと同じ人間であり、その自信や確信が絶対に正しいとは限らない。彼らは道化師の衣装を着て、スーパーマンの役を演じていると考えたほうがよい。彼らをわれわれと同じ人間として見れば、常識というフィルターがそのバイアスを見抜いてくれるだろう。

企業の経営陣は本当に正しいのか

もっとも、企業の経営陣については一般化することはできず、良い経営者も悪い経営者もいる。われわれはざっくばらんで合理的、かつ賢明で地味な経営者を望んでいるが、さらに企業の経営者は自分の仕事が何よりも好きで、自社株を保有していることが望ましい。

私が企業経営者に求める２つの条件は、誠実さと長期的に株主価値を向上させるという意欲である（こうしたことは、短期的な利益を志向するウォール街の人々には興味がないかもしれない）。
　経営陣の善し悪しを判断するには、電話会議での発言をよく聞き、その会社のプレスリリースや年次報告書を熟読して、彼らが自分自身と株主に対して本当に誠実であるのかどうかを見極めなければならない。自分自身に誠実であるというのは、問題があったときはそれを正直に認めるということである。
　経営者たる者は間違いを犯したときは、それを率直に認める誠実さを持たなければならない。それが良い経営者と悪い経営者を分けるものである。私はディスカウントショップ最大手であるダラー・ゼネラルの経営陣の電話会議を聞いたあと、それに対するコメントを2004年12月のザストリート・ドット・コムに寄稿した（そのとき私は同社株を保有していた）。

　　実際の数字は見た目よりもはるかに悪いようだ。11.5％増という売上高は特に注目するほどのものではなく、私の長期予想を下回っている。しかし、これは同社の問題点の氷山の一角にすぎない。売上原価は1.2％増と、利益率の薄い小売業としては大きな負担である。また、販売費・一般管理費も0.54％増となっており、在庫回転率は低下し、営業キャッシュフローの伸びも大半が在庫の増大で帳消しになっている。同社の経営陣の発言と株価、アナリストの分析はすべて食い違っている。経営陣は悪い四半期などはないと好業績を強調しているし、アナリストたちは在庫の増大と利益率の低下などを完全に見逃している。……経営陣は過去10カ月間の好業績を誇らしげに語っているが、それについて私は「それならばその証拠を見せろ」と言いたい。彼らはアパレル製品やジャージの売り上げが伸びていると言っていたが、その後全体の

売り上げが失望すべきことだったということを認めた。経営陣が繰り返す四半期ごとの好業績の自慢話には飽き飽きした。

この電話会議の直後に私は保有していたダラー・ゼネラル株を約20ドルで売却したが、それから数週間後にスタンダード・アンド・プアーズ（S&P）が好調な四半期業績を理由に同社株の格上げを発表し、株価は22ドルまで上昇した。それでも私は自分の分析と判断は間違っていないと信じていた。同社経営陣の発言には大きなバイアスがかかっており、株主をだましているとは思わなかったが、それでも7000以上の店舗を持ち、毎年約700のペース（1日に2店舗）で店舗を拡大しているのはどう考えてもやりすぎである。経営陣は立地などはまったく考えずに、どこにでも店舗をオープンしており、それを運営する有能な人材も不足している。

おそらく同社の経営陣は同社の価値を引き上げようと、真実を耳に心地よいオブラートでくるんでいたのであろう。彼らは問題点を認識しながら、それを是正しようともせずに先送りしていたと思われる。経営陣がこうした態度をとる会社には何の未練もない。良い経営者とは自分自身と株主に問題の所在を認め、その解決に努力するものである。

その後、同社が2006年第3四半期の失望すべき業績を発表したことから、その株価は約12ドルに下落した。以上のことから得られる教訓は次のようなものである。

● 自分で調べること。ウォール街のアナリストたちの意見を参考にしてもよいが、それを盲信してはならない。S&Pのような著名なリサーチ会社のアナリストでも、人間であるかぎりときに間違いを犯す。
● 経営陣の言うことを現実と比較し、その結果を自分の常識で判断す

る。
●経営陣がわれわれの期待を裏切ったり、問題の所在を認めないような会社からはすぐに逃げよう。

ちなみに、このコメントを寄稿した6カ月後の2007年3月に、投資会社のKKR（コールバーグ・クラビス・ロバーツ）が1株当たり22ドルでダラー・ゼネラルを買収する意向を表明した。あのときに同社株を売却した私の判断はやはり間違っていなかった。

大切なことは長期の株主価値を創出すること

短期と長期の将来を見据えた決定はどちらも大切であるが、長期的な投資という木を育てるには、短期的なコストという種をまかなければならない。しかし、短期の利益志向のウォール街を喜ばすために日々の決定にとらわれて、長期の株主価値をないがしろにしている経営者も少なくない。

私は電話会議でアナリストの質問に答えた、コストコ（激安の会員制倉庫型卸売チェーン）のCEOの次のような発言にはガッカリした。

　　　眠れないほど心配なのは、短期的な株価の動向です。株価の短期の動きには、投資家の期待とそのときの業績が反映されるからです。昨年の第2～4四半期の実績をわずかに上回った最近の四半期報告と、それによる株価の反応がその好例です。

コストコの経営陣はかなり優秀で、持続的な競争上の優位性を常に追求することで株主価値を大きく向上させてきた。その結果、小売業界のガリバーであるウォルマート・ストアーズとの激しい戦いを展開しながら高収益会社に成長した。しかし、コストコのCEOには株価

の短期的な動きが大きなプレッシャーとしてのしかかっている。

　経営陣の最優先の課題が、アナリストの四半期予想を少しでも上回るという短期利益の達成にあるならば、そのほかの目標はどうなっているのだろうか。経営者は毎日、短期と長期の業績目標を達成するという決定をしていると思うのだが……。

　私は数年前に、卸売業界団体（コストコは含まれていない）の経営者たちとの非公式の朝食会に参加したが、その席上で会社が豊富なフリーキャッシュフローを持っているならば、積極的に薬局を開設してはどうかと提案した。

　これに対する彼らの反応は、「薬局も悪くはないですが、利益を上げるのに少し時間がかかります。われわれは短期利益の確保を目指しているので、その提案を実行するのはちょっと無理ですね」というものだった。

　これらの経営者たちは短期利益志向のウォール街の心証を害するのを恐れて、有望な投資チャンスを自ら放棄している。

　経営者は短期の利益だけに目を向けてはならないと思う。上場企業のデメリットのひとつは、主人である株主（＝ウォール街）の意向を無視できないことであるが、ウォール街は常に短期の利益だけを追求している。

　アナリストの質問に対する経営陣の回答に失望したもうひとつのケースは、2007年度第1四半期に関するライオンズゲート・エンターテインメント社（映画製作会社）のCEOの電話会議での発言だった。そのときのやりとりは次のようなものだった。

アナリスト　映画館での上映とその後のDVDの発売時期が短くなっていますが、これについてはどう思いますか。

ジョン・フェルトハイマーCEO　16週間ぐらいが適当だと思っているので、それ以上短縮するつもりはありません。特に上場企業は年度

内に一定の利益を確保しなければなりませんので、その時期が少し短くなることはあっても、数週間は映画館で上映することになります。

長期的な株主価値を合理的に創出しなければならないビジネスの世界にあって、映画館とDVDによるリリースの期間は鑑賞者（ウォール街ではない）の希望と最大限の利益を上げるという企業の目標に照らして決めるべきだと私は思うが、読者の方はどう思われるだろうか。

短期利益の達成を求めるウォール街からのプレッシャーは、株主の長期利益の追求という本来の目標から、四半期利益の上方修正というウォール街の目標に経営者の目をますますシフトさせているようだ。

こうした状況を踏まえて、われわれは長期的な株主の利益を追求するとともに、その企業自身の長期的かつ持続的な競争上の優位性を向上するためにも、断固たる決断を下すことのできる経営者を見つけなければならない。

予想可能な利益

総合エネルギー会社のエンロンが会計操作による破綻企業の代名詞になる以前には、投資家は毎年コンスタントに利益を出す企業の株式を保有していれば安心だと思っていた。しかし、投資家たちはそうした利益の源泉が正当なビジネス活動ではなく、実は会計操作によるものであるかもしれないことを大きな代償を支払って学習した。会計操作による米企業の利益計上は、けっして珍しいことではない。

医薬品大手のブリストル・マイヤーズ・スクイブは不正な販売ルートによって売上高を事前に計上していたし、エンロンと並ぶ不正会計の代表企業となった大手通信会社のワールドコムも、財務諸表に偽りの数字を並べて架空の利益を計上していた。さらに優良企業の代表であるゼネラル・エレクトリックでさえも、保険準備金を操作してウォ

ール街に過大な予想利益を報告していた。

　こうした状況を踏まえ、われわれ投資家は企業の公表利益をよく分析し、それが実際のビジネス活動によるものか、または将来の真の利益がどれくらいの数字になるのかを正しく予想しなければならない。

　継続的に高い収益を得ている企業は売り上げの振れや事業リスクも小さく、それだけ将来の利益やキャッシュフローも予想しやすい。継続的な収益は将来の予想利益のベースとなるもので、その製品やサービスを継続して購入してくれる安定顧客を持つ企業は、そうでない企業よりも小さなリスクで安定した利益を確保できる。例えば、小規模企業から大企業までを優良顧客を持つ保険会社は、安定した保険料収入を得ることができる。保険契約が継続しているかぎり、その多くは継続的な収益である。そうした保険会社の自然減による契約喪失率はわずか年8％ほどであり、これを逆に見ると収入の92％は安定した継続的な収益である。したがって、毎年10％のペースで収入を伸ばすためには、約18％の増収が必要である。

　一方、コンピューターメーカーが収入を毎年10％伸ばすには110％の増収が必要であり、そのためには激しい価格競争の下で常に前年以上のコンピューターを新規に販売しなければならない。

　その製品がどれほど使い捨てなのかによっても、将来の予想収入はまた大きく違ってくる。例えば、（トール・ブラザーズやMDCホールディングズなどの）住宅販売会社と（ベクトン・ディケンソンなどの）使い捨て医療器具（注射器・注射針など）メーカーを比較すると、土地を買って家を建て、それを販売するというプロセスを繰り返す住宅販売会社には安定した継続的な収益というものがない。これに対し、ベクトン社の商品は使い捨て医療器具なので、安定したリピート需要がある（問題点は、使い捨て注射器・注射針を処分する大規模な廃棄場をどう確保するかである）。

　住宅販売会社（およびコンピューターメーカー）が売り上げを増や

すには、前年よりも多くの商品を販売しなければならない。住宅は一生の資産として残るうえ、新規に住宅を購入したい人は数ある住宅会社のどこから買ってもよい。だからといって、住宅販売会社の株は絶対に買うなと言っているのではなく、そうした株でも儲けるチャンスはいくらでもある（ただし、住宅が供給過剰になっているときに住宅株を買ってはならない）。寿命の長い耐久財（住宅・車など）のメーカーの株を買うときは、そのタイミングがかなり重要となる。

　企業は同業他社のほかに、過去に販売したものとも競争している。そのため、安定した継続的収入のないそれらの企業のリスク（収益の振れ）は大きく、その株式を買うときはバランスシートを詳細に分析したり（この問題については以下で検討する）、余裕のある安全域をとる必要がある（第7章を参照のこと）。

健全なバランスシート

生きた負債とは

　負債を持つべき企業が無借金で、逆に余裕のない企業が過大な債務を抱えているケースもよく見られる。高いROCと潤沢なフリーキャッシュフローを持つ企業は、それほど大きな債務を抱える必要はない。

　過大な債務を抱える代表的な業種は、GMやフォードなどの自動車メーカーと航空産業（サウスウエスト航空は数少ない例外的なケース）である。これらの業種の企業は売上高とは無関係に、航空機や工場などの巨額な固定費を抱えている。そのうえ、労働組合が強い力を持っているので人件費も高水準に上る。しかも売り上げは景気や循環的な変動に大きく左右され、景気が悪くなると真っ先にこの方面の支出が削られる。

　この業種では財務レバレッジも高く、売り上げが減ってもコストは

低下しないので、すぐに巨額の赤字に陥る。

　さらに最近は燃料や原材料などの価格高騰で、そのキャッシュフローは大きく落ち込んでいる。

　負債の少ない企業は多少の経営ミスを犯してもすぐに立ち直れるし、安定した予想利益やキャッシュフローを持つ企業が負債を賢明に利用すれば、借金もプラスの生きた資産となる。しかし、利益やキャッシュフローの振れが大きく、固定費の大きい企業が借金を利用するときはかなり慎重でなければならない。

バランスシートを歪める自社株買い

　活発な自社株買いを展開する米国の企業を分析するとき、その負債比率やデッド・エクイティ・レシオによって財務の健全度を見るときは十分な注意が必要である。普通株式の発行などの項目に、自社株買いによる発行株式数の変更が加わって、バランスシートが大きく歪められることもある。例えば、発行株式の時価が簿価をかなり上回っているとき、新たに自社株買いを実施するとバランスシートにダメージを与えることもある。

　企業の負債水準とそのリスク度を測定するときは、純利益やEBITDA（支払利息・税金・減価償却控除前利益）、営業キャッシュフロー、フリーキャッシュフローなどと比較した負債とインタレスト・カバレッジ・レシオを分析すべきである。こうすれば、バランスシートの負債度（リスク度）が自社株買いによってそれほど歪められることもなくなるだろう。以下ではその一例を紹介しよう。

図表5.2　コルゲート・パルモリブのバランスシート（単位＝100万ドル）

	2002/12	2001/12	2000/12	1999/12
利益剰余金	4,653	4,148	3,624	3,076
普通株	1,867	1,902	1,878	1,796
（控除）自己株式	6,152	5,204	4,043	3,056
資本合計	367	851	1,458	1,816
有利子負債	3,604	3,239	2,978	2,790
資産合計	7,087	6,985	7,252	7,423

出所＝S&PのCompustat

ケーススタディ──コルゲート・パルモリブ（大手消費財メーカー）の資本構成

　コルゲート・パルモリブの1999～2002年の財務リスクを測定するとき、負債比率やデッド・エクイティ・レシオだけを分析するならば、それからリスクについて間違った結論を引き出すことになるだろう。図表5.2のバランスシートを見ると、同社は過去４年間に30億ドル相当の普通株式を買い戻した結果、バランスシート上の資本金は18億1600万ドルから３億6700万ドルに減少した（これによって、利益剰余金は15億ドル以上増加した）。

　次に図表5.3を見ると、これによってこの期間中の総資産に占める総資本の比率は24.5％から5.2％に低下し、総資産に占める有利子負債の比率は約38％から約51％に上昇した。

　一方、負債とインタレスト・カバレッジ・レシオを示した図表5.4を見ると、積極的な自社株買いによってこの期間中に同社の財政状態は大きく改善しているのが分かる。フリーキャッシュフローのインタレスト・カバレッジ・レシオは4.1倍から８倍に大きく上昇したのをはじめ、総資産に占める負債比率が上昇したにもかかわらず、フリーキャッシュフローの負債返済比率はほとんど変わっていない（この負債返済比率が2.8年というのは、３年以内にフリーキャッシュフロー

図表5.3　コルゲート・パルモリブの資本構成（単位＝100万ドル）

	2002/12	2001/12	2000/12	1999/12
資本合計	367	851	1,458	1,816
	÷	÷	÷	÷
資産合計	7,087	6,985	7,252	7,423
総資産に占める総資本	5.2%	12.2%	20.1%	24.5%
有利子負債	3,604	3,239	2,978	2,790
	÷	÷	÷	÷
資産合計	7,087	6,985	7,252	7,423
総資産に占める有利子負債	50.9%	46.4%	41.1%	37.6%

出所＝S&PのCompustat

図表5.4　コルゲート・パルモリブの負債とインタレスト・カバレッジ・レシオ（単位＝100万ドル）

	2002/12	2001/12	2000/12	1999/12
営業キャッシュフロー	1,611	1,600	1,536	1,293
	÷	÷	÷	÷
支払利息	158	192	204	224
営業キャッシュフローのインタレスト・カバレッジ・レシオ（倍）	10.2	8.3	7.5	5.8
フリーキャッシュフロー	1,268	1,259	1,170	920
	÷	÷	÷	÷
支払利息	158	192	204	224
フリーキャッシュフローのインタレスト・カバレッジ・レシオ（倍）	8.0	6.5	5.7	4.1
有利子負債	3,604	3,239	2,978	2,790
	÷	÷	÷	÷
営業キャッシュフロー	1,611	1,600	1,536	1,293
営業キャッシュフローの負債返済比率（年）	2.2	2.0	1.9	2.2
EBIT	2,024	1,861	1,721	1,564
	÷	÷	÷	÷
支払利息	158	192	204	224
EBITのインタレスト・カバレッジ・レシオ（倍）	16.3	17.5	16.2	12.8
有利子負債	3,604	3,239	2,978	2,790
	÷	÷	÷	÷
フリーキャッシュフロー	1,268	1,259	1,170	920
フリーキャッシュフローの負債返済比率（年）	2.8	2.6	2.5	3.0

出所＝S&PのCompustat

> ですべての負債を返済できることを意味する)。また、有利子負債が増えている一方で、支払利息は減少しているが、これは1999～2002年に満期を迎えた負債の多くを低利のローンに借り換えたことによる。
> 　私はコルゲート・パルモリブのこうした自社株買いにはけっして賛成できない（特にその株式が割高になっているときは）。このケースは自社株買いがどのようにバランスシートを歪めるのかを示した好例であり、とりわけ簿価をかなり上回る価格で自社株を買い戻すときによくこうしたことが起こる。

オフバランスシート

　企業の財務リスクを分析するときに負債比率だけを見るのは不十分であり、それは分析プロセスの単なるスタートにすぎない。

　資金不足の確定給付年金やオペレーションリースなどはよくオフバランス（簿外）で処理されるため、これらの項目については十分な注意が必要である。特に年金の収益見積額が過大に評価されると、帳簿上の未払債務が膨らむ恐れがある。

　例えば、GMは年金資産の増加率を年９％と見積もっているが、退職者の年齢を考慮するとその見積額はかなり過大であり、それに基づく長期の運用収入を高めに見積もると、年金資産が減少して財源不足という大きなリスクに直面することになる。

　ミッシェル・レダー著『フィナンシャル・ファイン・プリント――アンカバーリング・ア・カンパニーズ・トゥルー・バリュー（Financial Fine Print:Uncovering a Company's True Value)』によれば、企業会計の健全度を見る最も簡単な指標は、将来のキャッシュフローを現在価値に換算したときの割引率、年金給付額、長期の運用収益などを考慮した将来の年金資産をどれほど保守的に見積もっているのかであ

る。ある企業の年金資産の予想収益がかなり高いとき（アグレッシブな会計政策をとっているとき）は、その財務諸表と脚注を詳しく分析しなければならない。

オフバランスで処理されているリース資産などは、オンバランス扱いにすべきである。例えば、小売会社などは新設した店舗をバランスシート上のリース扱いにすることもできるが、リース扱いにしたときはその店舗が閉鎖、もしくはサブリース（転貸）されたあともリース支払額はきちんと計上すべきである。クレジット会社などはオペレーションリースをバランスシートに資産・負債として計上している。

買収標的となる負債の少ない会社

健全なバランスシートを持つ企業はよく買収の標的となる。買収企業はプレミアム価格を支払って被買収企業の株式を取得するが、そのときに被買収企業の資産を担保に買収資金を調達することも珍しくない。

例えば、保険会社のリンカーン・フィナンシャルが同業のジェファーソン・パイロットを買収したとき、被買収企業のジェファーソンの格付けはＡＡ、買収企業のリンカーンはＡだった。ジェファーソンの格付けは吸収合併されたあとに買収会社であるリンカーンの格付け水準まで下がったが、リンカーンはジェファーソンの素晴らしいバランスシートを利用して、買収資金の一部（数億ドル）を調達することができた。

フリーキャッシュフロー

フリーキャッシュフローとは、企業が事業活動で稼いだ現金から、事業の継続に必要な経費（人件費・在庫管理費・支払利息・税金など）

や将来の成長のために必要な資金（工場・設備など固定資産への投資）を差し引いた金額である。換言すれば、フリーキャッシュフローとは営業キャッシュフローから設備投資額を差し引いた自由に使えるお金、すなわち将来の成長に向けた固定資産などの設備投資を控除したあとの現金収支である。

多くのフリーキャッシュフローを生み出し、株主志向の賢明な経営陣で運営される企業は、株価の大きな変動を伴うレンジ相場の時期でも、自社株買いなどによって株主価値を向上させることができる（特に株価が割安のときの自社株買いは有効である）。自社株買いによって発行株数が減少すると、１株当たりの利益と配当は増加して株価浮揚の大きな好材料となる。

例えば、2004〜2005年のノキアは１株当たりフリーキャッシュフローの12倍という数年来の安値水準で推移したが、同社は毎年50億ドル以上のフリーキャッシュフローを生み出し、150億ドル以上もの現金を保有するうえ、ほぼ無借金経営である。同社はこうしたチャンスを生かして発行済み普通株の約11％を買い戻し、株主価値を大きく向上させた結果、バランスシートの健全性はさらに高まった。

フリーキャッシュフローの増大には次のようなメリットがある。

● 潤沢なフリーキャッシュフローを生み出す企業とは、大規模な工場や設備などの大きな設備投資を必要としない非資本集約型企業であり、利益成長率やROCも高くなる。
● フリーキャッシュフローが潤沢になるとそれで必要資金が賄えるので、外部資金への依存度が低下してビジネスリスクは小さくなる。金融機関は「晴れの日には傘を貸したがるが、雨の日には傘を貸してくれない」が、株式や債券の発行、銀行借り入れなどが容易なときは資金調達の苦労は分からない。しかし、そうした手段が難しくなる景気減速期には、フリーキャッシュフローの増減が企業の生き

残りを大きく左右する。
- 不況や景気後退期になると、現金（フリーキャッシュフロー）の威力は飛躍的に高まる。ウォーレン・バフェットの率いるバークシャー・ハサウェイは、2002年の不況期でも豊富な流動性を持っていた。この投資会社が保有する企業グループは潤沢なフリーキャッシュフローを保有しており、バークシャーのバランスシートには数十億ドルの現金が記載されていた。これによって不振に陥っていたエネルギー会社（ウィリアムズやダイナジーなどの電力会社）の株式をバーゲン価格で取得した。当時の電力会社はかなりの流動性不足に直面していたので、バフェットは強い立場で株式取得の交渉に臨むことができた。

すべての設備投資が同等なわけではない

設備投資にもいろいろある。そこで現金支出を伴わない減価償却など事業継続に欠かせない勘定項目を調整した営業キャッシュフローが重要となる。設備投資額の大小がフリーキャッシュフローの増減につながるからである。とりわけ将来の成長と設備の維持に関する投資の違いは重要であり、それによって企業の売り上げが鈍化したときには株主価値に大きな差を引き起こす。

- **設備の維持のための投資** 現在の売り上げ水準を維持するには固定資産への投資が不可欠である。例えば、半導体メーカーでは技術や生産プロセスが常に進化しているため、現在の売り上げを維持するためには、絶えず設備を更新していかなければならない。また、石油会社も枯渇していく油井（原油埋蔵量）を刷新するために、毎年数十億ドルの設備投資が必要である。これらの企業が投資をストップしたとなれば、以後の売上高はどうなるのだろうか。逆に言うと、

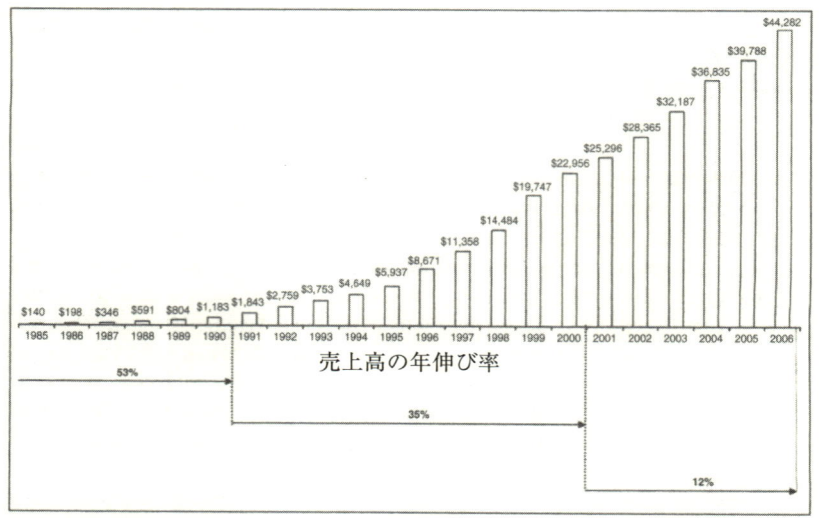

図表5.5　マイクロソフトの1985〜2006年までの売上高推移（単位＝100万ドル）

年	売上高
1985	$140
1986	$198
1987	$346
1988	$591
1989	$804
1990	$1,183
1991	$1,843
1992	$2,759
1993	$3,753
1994	$4,649
1995	$5,937
1996	$8,671
1997	$11,358
1998	$14,484
1999	$19,747
2000	$22,956
2001	$25,296
2002	$28,365
2003	$32,187
2004	$36,835
2005	$39,788
2006	$44,282

売上高の年伸び率：1985〜1990年 53%、1990〜2000年 35%、2000〜2006年 12%

出所＝S&PのCompustat

　もしも売上高が減少していけば、これらの企業の設備維持のための投資はどのように変化するのだろうか。

●**将来の成長のための投資**　売り上げを伸ばすには、そのための設備投資が不可欠である（小売会社の新店舗の開設、造船会社の造船所の建設、ソフトウエア会社のオフィススペースの拡充――など）。将来の成長に向けた投資をストップさせれば、売り上げの伸びが鈍化するのは避けられない。

　利益（およびキャッシュフロー）の高い成長が永遠には続かないビジネスの世界にあって、2つの投資の違いは重要である。どんなに成功した企業でも一定の企業規模になるとそれまでの高い成長率は鈍化する。すなわち、企業の規模が大きくなるとそれまでの高い成長率を維持するのは難しくなるが、このことは成功企業の代名詞となってい

るマイクロソフトでも例外ではない。

　マイクロソフトの売上高の推移を示した**図表5.5**を見ると、1980年代の売り上げの伸びは毎年50％以上に達し、1990年の売上高は約12億ドルとなった。しかし、それ以降の売上高の伸び率は年30％強に鈍化し、2000年には売上高が230億ドルに達したが、その後はほぼ10％に鈍化している。もしも同社が1980年代の売り上げ伸び率を現在も維持したとすれば、2005年の売上高は7000億ドル、純利益は全米企業の6分の1を占めることになる。そしてそのままのペースで売り上げが伸びていけば、数年後にはカリフォルニア州のGDP（約1兆5000億ドル）を追い抜くことになってしまう。

　新しい市場や異業種への進出によって高い成長を維持している企業もあるが、遅かれ早かれ売上高が鈍化するのは避けられない。高い成長を続けてきた企業ほどその成長率を維持するのは難しく、マイクロソフトのケースを見ても明らかである。

　高水準の設備維持費用を必要とする企業は、売り上げの大きな伸びがストップしたあとも一定の売上高を維持するために固定資産への投資を続けなければならないので、潤沢なフリーキャッシュフローを保有するのはかなり難しい（石油会社などは絶えず新しい油井を開発していかないと、ビジネスが継続できなくなる）。

　一方、設備維持費用をそれほど必要としない企業は売り上げの伸びがストップすると（売り上げの成長に向けた投資がなくなると）、設備投資が減少するので利益とフリーキャッシュフローは大きく増加する。その結果、設備投資が必要な企業と比較して株価が安くなれば（PERが低下すれば）、増配や自社株買いのチャンスも大きくなる。このように設備投資の必要性が低下して利益とフリーキャッシュフローが増えると、株価の下落とPERの低下にも歯止めがかかることになる。

　世界最大の小売会社であるウォルマート・ストアーズは2005年に

145億ドルの設備投資を実施したが、この金額は同社の営業キャッシュフローの80％以上に相当する。こうした設備投資は新規店舗の開設や新しい物流設備の建設など、将来の成長に向けたものである。もしも同社が全米のほとんどのシェアを抑えたとすれば、設備投資は大きく減少するだろう。これまでの売り上げを維持するために既存店舗の改装などに伴う数十億ドルの設備投資は必要であろうが、フリーキャッシュフローは大きく積み上がる。それによって自社株買いを実施すれば、1株当たり利益と配当は増大し、株主の利益は増えることになる。

同社の利益成長が実現しなかった場合、株価が下落する（PERが低下する）可能性もあるが、設備投資の減少による利益とフリーキャッシュフローの増大がその下げ分の一部をカバーするだろう（もっとも、実際にはこれまでに投資した固定資産の減価償却が続くので、設備投資額が減少するまでにはかなりの時間がかかる）。

変動の大きいフリーキャッシュフロー

フリーキャッシュフローは純利益よりも変動が大きい。その理由は、損益計算書は（売上高とそれに必要なコストは一致させるべきという）発生主義に基づいて記載されているが、営業キャッシュフローは営業活動に伴うキャッシュの流入・流出という実際の資金の変動を反映しているからである。そのため、企業の営業活動の効率性（運転資本の使い方）が向上し、運転資本のバランス（棚卸資産・受取債権・支払債務など）が大きく改善した翌年にはその逆の結果が起こりがちである。

さらに、損益計算書に記載される（それまでの固定資産のコストである）減価償却費はそれほど変わらないが、毎年の設備投資支出（新たな固定資産のコスト）は大きく変動する。

したがって設備投資支出を反映したフリーキャッシュフローも、そ

の年によってかなり変動する。フリーキャッシュフローの変動に対処するひとつの方法は、一定期間の営業キャッシュフローの平均または累計額を出し、そこから設備投資支出を計算することである。資本集約型企業の減価償却費は必要な設備投資支出を反映したもので、両者の関係は以下のようになる。

- 高い成長期には設備投資支出が減価償却費よりも大きい
- 成熟期が近づくと両者の水準はほぼ同じになる
- 成熟期には減価償却費が設備投資支出よりも多くなる

フリーキャッシュフローの使い方

　フリーキャッシュフローも正しく使わないと、株主価値を大きく損なうことになる。フリーキャッシュフローの使い方は、債務の返済、自社株買い、増配・復配、企業買収、何もしない——など多岐にわたるが、企業の経営戦略を反映するフリーキャッシュフローの使い方には厳しい目を向けなければならない。
　経営陣のなかには豊富なフリーキャッシュフローにさらにレバレッジをかけて企業買収に乗り出すケースも見られるが、その多くは株主価値の向上というよりも、企業帝国を建設するといった経営者のエゴによるものが少なくない。ＡＴ＆Ｔはその好例で、同社は1992年に情報システムのNCRを買収したが、その後買収価格よりもはるかに安い値段で売却した。さらに1990年代後半には必要不可欠の買収という理由でTCI（ケーブルテレビ大手）を数十億ドルで買収したが、2002年にやはり大きな損失を出して同社を同業のコムキャストに売却した。

ケーススタディ――IMSヘルスとVNUの合併

　IMSヘルスとVNUの合併も企業帝国を建設するという経営者のエゴを反映したもので、株主価値を損なった好例である。オランダの大手情報サービス会社のVNUは2005年7月に、ヘルスケア情報大手のIMSヘルスを69億ドルのプレミアムで買収すると発表した。この発表には（私を含む）IMSヘルスの多くの株主が驚いた。

　IMSヘルスはITサービス大手のコグニザント・テクノロジー・ソリューションズからスピンオフされ、コグニザントもそれ以前にダン＆ブラッドストリート（世界最大の企業信用調査会社）からスピンオフされた。その当時、IMSヘルスは緩やかな結束を持つ多くの企業グループから成り、事業のスリム化に懸命に取り組んだ。その結果、数年後には透明性の高いシンプルな事業会社に生まれ変わった。そこに降ってわいたのがVNUからの買収提案で、両社の経営陣は共同記者会見で、前人未踏のシナジー効果が期待できるとの見通しを表明した。経営陣は両社の企業文化の違いについても楽観的で（新会社の従業員のレイオフの可能性については言及しなかった）、シナジーとチャンスという言葉を何回も強調した。

　このような大型合併が成功するケースは少ない。経営者のエゴを動機とする企業合併の多くは、企業文化の違い、過大なプレミアムの支払いなど問題点も多く、今回も例外ではないように思われた。

　VNUの2つの事業会社（ACニールセンとニールセン・メディア・リサーチ）とIMSヘルスはかつては同じ企業（ダン＆ブラッドストリート）の傘下にあり、当時（1996年）ダン社はIMSヘルスとニールセン・グループは相容れないとしてばらばらにスピンオフした。これについてIMSヘルスとVNUの経営陣は、すでに時代は変化し、両社間で重複するビジネス分野はほとんどないと強調した。

　IMSヘルスの経営陣と話したとき、私は「合併ではなく合弁事業の

ほうがよいのではないでしょうか」と提案したが、これに対する両社からの返答は「合併の方向で話が進んでいるので、合弁事業は難しい」というものだった。私は「そうなのか」とも思ったが、合併交渉が決裂したときのコストは合弁事業のときよりも極めて大きくなる（合弁事業の破談はデートの物別れ程度で済むが、合併の決裂は離婚のようなダメージとなる）。

いろいろな合併計画とその後の決裂について、記者会見に臨むCEOや社長たちは口をそろえて、「当初予想されたほどのシナジー効果はないことが分かった」「相手企業のビジネスが複雑で、株式の適正なPERが確保できない」などと釈明するものである。今回の合併も例外ではなく、幸いなことに両社の株主が経営陣のうまい話に乗らなかったために実害はなかった。発表から数カ月後にこの合併計画は破談となり、VNUのCEOは解雇され、同社はヘッジファンド・グループに買収された。

ヒューレット・パッカードの創業者であるデビッド・パッカードは、「企業の多くは飢えよりも消化不良で死ぬ」と語ったが、M＆Aの経験を持たない企業が、そうした試みを成功させることは難しい。

高いROC

ROCとは、企業がどれほど株主の資本をうまく活用しているのかを表している。資本コストを上回るROCを誇る企業は、株主価値を向上させている会社である。

ROCは高いROE（自己資本利益率）とそれを成長させる経営陣の手腕を反映しており、ROCが高いほどその企業の発行株式や債務は少ないことを意味する。このような企業は豊富な資金を内部所有して

いるので、小さなリスクで高い利益成長を達成できる。新株を発行すると株主価値が希薄化し、また債務（債券発行）が増えると企業のリスクは増大する。

　安定した高ROCは強い競争上の優位性を意味する。逆にそれがないと、多くの同業者が新規に参入して価格競争が起こるので、売上高や利益率は低下し、多額の再投資が必要になってROCが低下するという悪循環に陥る。長期にわたって高いROCを維持してきた企業は、将来も高水準のROCを保持できる競争上の優位性を持っている。

結論

　持続的な競争上の優位性、有能な経営陣、予想可能な利益、豊富なフリーキャッシュフロー、健全なバランスシート、高いROCなどは優良企業の条件である。投資家はとりわけ持続的な競争上の優位性と有能な経営陣などの条件に関して妥協してはならない。もっともこれらの条件もそれぞれの優劣をほかの条件でカバーすることはできる。例えば、その企業が十分な予想可能利益とキャッシュフローを確保していれば、バランスシートの健全性は多少見劣りしてもよい。また、将来の成長に向けた大規模な設備投資が可能な企業であれば、フリーキャッシュフローが少しは少なくてもよい。しかし、これまで述べてきた理由から、企業の質という点ではあまり妥協しないほうがよいことは言うまでもない。これらの条件こそがレンジ相場における株式投資のリターンを決定づけるからである。

第6章

企業の成長

The "G"—Growth

「その企業の業績が良ければ、株価という結果はあとからついてくる」
──ウォーレン・バフェット

企業の成長の源泉──利益の成長と配当

企業の評価について効果的に分析するには、企業の質と成長に関して十分に理解しておく必要がある。すでに企業の質については検討したので、ここでは企業の成長について分析し、そのあとで企業の評価の分析に移る。

　レンジ相場では(それ以外のすべての相場でも)、質の高い企業や高成長企業の株式を魅力的な価格で取得するには、まったく人気のない株を買うのもひとつの選択肢である。
　このような投資法には購入した株式が長期にわたって動かず、資金が眠ってしまうというリスクもある。これを避けるためにも企業の成長の分析は重要であり、増益と配当が続いている企業の株式であれば、たとえ資金が眠ってもそのマイナス分を十分にカバーできるだろう。
　企業の成長について検討するときは、(キャッシュフローを含む)

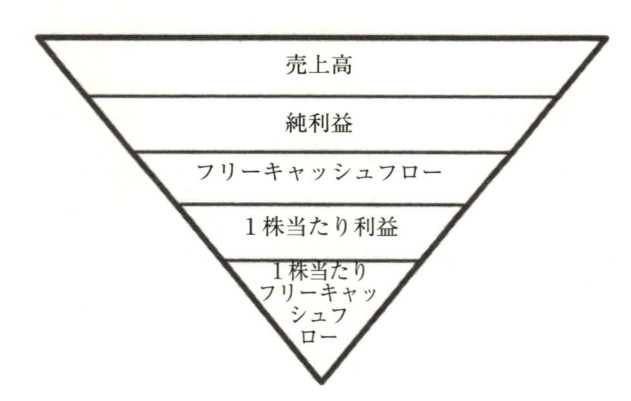

図表6.1　企業の成長の源泉を示す逆ピラミッド

```
売上高
純利益
フリーキャッシュフロー
1株当たり利益
1株当たり
フリーキャッ
シュフ
ロー
```

利益の成長と配当（配当利回り）について分析しなければならない。

　配当は株価が上昇しなかったときの重要な保険であり、利益の成長はその株式のPERを低下させる原動力である。例えば、1株当たり利益（EPS）が1ドルの株式を15ドルで購入すれば、そのときのPERは15倍である。この企業の利益が年15％のペースで増大していけば、5年後のEPSは2ドルとなる。この株式のPERが元の15倍に戻らず、12倍で止まったとしても（EPS×PER＝株価→2ドル×12倍＝24ドル）、そのときの年リターン（益回り）は10％弱とまずまずの水準となる（EPS÷株価）。利益成長を反映してPERがさらに上昇していけば、もっと大きなリターンを手にできる。したがって少し割高な値段で買ったとしても、利益の成長がまもなくその不利な買値のマイナス分をカバーしてくれるだろう。そこでは時間の経緯とともに利益と配当が積み上がっていくが、そうではない企業ではこれと反対のことが起こる。

　企業の成長の源泉を知っておくのは大切なことである。**図表6.1**はその内訳を示したものである。売上高を頂点に純利益、フリーキャッシュフロー、1株当たり利益、1株当たりフリーキャッシュフローと

続いている。

　売り上げの成長がコストの伸びよりも大きいと利益率が向上し、純利益の成長率は売上高の伸び率よりも大きくなる。そのときに自社株買いを実施すると発行済み株式数が減少して、1株当たり利益の成長率は純利益の成長率よりもさらに大きくなる。その企業が固定資産と営業資産（棚卸資産・受取債権・支払債務などの運転資金）を効率的に運用すれば、1株当たりフリーキャッシュフローの成長率は1株当たり利益の成長率をもっと上回るようになる。

　つまり企業成長の源泉に関する逆ピラミッドのあらゆるレベルで、株主価値を向上させることができる。株主価値を向上させるのも破壊するのも、この逆ピラミッド図をどのように活用するのかにかかっている。ただし、人生と同じようにそれぞれの企業成長の源泉にも伸びには限りがあるので、その企業にとってどの源泉が成長末期にあり、どれが将来の成長を牽引する源泉なのかを定期的に分析する必要がある。

売り上げの成長

　企業買収の場合を除いて、売り上げの成長は最も自然な企業成長の源泉であり、そのためには次のようなことが条件となる。

- ●**既存・新規顧客に対する製品やサービスの販売増**　米国の企業だけでなく、世界のあらゆる企業にとって共通する売り上げ増の方法である。
- ●**国内外の新しい市場の開拓**　多くの企業が成長する国際市場に進出している。例えば、マイクロソフトはソフトウエア市場でOS（オペレーティングシステム）やサーバーなどを独占しているが、そこにはもはやこれ以上の成長の余地はない。売り上げを伸ばすには

新しい分野（ビデオゲーム、携帯電話のOS、ケーブルテレビなど）に進出する以外に方法はない。低価格パソコンの直販市場をほぼ支配したデルは、プリンターやテレビ市場への新規参入のチャンスをうかがっており、売り上げを伸ばすには高い成長が続くマーケットへの進出が不可欠である。

● **製品の値上げ** この方法の成否は（値段が高くても顧客がどれだけ買ってくれるかという）製品の需要の弾力性にかかっており、これが成功すれば新しい企業の新規参入は必至である。しかも新規参入企業は低価格で市場シェアを奪いにくるので、既存の顧客がそれらの競合製品や代替品に流れる可能性もある。

● **製品の値下げ** あまり使いたくない方法であるが、それによって売り上げが増えれば値下げのマイナス分をカバーできる。通信業界ではよく見られ、携帯電話の値下げによってユーザーが増加し、それによって（ネットワークや顧客サービスなどの）固定費が低下したケースもある。

もちろん、企業買収によって成長する方法もあるが、これはかなり高くつくことが多いうえ（ゼネラル・エレクトリックやペプシコなどのケースを見ても分かる）、前章でも見たように、買収に伴うさまざまな難問にも直面する。

利益率の向上による成長

利益率の向上は、経営の効率化と規模の経済によってもたらされる。

経営の効率化

技術革新を背景に米国企業の多くは近年、経営の効率化によって利

益率を向上させてきた。第3章でも指摘したように、経営の効率化を促進する技術革新の波は広範な産業に押し寄せ、新しい技術を取り入れた企業とそうでない企業の格差を広げている。

　例えば、コスト削減による経営の効率化は産業全体に広がり、それによる製品価格と利益率の低下は企業収益を圧迫しているが、顧客はその大きな恩恵を受けている。もはや特選の企業だけが経営の効率化の恩恵を独占することはできず、産業構成、当該企業の持続的な競争上の優位性などに応じて、そのメリットに違いが生じている。

　もっとも、コスト削減にも限界があり、一時的にコスト削減に成功した企業でもその後大きな壁に突き当たったケースもある。例えば、消費者用品大手のコルゲート・パルモリブは血のにじむようなコスト削減の努力によって、1980年代後半から1990年代初めには1ケタ台にとどまっていた利益率を2003年には14.4％まで引き上げ、株主価値を大きく向上させた。しかし、2003年後半にはそれも伸び悩み、以後この利益率を突破することができない。

　医療器具大手のベクトン・ディケンソンは1990年代後半に安全な注射器と注射針を発売したが、その開発費用は数千万ドルに上った。新製品は看護師がエイズに感染するのを防ぐのに大きな効果があり、食品医薬品局（FDA）は病院に対して新製品の使用を義務づけようとしていた。当時、私が同社の経営陣に競争の有無について質問したところ、「当社の強力なライバルは存在しません」という答えだった。

　唯一のライバルはタイコ・ヘルスケアに買収された医療器具メーカーのUSサージカルだった（タイコは短期のキャッシュフローとウォール街の評価を得るためにUSサージカルを買収した）が、USサージカルにはベクトンの新しい製品に太刀打ちできるほどの競合製品はなかった。

規模の経済

　規模の経済は利益率を向上させる大きな源泉のひとつであり、それには固定資産（工場や生産設備など）と売り上げの増大が不可欠である。規模の経済が成功すれば、生産コスト以上に売り上げを伸ばすことができるので利益率は向上する。しかし、この方法も経営の効率化と同じですぐに産業全体に広まり、やり方に応じてその効果に大きな格差が生じてしまう。

　例えば、ある企業が社内で製品を生産しているとき、別の企業がそれをアウトソーシング（外部委託）したとすれば、規模の経済のメリットには大きな違いが生まれる。特にソフト業界では規模の経済が広く実行されており、数千万ドルをかけて最初のソフトを開発すれば、あとはほとんどコストをかけずにそのソフトを再生産することができる。

　規模の経済によって競合他社から市場シェアを奪われた企業は、売り上げの減少という規模の経済とは逆の「規模の不経済」に直面する。食品流通大手のシスコは売り上げ増によって利益率を向上させた好例である。同社はレストランやホテルなどに食材を出荷しながら、企業買収によって売り上げの伸びを上回る利益率を達成した。同社の売上高は2000〜2005年に年9.2％のペースで伸び、純利益率も2.4％から3.2％に向上した。最終的な利益成長率は約15％にも達した。

自社株買い

　適正な価格での自社株買いとは、株主価値を向上させる有効な手段である。自社株買いは1株当たり利益と配当利回りを同時に増大させるので、株主が手にするリターンも大きくなる。例えば、ある企業への株式投資で12％の総リターンを得たいとき、PERが変化しないと

すれば、1株当たり利益（EPS）は12％増大する必要がある。しかし、その株式の配当利回りが3％あって、発行株数の2％の自社株買いを実施したとすれば、理論上は7％のEPSの伸びでその目標を達成できることになる。12％のEPSの増大は難しいが、7％のEPS成長率であれば何とかなるだろう。自社株買いは有機的な成長ではないが、適切な価格で実施すれば株主にとっては隠れたボーナスとなる。

ここまで、自社株買いと利益成長率、配当利回りの向上による相乗効果には言及しなかったが、実際には効果的な自社株買いと高い配当を実現できる企業は、高い利益率によるフリーキャッシュフローの積み上げと高い資本利益率（ROC）もキープしているものである。買い戻す自社株数はその株式のPERにも大きな影響を及ぼすので、適正な価格で株買いを実施しなければならない。割安な価格で自社株を買い戻せば株主価値の向上につながるが、割高な値段での自社株買いは株主価値を破壊するので、次の2つの条件についてよく検討すべきである。

1．その企業の経営陣は優れた投資家なのか。
2．自社株買いによってウォール街のEPS予想をクリアできるのか。

企業の経営陣が必ずしも優れた投資家であるわけではない。彼らには自社に対する過剰なバイアス（愛着）がある。膨大な時間とエネルギーを注いで経営の改善と利益率の向上に努力しているのだから、それは当然であろう。しかし、それは客観的な投資のスタンスをなくしていることにもつながり、自分の会社は特別な存在であるという思いが強く、株主価値と株価についても過大評価しがちである（企業が割高な価格で自社株を買い戻したときは、これからもその株式を保有すべきかどうか投資家は自問したほうがよい）。

企業の経営陣はときに自社株買いによって株主価値を損なっても、

EPSの成長を望むことがある。例えば、コルゲート・パルモリブは30倍以上のPERの価格で自社株買いを実施した結果、株主価値を数億ドルほど減少させたと言われる。バリュー投資のように割安な価格で自社株を買い戻せば、PERの分母を減少させるのでEPSと配当利回りの向上につながる。

一方、フリーキャッシュフローではなく、負債による自社株買いには次のようなデメリットがある。

1．ハイリスク・ハイリターンという言葉があるように、負債による自社株買いがPERを低下させることがある。メリットよりもデメリットが大きいとみなされるだろう。
2．大きな負債による自社株買いはバランスシートを痛めるが、豊富なフリーキャッシュフローを持つ企業がそれを使って自社株を買い戻せば、そのマイナスの影響も限定的である。

負債による自社株買いは資産を減少させるうえ（現金と資本の比率を引き下げ、総資産に対する負債比率を上昇させる）、配当率を維持しようとすればバランスシートも毀損される。また負債を増やし、金利の支払いも増大する。これに対し、フリーキャッシュフローによる自社株買いは持続的な利益成長を促進する。負債も増えないので財務リスクも小さい。フリーキャッシュフローが増え続けるかぎり、連続して自社株買いを実施することができる。倒産のリスクを含めた財務リスク上の観点から以上のことをまとめると次のようになる。

●大きな負債による自社株買いは負債比率を引き上げ、インタレスト・カバレッジ・レシオを低下させる。
●小さな負債による自社株買いも負債比率を引き上げるが、インタレスト・カバレッジ・レシオにはそれほど影響を与えない。

自社株買いはそのやり方次第で株主価値を向上させたり、損なうこともある。

ケーススタディ——ウエストウッド・ワンの自社株買い

ウエストウッド・ワンの高い価格での自社株買いは、典型的な悪例のひとつである。

ラジオ番組制作大手である同社の売り上げは、2001～2005年にはほとんど伸びず、2002年以降はゼロ成長、インフレを考慮すれば実質マイナス成長となっていた。資金を本業に投資する代わりに、同社は自社株買いを実施した。株価は2002年の35ドル（PER＝35倍）から2007年1月にはわずか7ドル（PER＝13倍）まで下落し、利益も減少の一途をたどっていた。不幸なことは、同社の自社株買いはかなり高い価格（PER）で行われたことである。

同社の経営陣は割安な値段でタイムリーに自社株を買い戻したと思っていたが、その後の株価は下落する一方だった。自社株を買い戻したときのPERは25～35倍で、それによる負債額は2億3200万ドルから2006年9月には4億600万ドルに増大した。一連の自社株買いによってEPSは2002年から2006年上半期には向上したが（同年下半期には低下した）、それは有機的な成長によるものではなかった。最大の問題点はかなり高い価格で自社株買いを行ったことであり、その資金をコア事業に投入すれば、利益率の向上と早期の復配が可能になったかもしれない（2005年になってやっと復配した）。

企業が自社株買いを実施するときは、次の4つの質問をぶつけてみよう。

1．その自社株買いは割安な価格で行われるのか。
2．どのような動機で自社株買いを実施するのか。
3．それは負債による自社株買いなのか。
4．その資金のもっと有効な使い道はないのか。

資産の効率的な活用

　2000年にGEパワーシステムズからホームセンター大手のホーム・デポに移ったボブ・ナルデリが最初に行ったことは、納入業者に対する支払期限を延長したことだった。期限は21日から31日に、そして1年後には41日に延長された（ライバルのローズの支払期限は40日だった）。こうしたちょっとした努力で、同社のキャッシュフローは1日に数十億ドルも増えた。彼はまたホーム・デポの在庫費用を納入業者に転嫁することで金利負担を大きく軽減し、これもキャッシュフローの増加につながった。

　パソコンメーカーのデルも在庫費用を納入業者に転嫁していった。取引業者は数日以内にデル向けの商品納入を要求された結果、デルの在庫負担はわずか数日に短縮された。これは激しい価格競争を展開しているパソコン業界では大きなメリットだった。ライバルであるゲートウェイやヒューレット・パッカードの在庫保有期間がそれぞれ20日、40日であることを考えると、デルの競争上の優位性は明らかである。しかもパソコン部品を購入したときの支払期限は、仕入日から60～80日以降となっていた。デルの成長の裏にはこうした運転資金の戦略があったのである。

　運転資金を効率的に活用すれば、配当性向の向上、自社株買い、負債の減少、将来の成長に向けた投資などが可能となり、これらはすべて株主価値の増大につながる。

過去は過ぎゆく

　企業がこれまで成長してきたからといって、将来も同じように成長し続けるという保証はない。過去の成長を直線的に未来に延長してはならない。その企業の将来を予測するには、これまでたどってきた道のりを検証しなければならない。バロンズ紙は2004年4月17日号に「コルゲートのリベンジ」という記事を掲載したが（この記事については次章でも言及する）、そのなかで同社の利益成長率は一時的に落ち込んだが、まもなくこれまでの利益成長率（過去5年間の年13％という高い利益成長率）を取り戻すだろうと指摘していた。これについて私は4月27日のザ・ストリート・ドット・コムに次のようにコメントした。

　　13％という目を見張るようなコルゲート・パルモリブの利益成長率の源泉について詳しく分析してみよう。

● 売り上げ伸び率はわずか年2％。
● 純利益率が9.5％から14.4％に向上したために、純利益成長率は8.8％上昇した。しかし、売り上げの伸びが低く、営業利益率もそれほど伸びてはおらず、この純利益成長率はコスト削減によるものである。
● 同社は毎年自社株買いを実施しており、これがEPS成長率を押し上げた。1999〜2000年の同社株のPERは33〜34倍であろう。
● EPS成長率は約13％であるが、成熟企業としてはかなり高い利益成長率である。しかし、これからも高い利益成長率を維持するのは難しいだろう。

　13％というこれまでの高い利益成長率が将来にも続くと考えるのは危険である。過去5年間の利益成長率は過去のもので、将来にも続く

という保証はない。コスト削減による利益成長には限界があり、コルゲートのこれまでの利益成長率は大きすぎる。売上高をかなり伸ばさないかぎり、この水準を維持するのは不可能である。過去は過ぎ去ったものであり、現実を見据えて将来を展望しなければならない。

将来の成長の原動力

企業の成長の原動力を理解するには、成長の源泉それぞれについて客観的に分析する必要がある。まず最初に個々の源泉の成長率を予測し、次にそれらを総合的にまとめて将来の全体的な成長率を判断する。その検証プロセスが予想どおりに進まなくても、合理的なスタンスを崩さずに、個々の源泉の成長率を数値化していくべきだ。

一例として税金申告サービスのジャクソン・ヘウイットを取り上げ、以下の５項目について分析してみた。

1. **開設まもない若い事務所** 同社の半分以上の事務所は開設後５年以内とかなり若い。これは新規の顧客がかなり増える可能性があることを意味し、売り上げ伸び率は３〜６％となるだろう。
2. **インフレ率** 税金申告ビジネスのインフレ率は年４〜６％と予想されるが、これは税金申告手続きの複雑さと料金値上げを反映している（申告書１枚当たりの料金値上げと取扱件数の増加）。
3. **新規の事務所** 新規の事務所は年３〜６％のペースで増加すると予想される。税金申告サービスという細分化されたニッチ市場における同社のシェアは、まだわずか４％にすぎない。フランチャイズ方式によって新規の事務所を開設すれば、それほど多額の資金もかからない。これによって利益率が向上していけば、ROCはかなりのペースで伸びていくだろう。
4. **利益成長率** 事務所の90％がフランチャイズ店なので、これから

の利益成長率の余地は大きく、年2～3％の利益成長率が見込まれる。
5. **自社株買い** フリーキャッシュフローのほとんどすべてを自社株買いに充てているため、EPS成長率は年5～7％に達するだろう。その結果、配当性向はさらに1％上がって21％となり、株主の総リターンも向上するはずだ。

以上の分析結果を総合すると、ジャクソン・ヘウイットのEPS成長率は年17～28％となる。

このようにそれぞれの成長の源泉を個別に分析すると投資リスクは小さくなり、ひとつの成長の源泉がつまずいても、残りの源泉がそれを十分にカバーしてくれるだろう。

併せてその他のいろいろな要因（ディスカウンテッド・キャッシュフロー、PER、安全域など。次章で詳しく分析する）も検討すれば、同社の株式のバリュー度はいっそう明確になるだろう。

配当

配当と自社株買い

「理論上は理論と現実の間に違いはない。しかし、実際には大きな違いがある」と言ったヨギ・ベラの言葉と同じように、理論上は配当と自社株買いの間に違いはないが、実際には大きな違いがある。経営陣は経費を切り詰めても減配を避けようとするが、それは減配すれば株価が下がり、ひいては自分たちの首が飛ぶからである。したがって、業績が悪くなっても企業は配当を維持するために配当性向を高めようとする。

これに対し、自社株買いは経営陣の任意で実施できる。自社株買い

を実行するのか、するとすればどれくらいの株式を買い戻すのか——こうした決定はすべて経営陣が自ら下すことができる。理論上は自社株買いも配当と同じく株主価値を高めるが、それに対する経営陣の責任は配当の場合ほど大きくはない。

理論的に見ると配当は（株主がコントロールできない）企業の口座から（自分でコントロールできる）株主の口座にお金が移ること、すなわち株主にとっては架空の資産から実際の資産になることを意味する。企業の口座にある100億ドルの0.00005％のお金は架空の資産であるが、実際に支払われた5000ドルの配当金は現実の資産である。いったん支払われた配当金は株主から取り返せない。企業は社内に利益を留保できるという意味で、配当は利益よりも重要な意味を持つ。

その企業が高い配当を支払っていれば、株主は配当を受け取りながら株価が適正な水準に戻るのを待つことができる。さらに株価が下がれば（減配にならないかぎり）配当性向は上昇し、インカムゲイン狙いの投資家の買いが入って株価はある水準で下げ止まる。配当は株価下落の歯止め役にもなる。

配当とレンジ相場

第3章で見たように、配当はレンジ相場の総リターンの90％を占めるため（強気相場ではわずか19％）、レンジ相場における配当の重要性は強気相場のほぼ4倍に達する（**図表3.16**を参照）。

ジェレミー・シーゲル博士はその著『株式投資の未来』のなかで、「配当は弱気相場のプロテクターである」として次のように述べている。「配当金を再投資して持ち株数が増えていけば、それは投資家のポートフォリオの価値下落を食い止めるクッションとなる。そして株価が回復するとその効果はそれだけにとどまらず、増加した持ち株は将来に大きなリターンをもたらしてくれる。すなわち、配当はマーケット

のプロテクターだけでなく、株価が上昇に転じればリターンの加速装置ともなる。株式相場がサイクルを経るたびに、高配当株は最も高いリターンを生み出す」

　このような経済的効果だけでなく、高い配当はその企業に対する投資家の信頼感も高める。利益は会計上の数字であり、配当は利益ではなくキャッシュフローから支払われるので、一定の配当を支払っている企業にはエンロンのような不正会計事件は起こらない。

　図表3.17を見ても分かるように、米企業の20世紀の平均配当利回りは4.3％である。現在の配当利回りはその半分以下であり、これは100年来の最低水準である。平均以上の高配当はレンジ相場のプロテクターと上昇相場のリターン加速装置となるが、平均的な株式や（S&P500などに連動した）インデックスなどの低い配当では、現在のレンジ相場ではとても効果は期待できない。

高い配当＝低い成長なのか

　学者たちは、高い配当性向が低い利益成長につながると主張している。

　確かに理論上は、配当性向の高い企業はそうでない企業よりも利益成長率が低くなると考えられる。より多くの利益を配当にまわせば、ビジネスに再投資できる利益は少なくなるからである。しかし、現実には極端なケースを除いて、こうしたことは起こらない。例えば、新興企業は一般に利益の多くを将来の成長に再投資するため（R&D、インフラ、販売要員、工場など）、フリーキャッシュフローはほとんど残っていない。このような企業では確かに配当は成長を妨げる。しかし実際には、上場企業の多くはその段階を通り過ぎた成熟企業であり、一定の配当を支払うだけのフリーキャッシュフローは十分に確保している。

フィナンシャル・アナリスツ・ジャーナル誌に掲載されたクリフォード・アスネスとロバート・アーノット両教授の「意外なことに、高い配当＝高い利益成長だった」と題する調査結果によれば、実際には高い配当性向の企業ほど高い利益成長を続けているという。
　この調査の趣旨は次のようなものである。

　　　ヒストリカルな検証によれば、現在の配当性向が高い企業は将来の予想利益成長率が最も高く、その反対に配当性向が低い企業は将来の利益成長率が最も低い。この配当性向と利益成長率の相関関係は、何も利益の単純な平均回帰によるものではない。この検証結果は、留保利益の多くを再投資すれば将来の利益成長率は大きくなるという多くの関係者の見方を覆すものである。その見方は経営陣が利益の多くを配当や効率的な企業運営にまわすと、将来の利益の伸びは小さくなるという考えに基づいている。しかし、われわれの検証結果によれば、低い配当性向が将来の高い利益成長率につながるという見方は事実に反する。

　企業の経営陣は資本を食いつぶすことがあるという現実を人々は考慮しておらず、この調査結果はその矛盾点を鋭く突いている。高い配当性向を維持するというプレッシャーを受けている経営陣は、留保利益を最大限に活用しようとしており、彼らは豊富なキャッシュのなかでぬくぬくとしている企業とは基本的に異なる。高い配当性向は企業の経営陣に規律を植え付けることはあっても、将来の高い利益成長率をけっして損なうものではない。
　株主に支払われないキャッシュが経営陣によって浪費されているケースもよく見られる。例えば、1980～1990年代のマイクロソフトは豊富なキャッシュを保有していたが、それらは株主価値の向上に使われることはなく、いわゆる「戦略的な投資」に何十億ドルもの現金が浪

費されていた（AT＆Tに対する50億ドルの投資など）。また、1970年代後半に豊富なキャッシュを保有していた当時のモービル・オイルもキャッシュフローを経営多角化に使うといって、老舗デパートのモンゴメリー・モードを買収したが、これは株主資本をドブに捨てた最悪のケースとなった（モンゴメリーはその後倒産した）。

配当はとても重要ではあるが

デビッド・ドレマン著『コントラリアン・インベストメント・ストラテジーズ——ザ・ネクスト・ジェネレーション（Contrarian Investment Strategies:The Next Generation）』によれば、低いPERと高い配当はレンジ相場だけでなく、強気相場においてもかなり有効な条件とされている。彼が1966～1982年のレンジ相場の12年間と1982～2000年の強気相場の14年間について検証したところ（検証期間は1970～1996年）、平均的な株式の下落率が7.5％だったのに対し、低PER株の下落率は5.7％、高配当株では3.8％の値下がりにとどまったという。

ドレマンによれば、レンジ相場では総リターンに占める配当の比率はかなり高いが（1970～1996年の検証期間）、しかし配当よりも低いPER、株価キャッシュフロー倍率（PCFR）、株価純資産倍率（PBR）などのほうが株式投資にとっては重要であった。換言すれば、高い配当を支払っているという理由だけでその株式を買ってはならない。高い配当は株式投資の条件のひとつではあるが、それだけで買いの材料とはならず、ほかの指標（PERや利益成長率など）と照らし合わせて判断すべきである。

利益成長は大切な条件

　本書ではアクティブなバリュー投資法に焦点を当てているが、だからといって企業の利益成長を軽視しているわけではない。それどころか、企業の利益成長こそが株式投資の成否を決めるカギである。特にレンジ相場のPERの低下をカバーする利益成長は、極めて重要な株主価値の創造要因である。もっとも、企業の利益成長が株式投資の重要な条件であるとはいっても、企業の質と評価を無視して、単に利益成長率が大きいという理由だけでその株式を買ってはならない。

第7章

企業の評価

The "V"—Valuation

　ある大工はハンマーが特に好きだとしても、それだけで大工仕事はできないので、いろいろな道具が入った道具箱を持って現場に行く。株式投資もこれと同じで、複数の評価法を駆使してその株式を分析しなければならない。それらの評価法の利点と欠点をよく考えながら併用することによって、企業と株式をいっそう正確かつ多角的に評価することができるだろう。

牛乳屋テビエの評価法

　注　ディスカウント・キャッシュフロー法や相対評価法などについてよく知っている読者は、以下のテビエの話を飛ばして「相対評価法」から読んでも構わない。

　相対価値と絶対価値について理解するには、乳牛の話にすると分かりやすいだろう。ある農夫（ミュージカル「屋根の上のバイオリン弾き」に出てくる牛乳屋のテビエとしておこう）は、乳牛の適正な購入価格に関するさまざまな評価法を知っていた。しかし小さな村に住むテビエは純朴な農夫で、（乳牛を含む）資産の評価法であるディスカウント・キャッシュフロー法（将来得られるキャッシュフローを現在

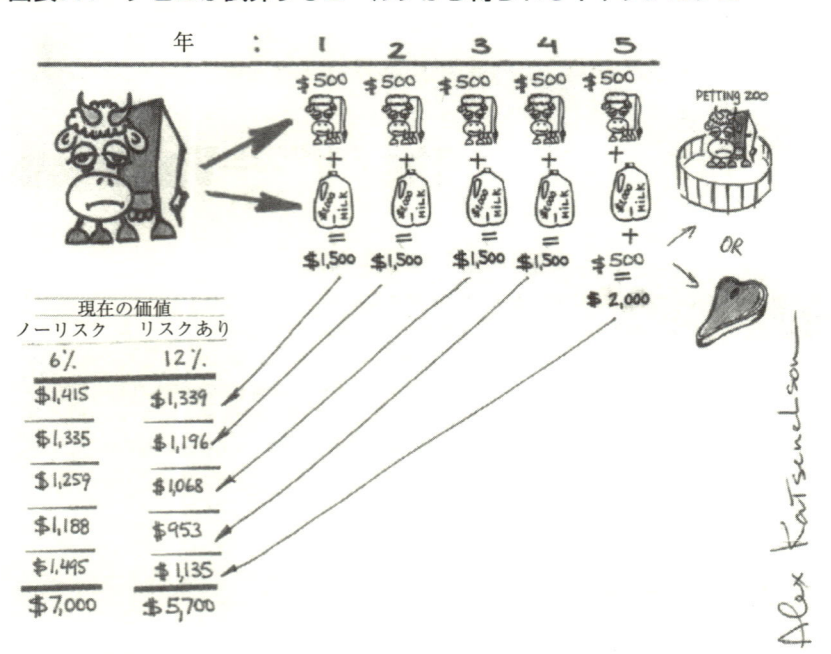

図表7.1　テビエが試算するゴールデから得られるキャッシュフロー

価値に換算して投資価値を算出する方法）は知らなかった。

　テビエは１頭の子牛（妻の名にちなんでゴールデと呼んでいた）を買おうとしていた。彼の試算によれば、ゴールデは１年間に2500ガロン（約9500リットル）のミルクを生産し、それをガロン（約3.8リットル）当たり約1.20ドルで売ると年間の売り上げは約3000ドルとなる。そこから家畜小屋、エサ代、税金などの諸経費を差し引くと純利益は約1000ドルとなる。

　ゴールデが毎年１頭の子牛を生み、それを競売で500ドルで売る。そして５年間搾乳したあと、友人の精肉店にゴールデを約500ドルで売るとする（または動物園に売ってもよい）。これがゴールデの最終価格となる（**図表7.1**を参照）。

ゴールデの価値

テビエはゴールデの価値を約8000ドルと試算していた。すなわち、1年間のミルクと子牛の販売代（1000ドル＋500ドル）×5年間＝7500ドルに、最終価格の500ドルを合計すると8000ドルとなる。

もちろん、将来の5年間に見込まれるこの金額は今の8000ドルと同じではない。この期間中にはインフレや機会コストなども予想されるからである。

そのとき、銀行員の義理の息子がやって来て、一括払いで子牛を購入するならば、その金額の7000ドルを融資しましょうと申し出た。このローンを受け入れると、テビエの年間の返済額は1500ドル、5年の返済期間が終了するときにゴールデの売却代金の500ドルを支払う。つまり、このローンの利率は年6％となる。

彼がこの申し出を受け入れて、ゴールデを7000ドルで購入したときのリスクフリーの条件とは次のようなものである。

- ゴールデは狂牛病などの病気にはかからない
- エサ代は変動しない
- ミルクの需要と販売価格も変動しない
- 地元のスーパーにはミルクの代替品（豆乳など）は登場しない
- 増税もない

もしもテビエが7000ドルの一括払い（6％の利率）でゴールデを購入したとすれば、インフレや機会コストはカバーできるが、それ以上のリスクは補償できない。

図表7.2　ゴールデの絶対価値評価

```
┌─────────────────────────────────────────────────────┐
│     ゴールデが生み出すすべての予想キャッシュフロー＝8000ドル     │
│─ ─ ─ ─ ─ ─ ─ ─ ─ ─ ─ ─ ─ ─ ─ ─ ─ ─ ─ ─ ─ ─ ─ ─ ─│
│   将来のキャッシュフローを６％の割引率で現在価値に換算したとき   │
│                 の適正価格＝7000ドル                 │
│─ ─ ─ ─ ─ ─ ─ ─ ─ ─ ─ ─ ─ ─ ─ ─ ─ ─ ─ ─ ─ ─ ─ ─ ─│
│   将来のキャッシュフローを12％の割引率で現在価値に換算したとき   │
│                 の適正価格＝5700ドル                 │
│─ ─ ─ ─ ─ ─ ─ ─ ─ ─ ─ ─ ─ ─ ─ ─ ─ ─ ─ ─ ─ ─ ─ ─ ─│
│       さらに25％の安全域をとったときの適正価格＝4300ドル      │
└─────────────────────────────────────────────────────┘
```

適正価格とリスクプレミアム

　テビエは経験から、義理の息子のローン条件の２倍のリターン（12％）が必要であることを察知した。それを見込んだゴールデの適正価格（いわゆる本質的価値）は約5700ドルとなる。つまり、7000ドルでゴールデを購入すれば、将来のキャッシュフローの現在価値への割引率は６％となるが、テビエは12％の割引率を適用した（６％のリスクフリーレート＋６％のリスクプレミアム。**図表7.2参照**）。

　こうすれば、インフレや機会コスト以外のリスク（将来のキャッシュフローの不確実性）もカバーできる。もしも乳価や肉代が上がり、エサ代や税金が下がり、さらにゴールデが予想を上回るミルクを生産してくれたら、家の洗面設備も取り替えることができる。しかし、テビエは長年の経験から最悪の事態も予想しておかなければならないことを知っていた。

安全域

「安全域は支払価格によって違ってくる。支払う価格によって、安全域は大きくなったり小さくなったり、またはゼロになることもある」
──ベンジャミン・グレアム著『賢明なる投資家』

　テビエはグレアムも彼の本も、そしてグレアムの言う安全域についても知らないが、娘たちの結婚費用も調達しなければならず、それゆえに慎重な農夫であった。テビエをバリュー投資家と呼ぶこともできるが、彼にとってこれまで述べてきたことはすべて常識であった。もしも適正価格（すべてのリスクを織り込んだ5700ドル）でゴールデを購入したら、見込みが外れても少しの安全域は確保されている。しかし、たとえそうであったとしても、予想外のリスクの可能性はまだ残っている。

　12％という割引率はリスクを吸収するクッションとなり、6％のリスクプレミアムは1300ドルのリスク吸収代に相当する（7000ドルと5700ドルの差額）。しかし、たとえ5700ドルの適正価格でゴールデを購入したとしても、手にするキャッシュフローが予想よりも少ないと、予想したリスクでさえ完全にカバーすることはできない。逆に余裕のある安全域をとっておけば、次のようなメリットがある。

1．状況が予想以上にプラスに働けば追加リターンが得られるので、ゴールデを購入する適正価格は5700ドルよりも低くなる。例えば、（20％の安全域をとって）4500ドルでゴールデを購入し、予想した状況に大きな変化がなかったとすれば、年12％のリターンのほかに、安全域の分として1200ドルが得られる。
2．もしもテビエが将来に得られるキャッシュフローの試算を間違ったり、または予想外のリスクに直面したとき、それをカバーする

のは安全域である。20％の安全域をとっておけば、その分の1200ドルは得られないが、年12％のリターンは確保できる。

リスクの分散

テビエはうぶな農夫ではなかった。彼はゴールデが病気になって死に、投資額のほとんどを失う可能性があることも知っていた。安全域を大きくとっていれば損失の一部をカバーできるかもしれないが、すべての損失を埋め合わすことはできない。これがテビエが1頭の子牛に全資金を投入しない（ひとつのかごにすべての卵を盛らない）理由であり、こうしたリスクを分散するために、違う地域から子牛を買おうとしていた。そこでテビエは自分の求めるゴールデを探しに競売場に向かった。

競売場

テビエは1日目には子牛を買わなかった。空は澄みわたり、仲間の農夫たちは牛の価格の先行きに興奮していた。競りの値段は高く、テビエの目から見るとそれらの価格は本質的価値より高かった。好天の下で農夫たちは興奮に酔いしれ、自分が農夫だということを忘れ、また将来の予想キャッシュフローも無視して、さらに高く買ってくれる大バカが出てくると思っていた。

2日目は前日よりも生産的だったが、それでもテビエは子牛を買わなかった。競りの値段は依然として高く、彼は競りに出される牛たちをじっくりリサーチしていた。品種が良く、病気になりにくく、多くのミルクを生産してくれそうな子牛である。

テビエは3日目になってようやく自分の求めるゴールデを見つけだした。その日は雨が降り、牛の値段は大方の予想に反して上がらなか

った。大きな利益を期待して本質的価値以上の値段で牛を買った多くの農夫たちは、損失の一部を取り戻そうと値段にかまわず牛を売りに出した。彼らは隣の酒屋に駆け込んで酒を次々と注文したので、この店の売り上げは急増した。

テビエはやっと自分の求めるゴールデを見つけた。その子牛は競売場のスターではなかったが、品種も良く、彼の厳しい基準をすべて満たしていた。そして何よりも、本質的価値から25％の安全域をとった4300ドルで子牛を買えたことが最大の収穫だった。

価値の創造と破壊要因

実はテビエは無意識のうちに、ゴールデを買うときにディスカウント・キャッシュフロー（DCF）法を使っていた。彼は次のことを計算していた。

- **ゴールデが稼ぐ売り上げ**　ミルク、毎年生む子牛、最後に精肉店（または動物園）に売ったときの値段。
- **コスト**　妻の性質に似ているこの牛の飼育代。
- **この牛の寿命**　良質のミルクを多く生産するほどその価値は高まる。
- **外部のリスク要因**　ミルクの需要の変化、税金、政治情勢、酪農業に対する政府の規制など。

彼は投機家ではなく農夫だったので、こうした価値の創造・破壊要因は極めて重要だった。もしも競売の最初の日、農夫たちが将来のキャッシュフローのことを考えて牛を買っていたら、金の卵の値段は付かなかっただろう。DCF法は、いわば好天の日の興奮と高い牛の値段、投機に走る衝動にブレーキをかけるものである。

図表7.3　子牛の価格とそのキャッシュフロー倍率

	キャッシュフロー倍率
5700ドル （テビエが考える適正価格）	3.8倍
4050ドル （過去5年間の最低価格）	2.7倍
12000ドル （過去5年間の最高価格）	8倍
10500ドル （若い農夫が考える適正価格）	7倍
4300ドル （5700ドルから25％の安全域をとった価格）	2.8倍

相対評価法

　テビエには経験から身につけたもうひとつの評価法があった。それは価格に対する倍率（価格÷■）という指標で、■は利益、キャッシュフロー、売上高、ミルクの量など何を当てはめてもよい。義理の息子の言う相対評価法であり、■とその価格の相対価値を表すものである。テビエはこの評価法を直感的にマスターしたのではなく、何度か使っているうちにその単純さと使いやすさに引かれたのである。

　彼のお気に入りはキャッシュフロー倍率で、彼の考える5700ドルの適正価格で子牛を買い、それが毎年生み出すキャッシュフローが1500ドルだとすると、この子牛の価格キャッシュフロー倍率は3.8倍になる（5700÷1500＝3.8）。この値段で子牛を買うと4年以内に元が取れ

ることになる（**図表7.3**を参照）。

　ゴールデが将来的に生み出すキャッシュフローを試算するのは絶対評価法であるが、この相対評価法はほかの牛の値段なども考慮して、その購入価格と将来に生み出す価値を相対的に評価するものである。競売場はかなり田舎にあるが、それでも農夫たちは家畜取引委員会の記録などを参考に、購入する子牛が過去5年間に生み出したキャッシュフローと購入価格を比較すべきである。

　テビエの経験によれば、典型的な2歳牛の適正なキャッシュフロー倍率は3.8倍である（ヒストリカルな同倍率は約4倍）。過去5年間には2.7倍という最低倍率（4050ドル）、または8倍という最高倍率（1万2000ドル）で取引されたこともある。この最高価格はテビエの考える適正価格（8000ドル）をかなり上回っており、こんな値段で牛を買う農夫とは非合理的な投機家である。

　ところで、競売の2日目にテビエは2人の農夫の面白い立ち話を耳にした。そのひとりの若い農夫は、「前日は8倍というキャッシュフロー倍率の値段が付いたので、7倍の値段（1万500ドル）だと買い得だ」と話していた。これについて（テビエと同じように経験が豊富そうな）もうひとりの老農夫は、「そんな法外な値段で買うのは、もっと高い値段で買ってくれる大バカがいるときだけだよ。過去の値段が将来にも付くとは限らない。晴天が終わってみんなが冷静になれば、牛の値段は真の適正価格に戻る。その時期がいつになるのかは、そのときにならないと分からないがね。みんなが興奮している晴天日に牛を買ってはならないのは、こうした理由からさ。そんな日には適正な価格は付かない。したがって、7倍という価格キャッシュフロー倍率の値段にはとても賛成できないね」。

　しかし、若い農夫は翌日にもっと高い値段で売れるだろうと考えて、結局この日にその値段で子牛を買った。老農夫の言ったように、晴天日が終わるのにそれほど時間はかからなかった。翌日にその答えが出

たのである。

テビエは過去の値段を参考にしたキャッシュフロー倍率の威力を改めて知った。もっとも、過去の値段は参考になるが、それはあくまでも過去の値段であって、将来の値段ではない。こうした便利な評価法を知っていたので、テビエは割安な価格で子牛を買うことができた。ほかの農夫たちがパニックに陥り、牛の値段を引き下げたときに、迷わず割安な子牛を競り落とした。25％の安全域を見込んだ値段は、キャッシュフロー倍率で約2.9倍である（3.8倍の適正価格から25％の安全域をとった値段）。

テビエの購入価格は最低価格ではなかったが、本質的価値よりもかなり割安な値段だった。もう少し待てばもっと安い値段で買えたかもしれないが、彼はそんなことは気にしなかった。有利な価格で素晴らしい子牛を買ったことを知っていたからだ。安い値段で競り落とせば気分がよいかもしれないが、そんなことはあまり現実的ではない。テビエは自分の頭の良さを隣人たちに自慢するような男ではない。そんなことをしても、娘たちの結婚式に何の得にもならないだろう。

相対評価法

相対評価法（株価キャッシュフロー倍率＝PCFR、株価収益率＝PER、株価売上倍率＝PSR、株価配当利回り倍率＝PDR、株価純資産倍率＝PBRなど）は、株価を分析する簡単で便利な指標であり、それゆえに投資家の間ではかなり人気がある。

次に最も一般的な相対評価指標としてのPERについて検討しよう。PERは同業他社や業界平均、現在とヒストリカルな水準などをベースに比較分析できる。

マーケットがその株式を評価するとき、PERは利益に対する相対評価として表示する。現在の株価が相対的に安いか高いかを見るとき、

ヒストリカルなPERを比較するのが最も簡単である。

例えば、ある株式の現在のPERが15倍であるとき、これまで12倍以上では取引されたことがなかったとすれば、一見したところ割安そうに見えるが、過去と比較した相対的な株価は割高といえるだろう。市場参加者は同業他社と比較して、その会社の利益の何倍までは買える・買えない（売る）と判断している。PERはその株式に対するマーケットのひとつの評価である。

ケーススタディ——なぜ銀行株のPERは低いのか

これまで銀行株のPERは常に市場平均のPERよりも低かった（図表7.4を参照）。米大手銀行の過去と現在の関連統計を見ると、フィフス・サード・バンコープを除いて、過去10年間の銀行株のPERは市場平均と比べて0.66～0.90（平均では0.84＝16％）ほど低い。その大きな原因は銀行の低い成長率にあると考えられる。しかし、一部の大手銀行のヒストリカルな成長率を見るかぎり、その結論は必ずしも当てはまらない。銀行の多くは目覚ましい利益成長率を上げ、市場平均を上回る配当もしている。将来の予想利益成長率もけっして平均以下ではなく、多くの銀行株の配当利回りはS&P500企業の平均配当利回りの2倍に達している。フィフス・サード・バンコープを除く銀行株のPERはこれまでも、そして現在でも市場平均をかなり下回っている。

こうした状況を考慮すると、銀行株の低いPERはどうも低い利益成長率を反映したものではないようだ。私はその原因が不安定な収益、低い自己資本比率、金利の変動、複雑な財務構造、成長の質などにあると思う。

図表7.4　銀行株の低いPER

	過去10年間			現在		
	平均PER	平均EPS成長率	市場平均と比較したPERの相対レシオ	PER	配当利回り	予想EPS成長率
シティグループ	15.3	16.4%	0.82	12.0	3.6%	10.0%
USバンコープ	14.3	17.3%	0.89	12.7	4.5%	10.0%
フィフス・サード	22.7	14.5%	1.25	13.9	4.1%	10.0%
ウェルズ・ファーゴ	15.6	14.4%	0.90	13.2	3.1%	10.9%
バンク・オブ・アメリカ	13.4	9.2%	0.66	10.4	4.4%	9.0%
リージョンズ・フィナンシャル	13.7	4.6%	0.76	12.7	4.0%	8.0%
ワコビア	13.6	2.8%	0.73	11.2	4.0%	10.0%
JPモルガン・チェース	15.0	−2.7%	0.73	12.2	2.7%	10.0%
平均	15.5	10%	0.84	12.3	3.8%	9.7%

出所＝S&PのCompustat

不安定な収益

　銀行の収益は景気動向に大きく左右され、好景気のときは融資の需要が増え、不良債権も少なくなるので収益は向上する。一方、不況期にはこれと反対のことが起こる。投資家は収益の安定性を求めているので、収益が不安定な銀行株に高いPERは付与しない。収益が景気に大きく左右される重機メーカー株（キャタピラーやインガーソル・ランドなど）もこれと同じである。

低い自己資本比率

　このところ銀行は危機的な状況にあまり直面していないので、投資家は銀行のリスクの大きさに気づいていないが、ウォーレン・バフェットの言うように、そのような問題が起きたときはすでに手遅れである。自己資本比率は総資産のわずか６～10％にすぎず、何か問題が起

きたときは致命傷となる。

金利の変動

銀行は金利変動の影響をもろに受ける。長短金利の差が大きいときは収益が向上するが、そのスプレッドが縮小すると収益が大きく圧迫される。こうした影響をカバーするのが手数料収入で、USバンコープのように手数料収入が収益の46％を占めるような銀行は、金利の変動に対して大きな抵抗力がある。

複雑な財務構造

6歳の息子に小売企業の財務構造を教えるときは20分もあれば十分であるが（バランスシートと損益計算書を一目見ると、直近の四半期の状況がすぐに分かる）、銀行と保険会社はこれとはまったく違う（保険会社は銀行よりもさらに複雑である）。

金融機関の財務状況を知りたいときは、財務諸表はもとより、それ以外の資料も分析しなければならない。明確さを好む投資家はこのような煩わしさをとても嫌がる。

さらに銀行の財務諸表がたくさんの推計値で記載されていることも問題である。ほかの業界でも推計値は使われているが、その多さと複雑さは銀行が断トツである。例えば、高成長を続ける銀行は不良債権を少なく見積もるが（新規のローンが増えているため）、いったん成長が止まると膨大な不良債権が表面化する。

成長の質

大手銀行はその巨大な規模ゆえに高い成長率を維持することが難し

い。大手銀行が成長するひとつの方法はほかの銀行を買収することであり、理論上はそれで預金と収益が拡大する。

しかし、実際にはリスクも大きく（特に垂直合併のとき）、JPモルガン・チェース傘下のバンク・ワンがファーストUSAを買収したときもさまざまな問題が起こり（コンピューターシステムの不具合など）、株価は暴落した。リージョンズ・フィナンシャルも他行の買収には成功したが、長期にわたり同じような問題に悩まされた。銀行が成長するには他行を買収して巨大化していくしかないが、まさにそこから問題が生じるのである。

それでも巨大化を急ぐ経営陣のエゴによって、買収プレミアムはますます高くなっている。

これらのリスクにもかかわらず、大手銀行がEPSを成長させるには他行の買収しか方法がない。大手銀行が有機的に成長していく可能性はほとんどない。

結論

他行の買収による成長はリスクが大きく、しかも成長以上に高いコストを支払うことになる。投資家はリスクを十分に理解し、大手銀行の買収による成長を高く評価してはならない。銀行株のPERが低いのは、主に有機的な成長が難しいことを反映している。もちろん、これまで述べてきた不安定な収益、低い自己資本比率、複雑な財務構造も銀行株の低いPERの原因である。

ヒストリカルなPERにはさまざまな要因が影響を及ぼしているが、それらが将来も同じ影響を与えるとは限らない。

- 過去のある時点のPERはひとつの目安にはなるが、将来のPERの基準とはならない。例えば、1990年代後半のバブル期にはPERが異常な水準まで上昇したが、将来同じことが起こる可能性はかなり低い。
- これまで高水準の売り上げと利益成長率が続いていても、それが将来にわたって維持されるという保証はない。そのときのPERには将来の利益とキャッシュフロー成長率に対する投資家の期待が反映されており、その成長率が現在よりも大きいと予想されれば、その株式のPERは上昇していく（もちろん、その反対のときは低下する）。
- 企業に対する投資家の評価を大きく変えるような出来事も起こる。例えば、企業が収益や成長率の低さを理由に、リスクの高い事業を売却したとすれば、その企業の透明性が向上してビジネスモデルが理解しやすくなり、投資家の高い評価につながることもある。投資家の過去の評価はひとつの目安にすぎず、企業の将来の評価を保証するものではない。

絶対評価法としてのDCF法

ディスカウント・キャッシュフロー（DCF）法は、テビエがゴールデの価値を評価するときに使った「常識的な」方法であり、代表的な絶対価値評価法のひとつである。次にあまり知られていない「絶対PERモデル」を紹介するが、ここではDCF法について少し説明しよう。

DCF法は企業の将来の成長性を分析する方法のひとつで、予測変数は将来の売上高、利益率、設備投資、財務要因（棚卸資産・受取債権・支払債務など）などに加え、その企業の予測期間の最終キャッシュフローなど何でもよい。将来的に得られる予想キャッシュフローを適当な現在価値で割り引いて、その株式の適正な推定価値を求め、それを実際の株価と比較する。

DCF法で求める株式の本質的価値は、そこに投入される変数によって大きく違ってくるので、DCF法で求めた数値をあまり厳密に実際の株価と比較しないほうがよい。DCF法はやや大ざっぱな分析法であるとも言える。

　例えば、DCF法を厳密な価値評価法と考え、「DCF法によるXYZ株の適正価格は10.7ドルであり、10ドルという現在の株価は7％過小評価されている」などとリポートに書いているアナリストも見かけるが、割引率を少し大きくすると適正な株価は下落してしまうものである。

　DCF法は将来を志向した分析法であるが、それに投入する変数は過去のものであるため、それによって求める将来の推定値とのギャップが生じることもある。例えば、テビエが使った変数（ミルクの生産量やエサ代など）は過去のもので、そこから将来の推定値を求めている。彼の常識的な評価法によって求められた子牛（ゴールデ）の本質的価値は推定値であるが、マーケットの相対的な数字（同じような子牛が過去に売られた価格など）ではなく、将来の予想キャッシュフローに基づく絶対的な数値である。

マーケットの期待指標

　DCF法は株式に対するマーケットの期待値を知る便利なツールである。さまざまな変数を投入し、予想株価を算出すれば、マーケットが付けるその株価の実現可能性に応じて、その株式の魅力度を測定できる。

　一方、ゴールデのような子牛が予想キャッシュフローをかなり上回る値段で売買されていたのを見て、デビエが競売の1日目と2日目には子牛を買わなかったように、DCF法は法外な価格を付けたドット・コム株や1990年代のバブルのような状況から投資家を守ってくれる（もっとも、将来のキャッシュフローを無リスクレートで割り引いた

りすれば、政府から紙幣の印刷を任されたようなこの世に存在しないバブル株が出現する)。

反対に、DCF法は株価が急落した局面でも有効である。例えば、2004年にノキア株は業績悪化と米市場シェアの低下、利益率の落ち込みなどを嫌気して11ドルまで下落したが、同社の財務状態をDCF法で分析したところ、たとえ売り上げが少し減少して利益率が3％低下したとしても、株価は40〜50％も過小評価されていることが分かった。さらに、その株価にはバランスシートに記載されていた1株当たり3ドルの純キャッシュ(負債を差し引いた現金残高)は反映されていなかった。

DCF法のいろいろな使い方

DCF法にはいろいろな使い方ができるというメリットもある。一例として、企業の価値の創造と破壊要因などが計れる。すなわち、企業価値の創造要因に最も大きな影響を及ぼす変数(利益率、売り上げ伸び率、設備投資、棚卸資産、受取債権、在庫期間など)のどれを優先的に投入するかによって、その企業をの評価が変わってくる。私は2000年代初めにディスカウントショップのダラー・ゼネラルを分析したが、そのときの同社は全米に4300店舗を持ち、毎年15％のペースで店舗網を増やす計画を打ち出していた。

私がDCF法で同社を分析したとき、在庫回転率を最優先の変数として投入した。その結果、今後5〜10年間の売り上げ伸び率が17％から12％に鈍化したとしても、同社の本質的価値に対するその影響はそれほど大きなものではなく、それよりも大きな影響を及ぼすのは在庫期間が100日から120日に延びることだ分かった。同社は毎年700以上の店舗を新設していたので、新規の店舗には在庫が必要となる。在庫が20％増えれば店舗の新設コストはかなり重くなり、さらに4300の既

存店舗の在庫コストもフリーキャッシュフローを大きく左右する。このように、私はダラー・ゼネラルを分析するときに売り上げ伸び率よりも在庫回転率を重視した。

相対評価法と絶対評価法

　相対評価法は簡単で使いやすいが、過去のデータ分析で将来を予測するため、特にレンジ相場の株価を予想するときは注意が必要である。過去の強気相場のときの変数を投入して、将来の長期予想を行うのは危険である。レンジ相場でそんなことをすればダマシの買いシグナルが出て、落とし穴に陥る可能性がある。

　その好例として、前章でも言及した2004年4月17日付の「コルゲートのリベンジ」と題したバロンズ紙の記事をもう一度引用しよう。

　　56ドルという同社の現在の株価は、2004年の予想EPS（2.62ドル）に基づくPERで21倍、翌年のEPS（2.92ドル）では19倍となる。これは過去3年間の平均PERである29倍をかなり下回っており、消費者用品メーカーのなかでは最低水準である。

　この記事に対する私のコメントは、次のようなものである（ザ・ストリート・ドット・コムに掲載された「バロンズ紙のコルゲート評価は間違っている」と題するコメント）。

　　バロンズ紙は、2004年の予想EPSに基づくコルゲート株の21倍というPERは割安であり、1999～2000年のPERと比較しても過小評価されているとしている。この評価は、バブル期のヤフー株のPERが600倍だったことを考えると、現在の60倍は割安だというのと同じである。年11～13％の利益成長率を誇る優良企業の株

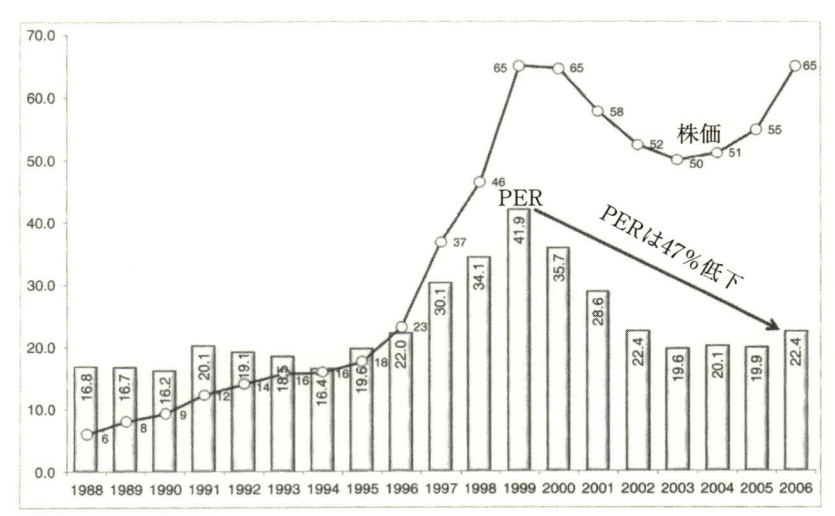

図表7.5　コルゲート・パルモリブ株の株価とPERの推移

グラフデータ（PER）：
- 1988: 16.8 (6)
- 1989: 16.7 (8)
- 1990: 16.2 (9)
- 1991: 20.1 (12)
- 1992: 19.1 (14)
- 1993: 18.5
- 1994: 16.4 (16)
- 1995: 19.6 (18)
- 1996: 22.0 (23)
- 1997: 30.1 (37)
- 1998: 34.1 (46)
- 1999: 41.9 (65) ← PER / 株価65
- 2000: 35.7 (65)
- 2001: 28.6 (58)
- 2002: 22.4 (52)
- 2003: 19.6 (50)
- 2004: 20.1 (51)
- 2005: 19.9 (55)
- 2006: 22.4 (65)

PERは47%低下

出所＝S&PのCompustat

　式でさえも、29倍のPERで取引されている現在である。……私のDCF分析によれば、そうした予想利益が合理的（達成可能）だとしても、コルゲート株のPERはせいぜい15〜16倍が妥当である。これは同社の予想キャッシュフローの質と持続性を考慮した数字である。

　バロンズ紙の記事は典型的な相対評価法の落とし穴に陥っている。確かに1990年代後半の高い株価に比べると、現在のコルゲート株は割安かもしれないが、強気相場の末期のPERを将来に延長して考えるのは間違っている。実際、同社株のそれ以前のPERはせいぜい16〜17倍だったからである（**図表7.5**を参照）。だからといって、私はバロンズ紙をけなしているのではない。古い考え方にとらわれない同紙は一流の金融・ビジネス紙である。一流紙でさえも、ときにこのような落とし穴に陥るということを言いたいのである。これに対し、（DCF

法や配当割引モデルなどの）絶対評価法にはこうした弱点がないので、株価の評価法としては相対評価法よりは便利なのかもしれない。

絶対評価法

これまで検討してきた企業の質、成長、そして評価の枠組みの一環として、以下では絶対PER、割引率、安全域モデルなどによって、株式のリスクとリターンを比較分析していく。私はよくコロラド大学の学生たちから、企業の適正価値をどのようにして知るのかといった質問を受ける。彼らは株式の本質的価値の評価法として、PERよりはDCF法のほうがよいと考えているようだ（DCF法のほうが複雑であるが）。私は長年の経験からPERのほうが分かりやすいと思っているが、その理由を一般的に説明するのは少し難しい。

PERを予想利益成長率で割ったPEGレシオという指標もあるが、これはあまりにも単純すぎて（PERと利益成長率を直線的に関連づけている）、企業や銘柄間のリスクの差を知ることができない。この指標ではPEGレシオの低い株式が買い候補となる。例えば、PERが20倍、予想利益成長率が30％の株式のPEGレシオは20÷30＝0.66となり、この株式は極端に言うとPERが2倍、予想利益成長率が1％の株式（2÷1＝2）よりも有利なものとなるが、この考え方はあまり論理的だとは思えない。

一般に高い利益成長率にはそれだけ下振れリスクも大きく、PERと利益成長率の関係はけっして直線的ではないのに、PEGレシオはこうした点をまったく考慮していない。またPEGレシオでは利益成長率だけを重視し、配当は完全に無視している。配当があっても、利益成長率がゼロの株式はPER÷0＝0となり、まったく価値がないことになる。

私は生徒たちのために、当初はPER、割引率、安全域などを考慮し

たマルチ変数分析モデルを考え、そこに投入する変数は私が使用してきたものを使った。そうすれば、DCF法と同じように、企業価値のさまざまな創造と破壊要因が明らかになる。われわれは分析プロセスからなるべく主観性を排除して、それらの分析モデルを日々のリサーチで使い始めた。

数学的正確さの間違い

この項の定量分析モデル（絶対PER、割引率、安全域モデル）では、「ビジネスリスク＝0.9」「財務リスク＝1.25」など細かい数字を使っているが、どうかあまり難しく考えないでほしい。目的は、単に定量分析モデルのひとつの使い方（分析のプロセス）を紹介することにあるからだ。どんな分析モデルでも結果の善し悪しは投入する変数によって決まるが、このことは以下で検討する分析モデルでも同じである。複雑な分析モデルでは難しい方程式が使われる。

私はファイナンス論専攻の大学生だったとき、特に現代ポートフォリオ理論（MPT）についてよく勉強したが、そこで使われる「ベータ」（マーケット全体の動きに対する個別銘柄の感応度）はもうひとつの重要なポートフォリオ理論である資本資産評価モデル（CAPM）にもよく出てくる。これらのポートフォリオ理論の方程式は以下のとおりである。

期待リターン＝リスクレート＋ベータ×（マーケットリターン
　　　　　　－無リスクレート）」

しかし、投資の現実はこうした理論とはまったく異なる。ベータには「ときにあまり関連性のない（ランダムな）リスクとリターンのノイズ」がかなり含まれており、それらがほぼ同時に顕在化することも

図表7.6　ウォルマート・ストアーズ株のヒストリカルなベータの推移

出所＝S&PのCompustat

よくある。ベータからはその株式の過去のパフォーマンスは分かるが、将来のことは何も分からない。企業のリスク度に何の変化もないのに、ベータが数カ月で大きく変動することもある。

図表7.6はウォルマート・ストアーズのヒストリカルなベータの推移を示したもので、2002年3月に0.99という高水準にあったベータは、2005年3月には0.40まで低下した。この間の同社のリスク特性はそれほど変化していないのに、ベータが60％も低下したというのは、株式のリスクが60％も小さくなったことを意味する。さらに、格付け会社によってもベータの数値は大きく異なる。例えば、2007年1月現在のウォルマートのベータは、以下のとおりである。

●バリューライン・インベストメント・サーベイ　　　0.90

- ●ヤフー・ファイナンス　　　　　　　　　　　　　0.17
- ●スタンダード・アンド・プアーズのCompustat　　0.57

　このようになっているが、過去６年間の株価がそれほど大きく変動したわけではない。

　リサーチ各社によってベータの値が大きく異なるひとつの原因は、ベータを算出する期間や参考とするベンチマークの違いによるものである（投資家はどのリサーチ会社の、どの期間のベータを使えばよいのか）。だからといって、私は何も現代ポートフォリオ理論を批判しようとしているのではない。私が言いたいのは、投資とはあいまいなグレーゾーンの世界なので、それなりに対処すべきだということである。細かい数字による投資の方程式には気をつけるべきだ。

　変数を定量化すれば、関係が分かりやすくなるだろう。以下の説明では、平均的な企業の財務リスクを1.00とした。それよりも小さい数字の企業はリスクが小さく、それよりも大きい数字の企業はそれだけリスクが大きいことを意味する。例えば、Ｂ社の財務リスクが平均（1.00）よりも大きく（1.10または1.20など）、Ｃ社の財務リスクがＢ社よりもさらに大きいとすればそれ以上の数値となる。

　投資家は企業のリスク度や収益見通しなどについてかなり主観的な見方をしているので、その部分を定量化しないと、企業の分析はかなりあいまいなものになってしまう。例えば、投資家は「この企業は負債が大きいので、同業他社や市場平均に比べてかなり株価が割安にならないと買えない」「この会社の質に対しては相当なプレミアムを払ってもよい」「予想利益の数字が信用できないので、この会社の成長に対してはあまり高い値段は払えない」などと言うが、そのときの「かなり」「相当な」「あまり」といった言葉は主観的なものである。それらは実際には20％、10％、それとも30％を意味しているのか。このように投資家は、さほど意識しないで具体的な数字をあいまいに表現し

ている。

　DCF法を含むどのような分析モデルでも、企業のリスク度や収益見通しなどを数値化しないと具体的な予想値は出てこない。これはいわば一元的な見方（この会社は素晴らしい、多くの投資家がこれまでのリターンには満足している、どのような値段でもその株を買いたい――など）から、多元的な観点に立った分析プロセスの第一歩である。これから検討する絶対PERや割引率、安全域モデルなどで使う変数は主観的なものであるが、具体的な数字を使うことによって、それらの分析モデルは絶対評価プロセスの第一歩となるだろう。読者の方はそれらの分析モデルが有益であると思ったら、自分なりに改良を加えて自らの分析・投資法に取り入れてみていただきたい。

絶対PERモデル

　企業のPERに影響を及ぼす基本的な変数は次の３つである。

１．利益成長率や配当利回りなどの基本的なリターンの要因
２．将来の収益に対するビジネスリスクと財務リスク
３．収益見通し――長期の予想利益成長率

基本的なリターンの要因

　利益成長率や配当利回りなどが上昇することによって基本的なリターンの要因が向上すると、ほかのすべての条件が変わらないとすれば、その企業は投資家にとって価値が高まり、その株式のPERは上昇する。利益成長や配当は目に見えるので、最も大きな価値創造要因となりやすい。その企業の利益や配当が向上すると、たとえPERが変化しなくても、株価はときに何年にもわたって上昇していく。

ビジネスリスクと財務リスク

　リスクはどの企業にも付き物であり、そうでなければ普通株を購入した投資家は国債のような無リスクのリターンを享受できるだろう。企業のキャッシュフローに影響を及ぼすリスクを理解することは、株式投資の分析においては不可欠であり、先に企業の質について詳しく検討したのはそのためである。上場企業に共通する2つのリスクは、ビジネスリスクと財務リスクである。ビジネスリスクとは、業界内におけるその企業のポジションと企業の質に関する広い範囲のリスクである。一方、財務リスクとはその企業の財政状態や元利払い能力などの狭い範囲に限定されるリスクである。

　この2つのリスクは相互に絡み合って単純に「リスク」と呼ばれているが、それぞれ個別のリスクとして分析したほうがよい。ビジネスリスクとはいわばその企業の経営に関するすべてのマイナス要因であり、財務リスクとはその企業のファイナンスの方法や元利払い額に対するキャッシュフローの比率などに関するものである。もっとも、企業経営に関するリスクは借入能力にも大きく関係してくるので、この2つのリスクは切っても切り離せない関係にある。

　企業の財務能力はそのビジネスモデルと業界内のポジションに大きく左右される。例えば、鶏肉加工大手のピルグリムズ・プライドとサンダーソン・ファームズのバランスシートには、それぞれのビジネスモデルに関係したあらゆるリスクが反映されている。ピルグリムズは主にファストフードのレストランにコストプラス（原価加算）契約に基づいて鶏肉を出荷しているので、鶏肉相場の変動には影響されず、収益はかなり安定している。このようなビジネスモデルは低リスクであるが、資本利益率（ROC）は低い。したがって、同業他社よりも負債比率は高く、負債残高は総資産の約20％に達している。

　一方、サンダーソンは主に小売業者に時価で鶏肉を販売しており、

それだけ鶏肉相場の影響を受けるが(リスキーであるが)、ROCは高い。したがって、同社は相場の変動による財務リスクを低くするため、できるだけ負債比率を低くするよう努力している。このように、強いバランスシートを持つ企業はそれ以外のリスクについてもある程度の予防策を講じている。なお、ビジネスに関連したリスクには次のようなものがある。

● **海外の政治リスク**　外国政府の政策がその企業に及ぼすリスク(1959年にキューバに進出した企業のリスク──など)。
● **単一商品リスク**　製薬会社が利益率の高い特定のヒット薬品に依存しているようなとき。
● **単一顧客リスク**　売り上げの大半を1社だけに依存しているとき。
● **訴訟リスク**　タバコ会社などが多額の賠償金の支払いを命じる判決を受けるリスクなど。
● **環境リスク**　石油による汚染、化学薬品による水の汚染、環境規制強化などのリスク。

ビジネスリスクや財務リスクには含まれない次のようなリスクもある。

● **流動性リスク**　資本金の少ない企業や非公開企業などが直面するリスク。
● **外国為替リスク**　海外債権を持つときのリスク。

企業の総リスクが大きくなると、株式のPERは低下していく。これはDCF法による分析結果と同じであり、投資家はリスクの大きい企業については、それだけ大きい期待リターンを要求するからである(将来のキャッシュフローを現在価値に換算するときの割引率を大き

くする)。期待リターンが大きいというのは、それだけ将来のキャッシュフローの現在価値が低いということであり、投資価値の低い企業のPERは低くなる。将来のキャッシュフローを現在価値に換算するときの割引率とPERは逆相関の関係にあり、このことは絶対PERや期待リターンを計算するときに重要な意味を持つ。

収益見通し

　DCF法と同じように、例えば、業界平均よりも速いスピードで企業のキャッシュフロー(または利益)が増大しているとき、その企業の価値は向上していくが、将来の収益見通しは、①どの程度の成長余地とチャンスがあるのか、②成長のチャンスをどのように生かすのか——という2つの条件に大きく左右される。②の条件はその企業の質に密接に関係しており、成長のチャンスを生かせる能力は主に持続的な競争上の優位性と経営陣の手腕によって決まる。企業が外部資金にあまり依存することなく成長していくには、競合他社から身を守り、厳しい時期でも強いバランスシートを保ち、そして資本コストを上回る高いROCを維持しなければならない。そのためには高い収益見通しと成長のチャンスをうまく生かすことが不可欠となる。

　次に検討する基本的なPERの計算では、平均的な企業の収益見通しを1.00とし、それよりも高い収益見通しの企業は1.00よりも低く(予想利益が平均よりも10％高いときは0.90など)、低い収益見通しの企業は1.00よりも高くなる(予想利益が平均よりも20％低いときは1.2など)。企業の評価はビジネスリスク、財務リスク、収益見通しなどを考慮して行うが、そのときに使う単位は分かりやすいように、小数ではなくパーセント(％)を使用した。

絶対PERモデルの計算法

注 以下の内容は密度が濃いので、これまでよりもじっくりと読んでほしい。絶対PERによる分析モデルは特にレンジ相場の株式分析で有効であろう。ほかのことに気をとられないで、集中して読み進んでいただきたい。

絶対PERモデルの目的は、5つの変数（利益成長率、配当利回り、ビジネスリスク、財務リスク、収益見通し）に基づく株式の適正なPERを算出することにある。これらの変数は特定のものに限定しないで自由に選んでもよいが、以下で検討する絶対PERモデルでは基本ルールを次のようにした。

● 既述したように、新しい経営陣が乗り込んできて株主価値を創造したり、コスト削減とシナジー効果が期待できるような企業買収がなされないかぎり、PEGレシオを使うと利益成長率がゼロの企業はまったく投資価値がないことになる。ここでは利益成長がなく、配当も実施しない企業のPERを8倍とした（ベンジャミン・グレアムはその著書『賢明なる投資家』のなかで、ゼロ成長企業のPERを8.5倍としている）。
● 利益成長率の高い企業のPERは高く、低い企業のPERは低くなるが、利益成長率とPERの関係は直線的なものではない。しかし、ここでは予想利益成長率が0～16％のときは、利益成長率が1％上がるごとにPERは0.65（倍）ずつ上昇するというように、両者の関係を直線的に設定した。
● 利益成長率が一定水準を超えると（利益成長率の下振れなどの）リスクも大きくなるので、PERの上昇率はそれまでよりも鈍化する。したがって、ここでも利益成長率が0～16％までは1％上昇するご

とに0.65のPERの割り増しを付与していたが、17％を超える利益成長率についてはPERの割増分をそれよりも0.15小さい0.50とした。
- 予想利益成長率は5年以上のものとした。
- 高い収益見通しはPERの上昇につながる（その反対に、低い収益見通しはPERの低下につながる）。ここでもDCF法と同じように、資本コストを上回る資本利益率を上げている企業の価値は、平均以上の利益成長率が続くかぎり向上していく。その反対に、収益が不安定な企業はその収益見通しも低くなる。
- 投資家は利益成長よりも配当利回りを重視する。配当は目に見えるし、配当を支払うにはその原資となるキャッシュフロー（純利益）が必要である。投資家はまた配当性向も重視しているが、現在の利益成長率が将来も続くという保証はない。したがって、ここでは配当利回りとPERを直線的に関連づけ、配当利回りとPERの割増分を等しくした（例えば、3％の配当利回りのときはPERの割増分は3.0）。
- ビジネスリスクや財務リスクとPERは逆相関の関係にある（それらのリスクが大きいとPERは低下し、リスクが小さいとPERは上昇する）。
- これらのリスクや収益見通しなどを反映したPERの調整幅については特に明示しなかったが、（ビジネスリスク、財務リスク、収益見通しの変化を反映した）基本的なPERの調整率は30％以内に限定した。例えば、優良企業の基本的なPERが10倍のとき、その調整の上限は3となり（10倍×0.3）、調整済みPERは13倍となる。
- このような絶対PERモデルの2つの大きなノイズは、インフレ率と金利の変動である。ここではインフレ率と金利は平均的な水準にあり、将来的にもそれほど大きな変動はないと仮定した。もしも長期にわたってインフレ率と金利が上昇していくと予想するならば、ゼロ成長のPERからその割増分を差し引いていく（その反対に下降

図表7.7　基本的なPERの算出表

予想EPS成長率	PER		配当利回り	PERの割増分
0%	8.00		0.0%	0.0
1%	8.65		0.1%	0.5
2%	9.30		0.5%	0.5
3%	9.95		1.0%	1.0
4%	10.60		1.5%	1.5
5% →	11.25	+0.65	2.0%	2.0
6%	11.90		2.5%	2.5
7%	12.55		3.0%	3.0
8%	13.20		3.5%	3.5
9%	13.85		4.0% →	4.0
10%	14.50		4.5%	4.5
11%	15.15		5.0%	5.0
12%	15.80		5.5%	5.5
13%	16.45		6.0%	6.0
14%	17.10		6.5%	6.5
15%	17.75		10.0%	10.0
16%	18.40		etc.	
17%	18.90	+0.50		
18%	19.40			
19%	19.90			
20%	20.40			
25%	22.90			
etc.				

すると予想すれば、PERの割増分を加えていく）。いずれにしても、現在のインフレ率や金利水準ではなく、将来的な長期の予想値をベースとしている。

ベンチマーク（S&P500やダウ平均など）のバスケット平均のPERを平均的な株式のPERとした。既述したように、過去100年間の米企

業の平均利益成長率は約5％、平均配当利回りは約4％、平均PERは約15倍である。**図表7.7**を見ると、5％の予想利益成長率の平均的な企業のPERは約11.3倍であり、配当利回りが4％のときは4の割増分を加えて、基本的なPERは15.3倍となる。

平均的な企業の基本的なPERは予想利益成長率と配当利回りの2つをベースとして算出されるが、それにビジネスリスク、財務リスク、収益見通しなどを反映した調整分を加減する。マーケットの基本的な平均PERについては、これらの要因による調整は行わないが（ビジネスリスク・財務リスク・収益見通し＝1.00）、個別銘柄の絶対PERを算出するときはこれらの変数が重要となる。これまで検討してきた企業の質と成長の分析が、これらのあいまいな変数を数値化するときに役立つだろう。適正PERの算式は次のとおりである。

適正PER＝基本的なPER×［1＋（1－ビジネスリスク）］
　　　　×［1＋（1－財務リスク）］
　　　　×［1＋（1－収益見通し）］

この算式に基づいて、次の3つの架空の小売企業（ウェル・マート、アベレージ・マート、OKマート）を分析してみよう。これらの企業はいずれも予想利益成長率が年10％、配当利回りは1.5％で、収益見通しも業界平均であるが、企業の質は大きく異なっている。

- **ウェル・マート**　小売業界のリーディングカンパニーで、バランスシートは健全、競争上の優位性も大きい。企業の質という点でもハイスコアである。
    - ビジネスリスク＝0.90
    - 財務リスク＝0.95
    - 収益見通し＝1.00

図表7.8 小売り3社の適正PER

	ウェル・マート	付与されるPER
予想利益成長率	10%	14.5
		+
配当利回り	1.50%	1.5
		=
基本的なPER		**16.0**
		×
ビジネスリスク	0.90	[1 + (1 − 0.90)]
		×
財務リスク	0.95	[1 + (1 − 0.95)]
		×
収益見通し	1.00	[1 + (1 − 1.00)]
		=
適正PER		**18.5**

	アベレージ・マート	付与されるPER
予想利益成長率	10%	14.5
		+
配当利回り	1.50%	1.5
		=
基本的なPER		**16.0**
		×
ビジネスリスク	1.00	[1 + (1 − 1.00)]
		×
財務リスク	1.00	[1 + (1 − 1.00)]
		×
収益見通し	1.00	[1 + (1 − 1.00)]
		=
適正PER		**16**

図表7.8　小売り3社の適正PER（続き）

	OKマート	付与されるPER
予想利益成長率	10%	14.5
		+
配当利回り	1.50%	1.5
		=
基本的なPER		16.0
		×
ビジネスリスク	1.25	[1 + (1 − 1.25)]
		×
財務リスク	1.25	[1 + (1 − 1.25)]
		×
収益見通し	1.00	[1 + (1 − 1.00)]
		=
適正PER		9.0

- **アベレージ・マート**　業界のリーダー的な存在ではないが、競争上の優位性はまずまず、バランスシートもピカピカではないが、それほど悪くもない。企業の質では平均点。
  - ビジネスリスク＝1.00
  - 財務リスク＝1.00
  - 収益見通し＝1.00
- **OKマート**　以前はリーディングカンパニーだったが、新しい経営陣の拡大政策が裏目に出て負債が増え、競争上の優位性ではウェル・マートに大きく水をあけられた。企業の質では低い点。
  - ビジネスリスク＝1.25
  - 財務リスク＝1.25
  - 収益見通し＝1.00

図表7.8はこれら3社の適正PERを示したもので、3社の適正PER

にかなり大きな差があるのが分かるだろう。これら3社の基本的な予想リターン（利益成長率と配当利回り）は同じであるが、企業の質が大きく違っている。これを反映してウェル・マートの適正PERはアベレージ・マートよりも2.5ポイント高く、アベレージ・マートの適正PERには同社よりもリスキーなOKマートのPERに比べて7ポイントのプレミアムが付いている。

完全な分析モデルなどはない

すべての分析モデルと同じように、この絶対PERモデルにもいくつかの問題点はあるが（投入する変数に応じた結果しか出てこない）、それを補って余りある次のようなメリットがある。

- 相対評価法のような落とし穴に陥ることはない。この絶対PERモデルもDCF法と同じように未来志向の評価法であり、（違うベンチマークを使うことによって違う結果が出るという）相対評価法のような問題点はない。したがって、レンジ相場でもかなり有効である。
- 投資プロセスを体系化できる。投入する変数の選択は主観的であるが、企業の質（ビジネスリスクや財務リスク）や成長（予想利益成長率、配当利回り、収益見通し）の条件を織り込むことによって、株式の適正PERを算出する。
- DCF法と同じように主観性をできるだけ排除し、企業の利益成長率やリスク度を分析することによって株式の適正PERを算出している。したがって、この絶対PERモデルを使えば、株式を本質的価値以上の高い値段で買うようなことはなくなり、またかなり安値まで売り込まれた株式でも自信を持って購入できる。
- DCF法ほどの深みはないが、DCF法よりも使いやすいので、この2つのモデルに同じ変数を投入して比較分析することを提案する。

● 合理的かつ論理的な適正PERに基づく買い・保有・売りの目標値が分かる。自分のポートフォリオの株式や買い候補銘柄の目標値が分かると、レンジ相場では強力な投資ツールとなる（保有株の売り目標値を知る方法については第12章で詳述する）。
● 予想利益成長率、リスク度、収益見通しに関する変数を調整して、ポートフォリオの株式や買い候補銘柄に同じように当てはめて比較分析できる。
● PERの相対評価法と絶対PERモデルを併用してもよい。これらはいずれも適正PERを算出しようとするもので、2つの分析モデルを併用すれば、算出した推定適正PERを同業他社やヒストリカルなPERと比較することができる。私個人としてはDCF法とこの絶対PERモデルが最も優れていると思っている。

割引率モデル

PERの「E」

　絶対PERモデルの「E（利益）」の期間はどのくらいにすべきであろうか。私個人としてはDCF法と同じく、向こう数年間の利益にしたほうがよいと思う。四半期ごとのような短期の利益では振れが大きいので、（賢明な投資家であれば）長期の利益をベースとしたほうがよいだろう。私は向こう3～4年間の予想EPSを試算し、それを現在価値で割り引く。自分の好みによって1～2年間の予想EPSでもかまわないが、どのような期間の予想利益を選んでも同じ方法で割り引くべきだ。

割引率モデルの計算法

　DCF法に基づいて将来の予想利益とキャッシュフローを現在価値に換算するとき、割引率をいくらにしたらよいのだろうか。資本資産評価モデル（CAPM）などを参考にしてもよいが、実際には科学的で絶対的な割引率というものは存在しない。例えば、CAPMに基づいてウォルマート・ストアーズの割引率を計算してみると、無リスクレート（5％）とマーケットリターン（11％）は同じであるが、リサーチ会社によってベータ値が異なるので、バリューライン・インベストメント・サーベイの0.9のベータ値を使えば6.9％、ヤフー・ファイナンスの0.17では8.8％、S&Pの0.57では10.5％という割引率となり、最高と最低では3.6％の差が出てしまう。私としてはどの割引率がベストであるとは言えない。

　牛乳屋のテビエは子牛（ゴールデ）の将来のキャッシュフローを現在価値に換算するとき、12％の割引率を使っていた。その理由は単純で、子牛のエサ代などを考慮し、割引率を義理の息子が提示した利率（6％）の2倍とした。その割引率はけっして科学的で正しいとは言えないかもしれないが、それなりに意味はある。私は割引率モデルを使うとき、論理的な枠組みに従い、それぞれの企業に特有のリスクを考慮しながらも、すべての企業について同じ基準に基づいて分析する。

　それでは、基本的なPERと同じコンセプトである基本的な割引率を出してみよう。これはいわばポートフォリオのリスク調整前の機会コストであり、15％の概数とする（この数字に特別な意味はなく、どのような数字を使ってもよい。私が基本的な割引率を15％としたのは、ポートフォリオの平均的な株式の機会コストに基づいている）。次に絶対PERモデルと同じように、ビジネスリスクと財務リスクを考慮し、次の算式に従ってリスク調整済み割引率を算出した。

図表7.9　小売り3社のリスク調整済み割引率

	ウェル・マート	アベレージ・マート	OKマート
リスク調整前割引率	15.0%	15.0%	15.0%
ビジネスリスク	× 0.90	× 1.00	× 1.25
財務リスク	× 0.95	× 1.00	× 1.25
	=	=	=
リスク調整済み割引率	12.8%	15.0%	23.4%

$$リスク調整済み割引率 = 基本的な割引率 \times ビジネスリスク \times 財務リスク$$

図表7.9は基本的な割引率を15％とし、それにビジネスリスクと財務リスクを反映させたウェル・マート、アベレージ・マート、OKマートのリスク調整済み割引率を示したものである。これを見るとウェル・マートの割引率は12.8％となっているが、これは何も魔法だったり絶対に正確な数字ではない。しかし、（特定日の株価やインデックスなどの）ランダムな変数に基づくものでもないので、特別な理由もなく勝手にこれらの数字を変えてはならない。ただし、定性分析の結果、その会社のリスクファクターが変わったときはそれを反映した数字に変更すべきである。

　私はこれらの割引率に上限は設けないが、下限は設定している。その株式にほれ込みすぎて冷静さを失う可能性があるからだ。どれほどその株式にほれ込んでも、株式はＡＡＡ格債よりはリスクが大きい。同じリターン（例えば、7％）の株式と債券を選べと言われたら、合理的な投資家であれば迷わずリスクの小さい債券を選ぶだろう。私はDCF法の割引率を算出するときもそれと同じ方法を使う。私は最

低の割引率を８％としており（ＡＡＡ格債の利回りに数％の株式のリスクプレミアムを上乗せしたもの）、その企業のビジネスリスクと財務リスクがどれほど小さくても、この割引率より小さくなることはない（もちろん、読者の方はこれと違う最低割引率を適用してもよい）。一方、ビジネスリスクや財務リスクが30％を越すようなときは（1.30以上の企業）、そのようなリスキーな株式がそもそも買いの対象になるのかと自問すべきである。

　安全域モデルと同じように、割引率モデルでも収益見通しは考慮しない。収益見通しはリスクファクターではなく、これらの分析モデルの目的はその企業に特有のリスクを測定することにあるからだ。収益見通しを考慮する分析モデルでは、その企業が平均以上の利益成長率を維持できるかどうかを測るのがその目的である。

安全域モデル

どれくらいの安全域をとるのか

　どのようなマーケットでも、安全域は企業が投資家の期待を裏切ったときの大きなクッションとなる。適正な株価をかなり下回る水準で取引されている（安全域が大きい）企業は、予想利益の下方修正、利益率や資本利益率の低下などの悪材料が出ても、適正な価格で取引されている（安全域が小さい）株式に比べて、悪材料に対するマイナスの反応はそれほど大きくはない。換言すれば、大きな安全域を持つ株式とは悪材料に強い抵抗力を持った株式であるとも言える。いわば評判が地に落ちた人のようなもので、それ以上は落ちようがない状態である。大きな安全域を持つ株式とはすでに悪材料が織り込まれている株式であり、どのような悪材料が新たに出てももはやそれに大きく反応することはない。一方、こうした株式は予想外の好材料にはポジテ

ィブに反応する。
　安全域には次のような要因が反映されている。

- 企業の質——ビジネスリスクと財務リスク
- その株式に対する投資家の期待リターン
- 予想利益成長率
- 予想配当利回り

企業の質

　企業の質が異なれば、もちろんその安全域（企業が経営難に直面するまでの時間）も違ってくる。ウェル・マートのような強い企業は立ち直りも速いが、OKマートのような弱い企業は経営難を克服できずに整理・倒産に追い込まれ、投資資金が回収できない恐れもある。

リターンの源泉

　株式投資のリターンの源泉は、値上がり益（キャピタルゲイン）と配当（インカムゲイン）の2つであり、値上がり益をもたらすのは利益成長やPERの上昇である。割安な株式が適正価格に戻るときは、安全域の分のPERの上昇がリターンの源泉となる。
　利益成長と配当がリターンの源泉になっている企業の株式については、その利益成長率と配当率が高いときは安全域は小さくてもよい。とは言っても、これは何も利益成長率と配当率が高いときは、大きな安全域はとらなくてもよいという意味ではない。第一、そうした株式だけを組み入れたポートフォリオを組成するのはほとんど不可能である。一方、利益成長率と配当率が低い企業については、安全域が重要なリターンの源泉になるので大きな安全域をとるべきだ。

安全域モデルの計算法

　例えば、ポートフォリオから年15％のリターン（いわゆるリスク調整前の機会コストを考慮したリターン）を期待するとしよう。しかし、賢明な投資家であってもすべての銘柄から15％のリターンが得られると思ってはいないだろう。現実には15％以上のリターンを上げる銘柄もあれば、それ以下のリターン、収支トントン、または損失になる銘柄もある。こうした前提に立って、ポートフォリオに新たに組み入れた平均的な株式から、最初の年に30％という高いリターンを期待するとしよう。おそらく半分の銘柄は目標のリターン（30％）には届かず、それらが残り半分の目標クリア銘柄のリターンの足を引っ張るので、ポートフォリオ全体としては15％のリターンとなる。

　しかし、安全域のない（適正価格の）平均的な株式はポートフォリオに組み入れられているかぎり、少なくとも15％のリターンを利益成長と配当から引き出さなければならない。

　もしもポートフォリオに新たに組み入れた平均的な株式から30％の当初リターンを期待するならば、その源泉は利益成長と安全域（PERの上昇）によってもたらされた値上がり益と配当になる。

　平均的な株式の期待リターンの算式は次のとおりである。

　当初の期待リターン＝配当利回り＋利益成長率＋安全域

　〈正確な式は、当初の期待リターン＝ ｛（1＋配当利回り）
　　　　　　　　　　　　　　　　　　×（1＋利益成長率）
　　　　　　　　　　　　　　　　　　×（1＋安全域）｝－1〉

　また、平均的な株式の必要な安全域（リスク調整前）の算式は次のようなものである。

リスク調整前の安全域＝当初の期待リターン－配当利回り
　　　　　　　　　－利益成長率

〈正確な式は、リスク調整前安全域＝ ｛（1＋当初の期待リターン）
　　　　　　　　　　　　　　　÷［（1＋配当利回り）
　　　　　　　　　　　　　　　×（1＋利益成長率）]｝－1〉

　平均的な株式の配当利回りや予想利益成長率が大きくなるほど、必要な安全域も小さくなるが、それは利益成長と配当利回りがリターンの大きな源泉となるからである。もちろん、すべての企業の質が平均並みではなく、質の高い企業の安全域は小さくてもよいが、質の低い企業については大きな安全域が必要となる。絶対PERモデルと同じように、ここでもビジネスリスクと財務リスクを反映させた安全域は次のようになる。

リスク調整済み安全域＝リスク調整前安全域×ビジネスリスク
　　　　　　　　　　×財務リスク

または、

リスク調整済み安全域＝（当初の期待リターン－配当利回り
　　　　　　　　　　　－利益成長率）
　　　　　　　　　　×ビジネスリスク
　　　　　　　　　　×財務リスク

　例えば、ウェル・マート、アベレージ・マート、OKマートの予想利益成長率（10％）と配当利回り（1.5％）はすべて同じであり、30

図表7.10　小売3社のリスク調整済み安全域

	ウェル・マート	アベレージ・マート	OKマート
リスク調整前安全域	18.5%	18.5%	18.5%
ビジネスリスク	× 0.90	× 1.00	× 1.25
財務リスク	× 0.95	× 1.00	× 1.25
	=	=	=
リスク調整済み安全域	15.8%	18.5%	28.9%

％の当初の期待リターンからこの２つを差し引いたリスク調整前の安全域は次のようになる。

リスク調整前安全域＝30％－10％－1.5％＝18.5％

図表7.10はこのリスク調整前安全域にビジネスリスクと財務リスクを反映させた３社のリスク調整済み安全域を示したもので、この２つのリスクが小さいウェル・マートの必要な安全域は、アベレージ・マートやOKマートよりも小さい。一方、予想利益成長率が同じでもリスク度の高いOKマートの必要な安全域は、アベレージ・マートよりも10.4％、ウェル・マートに比べると13.1％も大きい。

それならば、28.9％の安全域をとればOKマート株は無条件に買えるのだろうか。Kマートのケースを見ても、それで絶対に安全であるとは言えない（老舗のチェーンストアであったKマートは、経営難から2002年に会社更生法の適用を申請したあと、2005年にシアーズと合併した）。どのくらいの安全域をとるのかについては投資家の主観的な判断に委ねられるので、一部の質の低い企業についてもそれほど大きな安全域は必要ないと考える投資家もいるだろう。その判断は投資

家の常識によって異なるが、いずれにしても必要かつ十分な安全域をとらないで株式を購入するのは賢明な投資とは言えない。

絶対PERモデルと安全域モデルの併用

ギャンブルの世界には「のるかそるかの勝負時を知る」という言葉があるが、これは株式投資についても当てはまる。われわれ投資家は株式の買い時のPERと売り時のPERを知らなければならない。絶対PERモデルと安全域モデルを併用すれば、株式の買い時と売り時のPERが分かるだろう（一般投資家は株式を買うのは好きだが、売るのは苦手だ）。株式の買い時のPERとは、安全域を考慮した適正PERである。

株式の買い時のPER＝適正PER÷（1＋安全域）

理論上は買い時のPERで株式を購入し、適正PERになったときにその株式を売る。しかし、この売買手法の問題点は利益成長の要因を無視していることである。例えば、長期（数年間）にわたって保有し、株価が適正PERに達したときに売ることを目的に、買い時のPERである株式を買ったとしよう。ところがその日の株式相場が大きく乱高下し、その日の大引けまでに適正PERに達してしまったようなとき、その株式を売らなければならないのだろうか。

読者の方は、株式投資の総リターンが（利益成長と配当によってもたらされる）基本的なリターンとPERの上昇（安全域）という2つから構成されることを覚えているだろうか。その日に買った株式を大引けまでに売却したとすれば、PERの上昇によるリターンは手にするかもしれないが、基本的なリターンは得ることができない。

投資家とは未来志向の人々である。1月にはその年の12月の予想利

図表7.11　小売3社の買い時と売り時のPER

	ウェル・マート	アベレージ・マート	OKマート
予想利益成長率	10%	10%	10%
予想配当利回り	1.50%	1.50%	1.50%
基本的なリターン	11.50%	11.50%	11.50%
リスク調整済み安全域	15.80%	18.50%	28.90%
適正PER	18.50	16.00	9.00
	÷	÷	÷
リスク調整済み安全域	(1+15.8%)	(1+18.5%)	(1+28.9%)
	=	=	=
買い時のPER	16	13.5	7
適正PER	18.50	16.00	9.00
	×	×	×
基本的なリターン	(1+11.5%)	(1+11.5%)	(1+11.5%)
	=	=	=
売り時のPER	20.6	17.8	10

益でその企業の株価を評価し、8～9月になるともう翌年12月の予想利益に目を向け始める。11月後半になると投資家の頭のなかではすでにその年は終わり、早々と翌年の予想利益を見据えている。株式の買い時のPERは基本的なリターンと安全域に基づいているが、これは売り時のPERでも同じである。約1年後を想定した売り時のPERの算式は次のとおりである。

株式の売り時のPER ＝ 適正PER
　　　　　　　　　× （1＋予想配当利回り＋予想利益成長率）

図表7.11は、この株式の買い時と売り時のPERを架空の小売3

社(ウェル・マート、アベレージ・マート、OKマート)に当てはめたものである。

いろいろな分析モデルの併用

これまでいろいろな分析モデルを検討してきたが、以下ではそれらを併用したときのシナジー効果について説明しよう。

まず最初は相対評価法を使って、その企業の株式が同業他社と比べて、どれくらい割高または割安に取引されているのかを見る。大手銀行を分析したときのように、この相対評価法によって完璧な答えが得られることはないが、正解に至る手掛かり(なぜという問い掛け)は得られるだろう。「なぜこの企業(または産業)の株式は同業他社(または市場平均)よりも割高または割安に取引されているのか」「それは利益成長率、経営陣の能力、資本構成、資本利益率などのどの違いを反映しているのか」――といった手掛かりである。

次にDCF法によってその株式の適正価格を試算する。例えば、良い、悪い、最悪などのシナリオに従って、その株式の適正価格を50～70ドルと試算したとする。その株式の時価が50ドル前後であるとすれば、相対評価法や絶対PERモデルを使ってその適正価格の範囲を絞っていく。

例えば、大手銀行の相対評価法と絶対評価法の結果と照らし合わせると、そのビジネスリスクと財務リスク、収益見通しから判断して、その銀行は平均的な銀行に比べてリスクが大きく(負債比率が高い、資本構成が複雑である――など)、利益の予想がつかない(収益が不安定、大規模な企業買収に収益を依存している――など)ことなどが分かるだろう。そのようなときは、それぞれの条件(ビジネスリスク、財務リスク、収益見通し)の数値を1.00以上に引き上げる(具体的には自らの判断で1.05、1.15などにする)。

そのときに自分がフォローしている、またはすでに保有している同じ産業の同業他社のリスクや収益見通しと比較するのがよいだろう。例えば、バンク・オブ・アメリカのリスクや収益見通しをすでに株式を保有しているUSバンコープのそれらと比較する。そうすれば、バンク・オブ・アメリカは数年間の利益をたった1日で吹き飛ばすほどのディーリング業務を手掛けているので、USバンコープよりもリスクがかなり大きく、あまり大きな金額を投資してはならないことなどが分かる。したがって、USバンコープのビジネスリスクと財務リスクが（平均的な企業よりも5ポイント大きい）1.05であるとすれば、バンク・オブ・アメリカのリスク度はそれ以上にする。

このように、これまで検討してきたいろいろな分析モデルを併用すれば、企業を多角的な観点から分析できるので、正しい価値に近い数値を求められるだろう。株式を適正な株価で買い、適正な安全域をとっても、レンジ相場で成功するとは限らないが、このような検討は株式投資で成功するための必要条件である。

以上の投資法については学者などから欠点を指摘されそうであるが、これらはノーベル経済学賞を受賞した学者たちが考案した難しい方程式ではなく、牛乳屋のテビエのような一般人の常識に基づくやり方なのである。

低いPERのバリュー投資と高いPERのグロース投資のリターン比較

1966〜1982年のレンジ相場

PERが低下するレンジ相場ではどのように対処したらよいのだろうか。これはかなり難しい問題である。私はスタンダード・アンド・プアーズ（S&P）のCompustatによる最先端の「バックテスター

（Backtester）」を使ってこれまでのレンジ相場のリターンを検証してみた。まず1966〜1982年のレンジ相場について、PERの水準とその株式のリターンの相関関係を調べたが、その結果には本当に驚かされた。私は以前からレンジ相場では、低PER株のバリュー投資は高PER株のグロース投資よりも大きなリターンを上げると思っていた。これについてはデビッド・ドレマンが著書『コントラリアン・インベストメント・ストラテジーズ（Contrarian Investment Strategies）』で1970〜1996年の期間について検証しているが、バックテスターの検証結果を見るまでは、自分の考えの正しさを実は心から信じることはできなかった。

バックテスターの検証作業では、企業のPERを高いほうから低いほうに5つのグループに分け、高いPERの第1分位から低いPERの第5分位に並べた。対象企業数は5分位全体で400社となり、それぞれの分位には80社のPERの中央値を表記した（S&PのCompustatのデータベースがカバーしていた上場企業は1966年時点ではわずか726社にすぎなかった。一方、2007年現在では500社で構成するS&P500が主なベンチマークになっているが、上場企業数は約1万社に達する）。

図表7.12はレンジ相場のスタート時点（1966年1月）で各分位の株式を買い、1982年12月にその株式を売却したときのそれぞれの分位の平均PERを示したものである。それを見ると、このレンジ相場の期間中に高PER株のPERは何と50％も低下している（第1分位の平均PERは1966年の29.3倍から1982年には14.6倍に低下）。その結果、高PER株の年総リターンは8.6％にとどまり、低PER株（第5分位）のリターン（14.2％）を大きく下回っている。一方、この期間中に低PER株のPERは11.8倍から15.8倍に34％も上昇している。

レンジ相場では高PER株と同じように、低PER株のPERとリターンも低下していると思われるが、実際のヒストリカルなデータを検証すると、当初の予想とはまったく別の結果が出てくる。1966〜1982年

図表7.12　低PER株と高PER株のリターン比較（1966～1982年）

PERの分位	高い 1	2	中央 3	4	低い 5	第1分位÷第5分位（グロース株÷バリュー株）
1966年	29.3	19.3	16.0	13.6	11.8	2.5
1982年	14.6	14.4	15.1	14.4	15.8	0.9
PERの変動率(1966～1982年)	−50%	−25%	−6%	6%	34%	
年間総リターン	8.6%	9.4%	9.4%	9.4%	14.2%	

出所＝S&PのCompustat

のレンジ相場は1950～1966年の大強気相場のあとに到来したが、このレンジ相場のスタート時点では低PER株のPERは高PER株の3分の1にすぎず、低PER株はそこからこの期間を通じてPERを上げていった。

　私はレンジ相場のこうした結果は偶然ではないかと思い、スタート時期をいろいろと変えて、**図表7.12**と同じ方法で合計7回検証してみた（1968年、1970年、1972年、1974年、1976年、1978年、1980年の各1月に株式を買い、1982年12月にその株式を売る）。**図表7.13**はその検証結果であるが、株式の保有期間が最も長かったのは16年（1966～1982年）、最も短かったのは2年（1980～1982年）だった。この7回の検証結果はほとんど同じで、その特徴は次のようなものだった。

● 高PER株のPER低下率が最も大きかった。
● 多くの場合、最低PER株のリターンは最高PER株のリターンのほぼ2倍になった。
● PERが低い株式ほど高PER株を常にアウトパフォームし、高PER株よりもかなり高いリターンを上げた。PERの低下期には低PER株が受けるマイナスの影響は高PER株よりも小さく、逆にPERの上昇期に受ける恩恵は大きくなる（1966～1982年の長期のレンジ相場には、いくつかの大きな循環的な上昇・下降・横ばいの局面が含まれている）。

図表7.13 低PER株と高PER株のリターン比較─低PER株のバリュー投資が連勝

PERの分位	高い 1	2	中央 3	低い 4	5	第1分位÷第5分位(グロース株÷バリュー株)
1968	28.2	18.0	13.4	11.5	9.3	3.0
1982	18.3	12.3	12.8	10.7	13.0	1.4
PERの変動率(1968〜1982年)	−35%	−31%	−4%	−8%	40%	
年間総リターン	7.9%	9.4%	10.5%	9.4%	10.8%	

PERの分位	高い 1	2	中央 3	低い 4	5	第1分位÷第5分位(グロース株÷バリュー株)
1970	39.7	22.0	16.9	12.4	9.8	4.1
1982	19.4	16.6	12.7	10.1	9.0	2.2
PERの変動率(1970〜1982年)	−51%	−25%	−25%	−18%	−8%	
年間総リターン	8.2%	10.3%	10.1%	10.6%	12.0%	

PERの分位	高い 1	2	中央 3	低い 4	5	第1分位÷第5分位(グロース株÷バリュー株)
1972	41.1	21.9	16.8	12.4	12.4	3.3
1982	19.4	16.1	12.7	10.0	10.0	1.9
PERの変動率(1972〜1982年)	−53%	−27%	−25%	−19%	−19%	
年間総リターン	9.5%	10.3%	10.6%	10.9%	12.2%	

●高PER株は（少なくとも高いPERが意味するように）高成長企業であるが、レンジ相場ではその成長性（利益成長と配当の伸び）は急速なPERの低下による大幅なリターンの減少をカバーすることができない。

歴史的に見て、レンジ相場ではPERが大きく低下する。1966〜1982年は典型的な長期レンジ相場のひとつであるが、高PER株（いわゆる成長株）はかなり大きくPERを低下させている。レンジ相場のス

図表7.13 低PER株と高PER株のリターン比較――低PER株のバリュー投資が連勝（続き）

PERの分位	高い 1	2	中央 3	低い 4	5	第1分位÷第5分位（グロース株÷バリュー株）
1974	19.5	11.4	8.7	6.5	5.4	3.6
1982	14.6	13.2	10.7	13.0	12.4	1.2
PERの変動率（1974～1982年）	−25%	16%	23%	100%	131%	
年間総リターン	8.0%	16.9%	15.0%	18.7%	24.6%	

PERの分位	高い 1	2	中央 3	低い 4	5	第1分位÷第5分位（グロース株÷バリュー株）
1976	18.3	11.4	8.1	7.4	5.3	3.4
1982	15.7	15.2	12.2	12.8	14.0	1.1
PERの変動率（1976～1982年）	−14%	33%	51%	72%	163%	
年間総リターン	15.5%	19.8%	19.8%	20.9%	30.2%	

PERの分位	高い 1	2	中央 3	低い 4	5	第1分位÷第5分位（グロース株÷バリュー株）
1978	12.4	9.4	7.6	6.4	5.3	2.3
1982	16.6	12.5	11.2	12.6	12.2	1.4
PERの変動率（1978～1982年）	33%	33%	47%	95%	131%	
年間総リターン	17.7%	18.3%	17.4%	20.3%	24.2%	

PERの分位	高い 1	2	中央 3	低い 4	5	第1分位÷第5分位（グロース株÷バリュー株）
1980	13.2	8.2	6.2	5.4	5.3	2.5
1982	18.5	14.4	11.5	9.7	13.6	1.4
PERの変動率（1980～1982年）	41%	75%	87%	81%	155%	
年間総リターン	15.5%	17.7%	21.3%	23.8%	29.3%	

出所＝S&PのCompustat

タート時点では高PER株（第1分位）と低PER株（第5分位）の平均PERの比率は約3対1だったが、1982年12月になると約1.4対1に縮小している。高PER株と低PER株のPERの差はその企業の成長に対する投資家の期待を反映しており、レンジ相場のスタート時点では投資家は成長企業に200％ものプレミアムを支払っているが、レンジ相場の末期にはそのプレミアムは40％に下がっている。

ところでこの検証作業でもそうであるが、過去40年間のデータを分析するときは、いわゆる「生存者バイアス（生き残っているファンドだけの統計をとるため、実際のリターンよりも良い結果が出ること）」という問題がある。1966年当時では一般投資家が簡単に株式データを入手することはできず、コンピューターのコストはかなり高かった。基本的なデータ（売上高、利益、株価など）を手作業で入手し、そのデータを保有できるのは一部の大手企業だけだった。PERがマイナスの企業についてはどう対処するのかといった問題もあるが、私は利益が出ていない（したがってPERがマイナスの）企業は統計に含めなかった。

生存者バイアスは検証結果（リターン）を実際よりも良くするので、バックテスターの数値は全企業の平均よりも良くなっている。例えば、**図表7.12**を見ても各分位のリターンは同期間（1966〜1982年）のS&P500のリターン（6.3％）をいずれも上回っている。問題はあるものの、生存者バイアスはすべての分位のPERにほぼ均等に影響を及ぼすので、結果が大きく歪められることはないだろう。

必要な調整を加える

図表7.7に示した絶対PERモデル（平均的なシナリオ）をPERが低下するレンジ相場に適用するときは、いくらかの調整を加える必要がある。具体的にはゼロ成長企業のPERを引き下げることである。**図**

表7.7の絶対PERモデルの平均的なシナリオでは、予想利益成長率がゼロの企業についても8倍のPERを付与したが、これは次のように修正するのが適切であろう。

X年間のPER＝予想利益成長率がゼロのときのPER
　　　　　×（1－PERの低下率）^{x年間}

図表3.2を見ると、レンジ相場におけるPERの低下率は最大で－7.4％、最低で－2.2％になっているため、その真ん中をとって4％（レンジ相場のPERの平均低下率）とし、今後5年間は利益成長率が見込めない企業のレンジ相場の最低PERは次のようになる。

今後5年間の最低PER＝8×（1－4％）^{5}＝6.5倍

最低PERの引き下げに伴い、そこからPERの割増率を調整していく。例えば、ビジネスリスクと財務リスクが平均並みで、予想利益成長率が10％の無配の企業の適正PERは13倍になる（平均的なシナリオの適正PERは14.5倍）。

適正PER＝6.5＋（0.65×10）＝13倍
（すなわち、最低PER＋PERの割増分×10％の利益成長率）

もっとも、こうしたレンジ相場における一律的なPERの調整では、「レンジ相場ではグロース株のPERの低下率はバリュー株よりもはるかに大きい」という問題にうまく対処できない。ひとつの方法として、グロース株とバリュー株に異なるPERの割増分を適用することである。図表7.7の絶対PERモデルの平均的なシナリオでは、予想利益成長率が1％～16％については、EPSが1％高くなるごとに0.65倍

のPERの割増分を付与していた。したがって、予想利益成長率が10%・無配・平均並みの質の企業の適正PERは14.5倍となっていた。これを低成長企業についてはPERの割増分を小さくするというルールに変更すると、その算式は次のようになる。

X年間の修正PER割増分＝もとのPERの割増分
　　　　　　　　　　× （1－PERの低下率）^{x年間}

もしも5年間のレンジ相場のPER低下率が年4％であれば、PERの修正割増分の算式は次のようになる。

5年間の修正PER割増分＝0.65×（1－4％）^{5}＝0.53倍

この算式によれば、予想利益成長率が10%の企業の適正PERは13.3倍（8＋5.3×10）となるが、それではゼロ成長企業に対する影響は小さく、高い成長企業には大きな影響が出ることになる。この修正ルールを1966～1982年のレンジ相場におけるデータに当てはめると、やはり低成長企業よりも高成長企業のPERのほうが大きな影響を受ける。レンジ相場のPERの低下という問題については、当初の期待リターンを引き上げるというのが最も簡単な対処法ではないかと思う。レンジ相場では強気相場よりも目標とする期待リターンをクリアできる株式が圧倒的に少ないという現実を考慮すれば、当初の期待リターンを引き上げるという方法は妥当なものであろう。

とはいっても、絶対PERモデルにこれまでのような調整を加えても、レンジ相場でこの基準を満たす株式を見つけるのは容易なことではない。平均以上のリターンが見込める株式でポートフォリオを構築しようと思っても、過去のレンジ相場では平均的な株式は（そのときの配当だけという）微々たるリターンしか上げられなかった。

まとめると、私は企業の利益成長にどれだけのプレミアムを払ったらよいのかについては極めて慎重に考えるべきだと思う。レンジ相場が続くかぎり、投資家は企業の利益成長率をあまり重視しなくなり、したがってそれに支払うプレミアムも次第に小さくなる。企業の成長（利益成長と配当の伸び）がPERの低下による悪影響（リターンの低下）を十分にカバーできるという強い確信が持てないかぎり、PERが低下するレンジ相場でグロース株（高PER株）を買うことはとてもできない。

第8章

企業の質・成長・評価という3つの条件に照らした企業の分析

Let's Put It All Together

3つの条件による企業の具体的な分析

ここまで企業の質・成長・評価という3つの条件について詳しく検討してきたが、この章ではそこからさらに一歩踏み込んで、3つの条件に照らして企業を具体的に分析し、株式を購入できるかどうかを見ていこう。

3つの条件のうち、ひとつだけをクリアした企業

3つの条件のうち、ひとつだけをクリアした企業（株式）ははたして買えるのだろうか。

企業の質――合格、成長と評価――不合格

企業の質については高いスコアを付けたものの（企業の質のすべての条件、またはほとんどの条件をクリア）、利益成長と配当利回りが見劣りし、また株価も割高な企業は、どんなに企業の質が良くても有利な投資対象とはなり得ない。

例えば、大手食品メーカーのH・J・ハインツは1990年代後半は極め

て質の高い企業だった。多少の負債はあったが、インタレスト・カバレッジ・レシオは高く、キャッシュフローも安定していた。また、資本利益率は20％を超え、全世界に販売するケチャップはケチャップの代名詞であり、だれもが認める高品質な企業であった。

ところが、利益成長と評価（PERと株価）に目を向けると、別の面が見えてくる。1998年の同社株のPERは23倍以上と、少なくともほかの優良株と比べると特に際立った水準にはない。予想利益成長率が１ケタ台前半であることを考えると（経営陣の無能によるものであろう）、世界のケチャップ市場で高いシェアを握っていたとしても、株価はけっして割安とは言えない。

1990年代後半にハインツ株を買った多くの投資家は損失を出したり、かろうじて収支トントンにとどまっている。仮に同社が1998年以降に年３％の利益成長率と配当利回りを維持し、20倍のPERで取引されたとしても、2006年現在の株価水準は1998年当時とほぼ同じであろう。1998年から８年後のハインツ株の推定価値は当時よりも高くはなっていない。したがって、この８年間に投資家が手にしたリターンは配当だけだった。

質の高い企業は従来のビジネスを維持できるが、それでも割高な株式をつかむと悲惨な結果が待っている。低い利益成長率では株価も支えることはできない。このような傾向は伝統的な優良株にはけっして少なくない。

評価──合格、質と成長──不合格

評価（株価・PER）の面では有利であるが、企業の質と成長が見劣りする企業は、ハインツ社とはまた別の問題がある。この企業にとって時間は時限爆弾のようなもので、株価がさらに上昇するかどうかは運次第。質の低い企業は時間がたつにつれて病気（脳卒中としよう）

は重くなっていく。低成長の企業は利益成長と配当も救済策とはならないので、投資家はけっして落ちるナイフのような企業に投資してはならない。

ゼネラルモーターズ（GM）株は利益が大きく落ち込んだり、PERがマイナスになったときを除いて、過去20年間には6～10倍のPERで推移している（**図表8.1**を参照）。これだけを見るとGM株は割安だと思われるが、誠実さと成功の代名詞となってきたこの全米有数の企業は、強い労働組合の突き上げと日本車の攻勢で一貫して市場シェアを落としている。2006年にはスタンダード・アンド・プアーズがGM債をジャンク（投機的）クラスに引き下げた。GMは数十年かけて、高品質でも高成長の企業でもなくなった。現在の株価は1960年代と同じ水準であり、利益は1970年代の水準にも及ばない。GMの経営陣が奇跡的な立て直しに成功しないかぎり、同社の苦闘はこれからも続き、現在のポジション（株価や格付けなど）を維持することはできないだろう。

成長――合格、質と評価――不合格

次に企業の質は低く、株価も割高であるが、利益成長率の大きい（配当率も平均以上）である企業を見てみよう。この企業にとって時間は追い風であり、高い利益成長率と配当が評価のギャップを埋めてくれる。高成長が企業の質と評価（株価の割高感）の問題を解決する可能性があるが、その道のりには大きなサプライズとリスクが伴うだろう。

この種の企業の典型は1990年代後半のドット・コム企業であり、その売り上げ伸び率は驚異的で株価も高かったが、競争上の優位性はあまりはっきりしなかった。ご存じのように、それらの企業の多くはその後破産・倒産し、今も残っている企業はほとんどない。

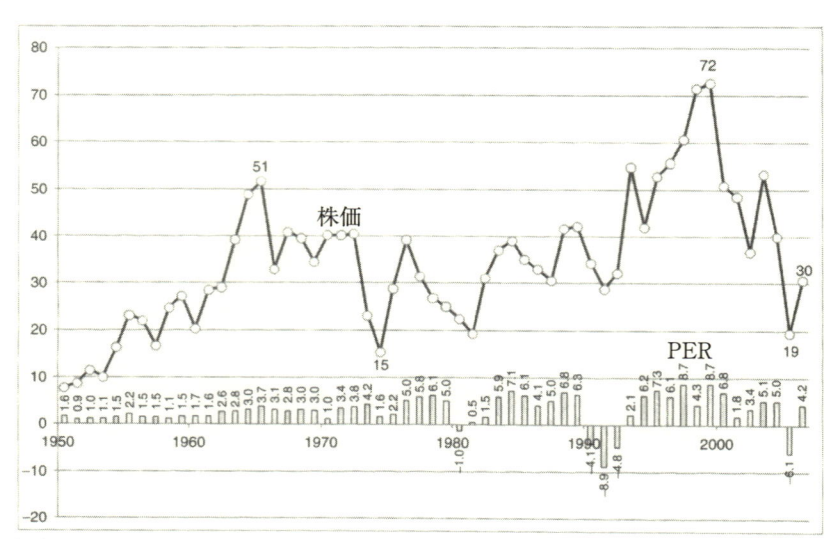

図表8.1 GMの株価とPERの推移

出所＝S&PのCompustat

３つの条件のうち、２つをクリアした企業

　企業の質・成長・評価という３つの条件のうち、少なくとも２つの条件で高いスコアを挙げた企業は、条件のひとつしかクリアしない企業よりは、リスクとリターンのバランスでは有利なポジションにある。こうした企業の条件には次のケースがある。

１．企業の質と成長では合格であるが、評価では不合格。
２．企業の質と評価では合格であるが、成長では不合格。
３．評価と成長では合格であるが、企業の質では不合格。

企業の質と成長──合格、評価──不合格

　投資家の多くは優良企業と優良株の区別が分かっていない。これは

株式投資における最も重要な誤りのひとつである。優良企業の見分け方は簡単で、企業の質と成長の条件をクリアしている企業である。そうした企業は強力なブランドとピカピカのバランスシートを持ち、資本利益率は高く、売り上げと利益の成長率はこれからも続いていく。しかし、優良企業が必ずしも優良株ではない。

これまで企業の質（その企業に特有のリスクを含む）、成長（予想利益成長率・配当利回り・収益見通し）、評価（株価水準と必要な安全域）とそれらの相互関係について詳しく検討してきた。企業の質と成長については問題はないが、評価のスコアが小さい（安全域が小さい）企業は、質と成長をさらに向上させて評価のスコアの見劣り分を埋め合わせなければならない。レンジ相場におけるマイナスの条件（PERの低下と安全域の不足・割高な株価）をカバーするには、かなり高い利益成長率と配当利回りが必要である。

しかし、企業の質と成長の向上によって割高な株価を埋め合わせるのは容易なことではない。高品質と高い利益成長は優良企業の特長であるが、株価が割高であれば（評価面のスコアが低いと）優良株とはみなされないからである。企業の質と成長の面で高いスコアを挙げる企業は珍しくないが、マーケットの評価（株価）の条件もクリアする企業は多くはない。

伝統的な優良企業に分類されるタイプの企業があり、信奉者はそれを頭から信じ切って、ほかの面には目を向けようともしない。この企業が伝統的な優良株になると、長い歴史を持つ数少ない高品質の企業には何百万人という信者が群がっているので、その株を保有すべきだとの投資家の合い言葉が株価をとてつもない水準まで引き上げる。

伝統的な優良株の資格を得るには、長期にわたって多くの投資家を喜ばせ、その事実によって大きな信頼を勝ち得たという実績が必要である。もちろん、多くの人々が日常的に使っている高品質のブランド商品やサービスがなければならない。友人や親戚などがわずか数百株

を購入しただけで大金持ちになったという話があればさらによい。過去の成功が少しずつ永遠の絶対的な信仰に変わっていく。そして投資家の信仰が揺るぎないものになると、過去の栄光は永久に続くかのように思えてくる。

こうなると、慎重な投資家も大声で応援するチアリーダーとなる。経営陣は雲の上の人となり、もはや「買いだ」という掛け声しか聞こえなくなる。前世紀半ばのニフティ・フィフティ（素晴らしい50銘柄）や1990年代後半のハイテク株がそうだった。神話は一夜にして作られるものではない。その株式が伝統的な優良株となり、想像を超えるPERの水準まで到達するには、長い時間をかけて健全な懐疑論者を山ほど信者としなければならない。

ひとつの好例は1990年代後半のコカ・コーラであろう。コカ・コーラほどの長期にわたって高いパフォーマンスを維持し、国際的なブランドを確立した企業はほとんどない。この会社のことを悪く言う人を見つけることができず、株価は1990年代後半に非合理的な水準まで上昇した。同社は1990年代を通じて10％台半ばの利益成長率を維持し、100年に一度の企業とも言われた。負債はほとんどなく、キャッシュフローは潤沢で、経営陣も一流である。それを反映した株価（PER）は47.5倍に達し、市場平均のPERの2.7倍にまで上昇した。国債並みの無リスクレートで将来のキャッシュフローを現在価値に換算しても、異常な株価を正当化することはできないが、アナリストたちは同社の世界的なブランドがその株価を作り出したと解説していた。コカ・コーラ株を組み入れていれば、解雇されるマネーマネジャーはいない。もはやこの会社にビジネスリスクはなく、1999年までにここまでとてつもない株価を付けた企業は成熟企業ではほかになかった。

しかし、ヨギ・ベラは「過去は未来を語らない」と言ったが、コカ・コーラの長期にわたる成功もけっして例外とはならなかった。加齢と老人病は伝統的な優良企業にもいや応なく押し寄せてくる。永久に高

成長を続ける企業はなく、同社の売り上げと利益の伸び率も次第に鈍化していった。背景には国内外のソフトドリンク市場の飽和があった。それまで持続してきた2ケタの利益成長率はあつい信者をも裏切るようになり、1995〜2005年の売り上げ伸び率はわずか2.5％、利益成長率も5.6％にとどまった。それを反映した株価は1998年の89ドルの最高値から2006年には42ドルに下落したが、それでもまだ割安感は出ていない。この程度の売り上げと利益の成長率を見込んでも、2006年の株価（PER）はまだ18倍で推移している。このような優良株は投資家の信頼が厚かったとしても、そのプレミアムはいずれはげ落ちるものである。平均以下のパフォーマンスに対する投資家の不満がやがて一挙に吹き出すだろうが、それは信仰が失望に変わるときである。

　伝統的な優良株はけっして安全な株式ではない。大きな信頼と間違った安心感のコストは高い。それはこの種の株式に内在する隠れたリスクである。優良株には長期にわたる安定した実績があるので、リスクはあまり表面化しない。しかし、そのようなリスクの特徴はそれが存在するのかどうかではなく、それがいつ顕在化するのかというだけのことである。それまでのプレミアムがどれくらいだったのかを推計することはできないが、いずれそれははげ落ちる。そうなったときのダメージは甚大である。伝統的な優良株はポートフォリオで大きな位置を占めているので（けっして売られないので）、株式を大量に抱えている投資家はそれだけ大きなリスクにさらされている。

　伝統的な優良株は持続的な競争上の優位性で大きな成功を収めてきたので、企業の質の条件は簡単にクリアする。しかし過去の栄光が将来も続くという投資家の信頼が実は最も大きなリスクである。優良株でも利益とキャッシュフローの成長がなくなれば、PERの低下による株価の下落を食い止めることはできない。もちろん、株価はPERの変動を含むほかのさまざまな要因に左右されるが、それでも株価を動かす最大の要因がPERの変動と利益成長率であることに異論はない

だろう。

　小売り最大手のウォルマート・ストアーズも伝統的な優良株のひとつで、1999年後半には54倍のPERで取引されていた。それから2005年までの間に利益が２倍以上に増加したので、PERは1999年の水準から低下したが（2006年のPERは16倍）、これなど持続的な利益成長が株価の下落を食い止めた好例である。私は2006年当時、「ウォルマート株はそれでもまだ割安な水準にある」という記事を書いたことがある。

　ウォルマートとコカ・コーラはともに伝統的な優良株の代表格である。この２社はハイテク企業ではないが、1990年後半には利益では正当化できない水準まで買われた。このことは何もこの２社だけでなく、ゼネラル・エレクトリック（GE）やジレットなどもかつてはそうだった。その他にも往年のスターには、インスタントカメラのポラロイド（2001年10月に経営破綻）、複写機のゼロックス（利益成長率は20年間ストップしたまま）、フィルムメーカーのイーストマン・コダック（大規模なリストラを実施）、米最大の電話会社であったAT&T（政府によって解体）――などがあった。優良株の最大のリスクは、時の経緯と競争の激化によって自らを守る堀が崩れてしまうことである。コダックやポラロイド、ゼロックスなどは一時期は優良株の座にあったが、技術革新がその堀を切り崩してしまった。その結果、企業の質はボロボロになり、成長がストップして利益とキャッシュフローもなくなってしまった。不幸なことに、それらは往々にして株価が高いときに起こるものである。

　レンジ相場は伝統的な優良株のプレミアムをはく奪し、往年のスターを平均以下の愚鈍な株に引きずり降ろす。そのような優良株に間違った信頼と安心感を抱いていると、代償は実に大きいので（長期にわたって悲惨なリターンに泣かされる）、大勢に流されない冷静な投資スタンスが必要である。なにしろ、レンジ相場はPERの低下という

冷酷な手段によって、伝統的な優良株のプレミアムをはぎ取ってしまうからである。

企業の質と評価――合格、成長――不合格

　これはよくあるケースである。強いブランドと競争上の優位性、健全なバランスシート、高い資本利益率（ROC）、圧倒的な市場シェア、そして見たところ株価も割安な水準にあるが、その製品の成長は鈍く、いわばゼロ成長に近い優良企業である。こうした企業は避けたほうがよいのだろうか。必ずしもそうとは言えず、その前に次の２点について確認すべきである。

１．株価に大きな安全域はあるか。
２．一定の期間内に安全域のギャップを埋めるような出来事、いわゆるカタリスト（触媒）は起こりそうか。

どのくらいの安全域が必要なのか

　ある平均的な企業の利益成長率が年３％、配当利回りが３％であるとき、相対評価法と絶対評価法によって分析したところ、その株価は本質的価値より20％低い水準で取引されていることが分かった（20％の安全域がある）。さらに詳しく分析すると、この企業には平均並みのビジネスリスクと財務リスクがあることが判明したので、この株式の必要な安全域（期待リターン）は次のようになる（第７章の「安全域モデルの計算法」を参照）。

　　必要な安全域（期待リターン）＝30％－３％－３％＝24％

この企業の利益成長率は低く、企業の質は平均並みだったので、表面的には少なくとも24％の安全域は欲しいところである。しかし、ほぼゼロ成長企業に相応の安全域をとったとしても、目標とするリターンを手にするのに実際は何年かかるのかという問題がある。例えば、マーケットがこの企業の本質的価値に気づいて適正価格まで株価を引き上げてくれる（安全域がなくなる）のに４年かかるとすれば、期待できる株価のリターンは約36％になる（PERの上昇分――24％、４年間の利益成長率分――３％×４年間＝12％）。さらに年３％の配当利回りが４年間続くとすれば、それによるリターンは12％となる。つまり４年間に期待できる総リターンは48％、年間では12％のリターンとなる。

　年12％のリターンはそれほど悪くはないが、（企業の質の章で検討した）ポートフォリオの期待リターンである15％には届かない。利益成長率＋配当によるリターンが年６％、安全域によるリターンも年６％（４年間で24％）であるとすれば、時間が有利に作用するとはとても言えない。というのは、マーケットがその本質的価値に気づくまでに４年以上かかるかもしれず、そうなれば安全域によるリターンはさらに小さくなり、年間リターンはさらに低くなるからである。

　この企業の利益成長率＋配当利回りによる年６％というリターンがこれ以上期待できないとすれば、さらに期待リターンを高めるには必要な安全域を大きくとるしかない。

　必要な安全域＝（期待リターン－予想利益成長率－配当利回り）
　　　　　　　×適正株価に至る年数
　　　　　　＝（15％－３％－３％）×４年＝36％

　低い利益成長率と配当利回りのリターンをカバーするには、（24％ではなく）36％の安全域が必要であり、そのためには年15％のリター

ンが求められる。低成長企業の株式を長期にわたって保有するには、購入するときの株価がかなり安くなければならないのである。

カタリスト（触媒）

カタリストとは割安株に投資家の目を引きつけ、その株式を適正株価まで引き上げるきっかけ（材料）であり、それには次のようなものがある。

● **企業のリストラ** 不採算事業やコア以外の資産を売却して株主価値を高める対策（ゼネラル・エレクトリックのジャック・ウェルチ元会長が1980年代に実施したようなこと）。
● **新しい経営陣による企業の立て直し** このほか、外部からの買収、現経営陣によるLBO（レバレッジド・バイアウト＝借入金による買収）を用いた非上場化――など。

ここでは次のように自問すべきである。

1. そのカタリストはどれほど信用できるものなのか。
2. そのカタリストは本当に投資家の目を引きつけ、株価を適正価格まで引き上げるのか。

評価と成長――合格、企業の質――不合格

これは最悪のケースである。利益成長率と配当は高く、それに比べて株価は割安な水準にあるが、企業の質に問題のある企業である。具体的には競争上の優位性が弱く、負債は多く、ROCは資本コストを下回り、安定した売り上げがない。企業の質は多岐にわたり、こうし

たケースを一般化することはできないので、その対応策もさまざまである（利益成長率をさらに高める、大きな安全域をとる——など）。ROCが資本コストを下回っているときに、大規模な設備投資をして利益成長率を高めようとすれば、結果的には株主価値を棄損することにもなりかねない。ただし規模の不経済によってROCが低いときは、設備投資によってROCを向上させることも対応策のひとつである。

　一方、過大な負債を抱える企業は小さなミスでも経営の存続が大きく揺いでしまうので、大きな安全域をとっても安心はできない。企業の質とその程度は企業によって大きく異なるので、どのマイナス面をどのプラス面でカバーするのかといった判断が重要となる。例えば、売り上げが不安定で振れが大きい企業については、できるだけ負債を少なくし、固定費を低く抑える——などである。

　一例として、若い女性向けの大手カジュアルアクセサリーチェーンであるクレアーズ・ストアーズのケースを見てみよう。流行品を扱う企業には、ブームが去ってしまうことによる売り上げ減が常につきまとうので、そのリスクを承知している経営陣は（企業買収のとき以外は）できるだけ有利子負債を持たず（むしろ借金返済が優先）、潤沢なキャッシュフローの保持に努めている。さらに同社は自社店舗を持たず、ショッピングモールなどの店舗は主に長期のリースで運営している（これにも別のリスクがあるが）。その結果、リース契約を終了したり、ほかのテナントに店舗を転貸すれば、リースコストの多くは解消することになる。

　クレアーズ社のやり方は、企業の質のマイナス面（流行が去るリスク）を少ない負債と強力なバランスシートでカバーしているケースである。4億ドル（総資産の約40％）にも上るキャッシュフローを抱える同社にとって、株主の投資リターンが低くなれば、それは株主価値の棄損であるという意見もあるが、私は潤沢なキャッシュフローは先を予測できないこうしたビジネスにとっては必要な防衛策であると思

う。レストランとのコストプラス（原価加算）契約によって、多額の負債というバランスシートのマイナス面をカバーしている鶏肉加工メーカーについては先に言及したが、クレアーズ社もこの鶏肉メーカーと似たケースである。

　そうはいっても競争上の優位性のない企業にとって、それをカバーする条件を強化するのは容易なことではない。強力なバランスシートは企業生命を多少延ばすかもしれないが、根本的な解決策とはなり得ない。ROCを向上させたとしても、それは一時的な延命策にすぎず、自社の牙城に参入してくる競争相手をけ散らす強力な堀とはならないだろう。

結論

　投資先企業を分析するときは、複数の条件（企業の質・成長・評価）をクリアするという方針を崩してはならない。そこで妥協すると平均以下のリターンはもとより、さらに大きなリスクを抱えることになりかねないからだ。この３つは株主価値を創出する主な源泉であるが、（ウォーレン・バフェットの言うように）なかでも成長と評価は切っても切り離せないものである。一方、企業の質はその企業の存続に関わる重要なポイントである。以下の章では、この３つの条件を踏まえてどのように株式を購入・売却するのかについて検討していくことにする。

株式の売買戦略
Strategy

はじめに──投資のプロセスと規律の大切さ

Introduction to Strategy:The Value of Process and Discipline

「ルールその1──絶対に損をしないこと、ルールその2──絶対にルール1を忘れないこと」──ウォーレン・バフェット

　株式投資に関するバフェットのこのアドバイスは、「ギャンブルはするな。すべての貯金をかき集めて優良株を買い、値上がりするまで保有して、それから売却しなさい。値上がりしない株は買うな」というジム・ロジャーズの言葉と相通じるものがある。確かに強気相場ではPER（株価収益率）の上昇という強い追い風が吹いているので、ポートフォリオのたくさんの値上がり株は少数の値下がり株の損失を補って余りある。しかし、レンジ相場ではこれとまったく逆のことが起こる。PERの低下という向かい風がポートフォリオに吹き付け、ちょっとしたトレードミスも許されない。レンジ相場では強風のなかを帆走しているようなものである。

　強気相場では強い上方バイアスがかかっているので、株価は適正価格を大きく超える水準まで押し上げられる。楽観主義は悲観主義を完全に押さえつけているので、株式の多くは平均をはるかに上回る水準まで上昇する。ところが、レンジ相場ではときに訪れる楽観主義も支配的な悲観主義によって冷やされてしまうので、株価の頭は完全に抑えられる。長期的には楽観主義と悲観主義は互いに相殺されるのだが、

株価は上下に大きく乱高下する（**図表2.5～図表2.7**を参照のこと）。

レンジ相場では長期にわたるPERの低下とスーパースター株の不振によって、負け組銘柄がポートフォリオ全体のパフォーマンスの足を引っ張る。そのうえ投資家のさめた態度や無関心が新しいスーパースター株の出現も妨げてしまう。したがって、レンジ相場では期待するリターンがなかなか得られず、厳密な売買プロセス（銘柄の厳選と規律ある投資スタンス）が求められる。レンジ相場では強気相場の発想を切り換えて、焦点をマーケット全体から個別銘柄にシフトし、そのうえ次のことを実行しなければならない。

1．強力な企業の株式でポートフォリオを組成する。
2．有利な価格で株式を買う。
3．有利な価格で保有株を売却する。

この３つのステップをしっかりと実行しよう。以下の章では、３つのステップを正しく実行するための方法について述べていく。

第9章
買いのプロセス――求められるのは規律ある行動
Buy Process—Fine-Tuning

「ツキが回っているときに賭けると、勝機がこちらに向かっているので、実際にはその賭けに勝っても負けてもなにがしかの利益は得られる。しかし、ツキが離れたときは勝機も去っているので、実際にその賭けに勝っても負けても損失となる」――デビッド・スクランスキー著『ザ・セオリー・オブ・ポーカー（The Theory of Poker）』

大切な投資のプロセスと規律

　アクティブな投資家はその生涯を通じて、何百回または何千回という投資決定を下す。もちろん、そのすべてが好成績につながるわけではなく、勝ったり負けたりする。われわれ人間はその決定プロセスよりも、結果に目を奪われがちである。人間の行動を見ても、簡単に分かるのは良いか悪いかという2つのどちらかでしかない。しかし、そのプロセスははるかに複雑で、目に見えない部分もかなりある。偉大な投資家の心の中では、ひとつの行動に至るプロセスと偶然（運）がはっきりと区別されているが、予知能力のないわれわれ一般人は偶然から学ぶことはほとんどない。したがって行動に至るプロセスを学び、そこから何を得るのかを知ることが重要となる。成功する投資家にな

るには、成功するプロセスとそれを順守する能力（または精神力）が必要なのである。

　数年前に出張したとき、少し時間があったのでカジノに行ってブラックジャックをしたことがある。そのときはツキがないと思ったので、負け金を40ドルまでとした。数時間楽しんで何杯かのドリンクを飲めば、もとは十分に取れるだろうと思った。私はあまり大きなギャンブルをしたことがなかったが（大きく儲けたこともない）、出張の数日前に地元の本屋の古本コーナーでブラックジャックに関する１冊の面白い本を見つけた。そのなかにトランプカードは正しくプレーすれば、カジノ側の優位性を２〜３％引き下げて0.5％くらいにできると書いてあった。

　40ドルの資金からできるだけ多くの利益を出すために、私は掛け金が最も少なくて済む場所を探した。少なく賭けて時間を稼げば、私からお金を奪うカジノ側の優位性を少しでも下げることができると考えたからだ。私が座ったテーブルには少し酔った品のない男がいて、彼は私に何回も「今日は給料日だよ！」と叫んでいた（実際、彼は100ドルほどの札束を握っていた）。私は本に書いてあったことを実行したが、うまくいかなかった。ツキはなく、40ドルの軍資金はプレーするたびに少なくなっていった。

　まもなく、その男は変な行動をとるようになった。ディーラー（カジノ側）のカード数が６、その男のカード数は18なのに、もう１枚のカードを引こうとしていた（運良く３のカードを引けば最高点の21になるが）。酔った男は自分のカードにあまり集中してはおらず、「ヒット・ミー（もう１枚）」と言ったのである。

　私はと言えば、「正しい決断」をすればするほど負けが込み、その男は「間違った決断」をすればするほど勝っていった。私の軍資金が乏しくなっていくのに、彼は利益を積み上げていった。彼の連勝とその大きな声や振る舞いに、何人かの野次馬が集まってきて「これはす

ごいや」などと話していた。黙って負けていた私にはだれも注目しなかった。

　しかし、この男にはギャンブルのプロセスというものがなかった。彼は酔って賭け事をしていたので、統計的な勝利の確率はかなり低かった（もっとも、とりあえずは勝っていた）。私は統計で武装し、すべてのプレーで勝率を最大限に上げようとしていたが（ツキがなかったので、損失を最小限に食い止めると言ったほうが適切かもしれない）、実際には負け続けていた。

　数時間後、無料の酒を何杯も飲んだこの男は、調子に乗って賭け金をどんどん増やしていった。結果は私の予想どおり、これまでの「給料」をすべてカジノ側に取られてしまった。一方の私はあるときに数ドル負けたが、その後にツキが回ってきてそれまでの負け分の多くを取り戻し、結局10ドルの損で済んだ。「これは大成功だ」。数杯のビールを飲み、数時間のギャンブルを楽しみ、しかも貴重なギャンブル（投資）の教訓を得たからである。

　その教訓とは、「結果よりもそれに至るプロセスに多くの時間をかけろ」というものである。もしも偶然というものがなかったならば、われわれのすべての決定は良いか悪いかだけの結果となる。そしてそのプロセスは最終結果だけで判断されることになる。しかし、投資（ギャンブルでも）には偶然が付き物であり、決定と結果だけしか見ないのは危険なことである。偶然から間違った教訓を引き出すこともあるからだ。

　少なくとも投資においては、「規律」という言葉の定義には２つの意味がある。

●ひとつは「ルールに基づく売買システム（体系的な投資法）」
●もうひとつは「それを順守するための自己規律」

最初の定義を「株式売買のプロセス」、二番目の定義を「そのプロセスを順守するための自己コントロール」と言い換えてもよい。「規律ある規律」といったような表現で頭が混乱しないように、以下では最初の定義を「投資のプロセス」、二番目の定義を単に「規律」と呼ぶ。

これまでは企業とその株式の分析に焦点を当ててきたが、以下の章では実際の株式売買のプロセスについて検討していく。私は投資のスタンスがあまり野心的でないほうが規律を持って株式売買のプロセスを順守できると思う。ブラックジャックをしていたあの酔った男には成功をつかむギャンブルのプロセスがなかったので、「カードをもう1枚」と言い続けていた。彼にとっては1時間に2回のビールを注文するという規律のほかには、規律を持って順守するギャンブルのプロセスがなかったのだ。たとえその日はブラックジャックで大きく儲けたとしても、（幸運の神がいたずらをしないかぎり）何十時間もプレーすれば、彼には勝てる（または損失を最小限に抑える）チャンスはまったくない。この男には成功に至るプロセスも、それを順守する規律もないからである。

長期的に考え、短期的に行動する

長期投資というのは、何も投資のタイムスパン（時間枠）のことを言っているのではない（しかし、長期投資家は5年以上のリターンを見据えて株式に投資すべきだ）。長期投資というのは投資の態度であり、企業分析のアプローチである。つまり、株式の投機的なトレードで利益を得ようとするのではなく、有利な価格でその企業（ビジネス）に投資するという思考プロセスが大切である。この投資の哲学（企業分析に臨むアプローチ）は、レンジ相場でも何ら変わることはない。しかし、それを実行する買いと売りのプロセスは少し手直しする必要がある。

バイ・アンド・ホールドというのは、いわば「買うだけで売らない手法」である。買い持ち投資家は買いのプロセスには熱心であるが、そのあとの「保有」には具体的な売りのプロセスがない。これはいわば「自分が死ぬまでその株式を保有する」ことと同じであるが、長期の強気相場ではそれもかなり効果的である。20世紀に見られた強気相場では、低いPER（株価収益率）が長期にわたって平均をかなり上回る水準まで上昇したからである。長期の強気相場では優良株は成層圏まで駆け上がるし、平均的な株式でもそれなりに値上がりするので、買うだけで売らないというパッシブな投資法でもかなり報われる。

しかし、すでに見てきたように、レンジ相場ではそれと反対のことが起こる。本書が単なる「バリュー投資」ではなく、「アクティブなバリュー投資」をテーマにしているのにはこうした理由がある。レンジ相場ではアクティブな売買戦略をタイムリーに実行しなければならない。割安なときに株式を買い、適正な価格に戻ったときに売るのである（割高な株価に上昇するまで待つのではない）。

ボラティリティを味方につける

図表9.1に見られるように、レンジ相場の株価がこのような動きをしているときは次の２つのアプローチが考えられる。

1. 株価が高くなったところ（循環的な上昇局面の高値）を売り、安くなったところ（循環的な下降局面の安値）を買う。
2. 配当以外にキャピタルゲインを得ようとしない（2000年以降に配当はかなり安くなってしまったが）。

第２章でも述べたように、レンジ相場とはトレンドのない局面であるが、そこでのボラティリティは強気相場と同じようにかなり大きい。

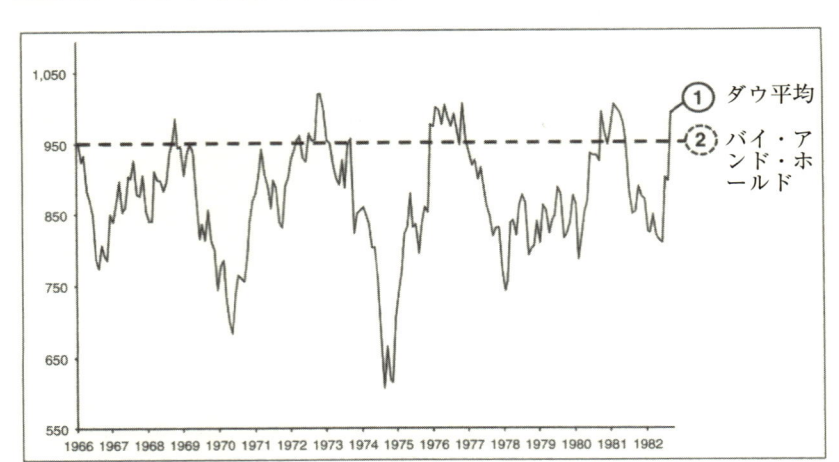

図表9.1　ダウ平均のレンジ相場（1966～1982年）

２つの相場の大きな違いは、強い上方バイアスがかかっている強気相場ではかなりのリターンが得られるのに対し、同じようにボラティリティの大きなトレンドのないレンジ相場では、上昇と下落が繰り返されるので、スリル（心理的なリスク）はあるがリターンは小さい。したがって、レンジ相場ではボラティリティを味方につけ、それをうまく利用して利益につなげるべきである。とは言っても、何も底値圏で資金を総出動し、天井圏で売り抜けるというマーケットのタイミングを計るようなことを実行しろと言っているのではない。株価の天井や底などは過去のチャートをあとから見て分かることであって、そのときに見抜くことは不可能である。

　タイミングを計るマーケットタイマーの買いと売りの決定は、株価や金利、景気などの短期的な予想に基づいているのだろうが、それで成功するのはかなり難しい。投資家の感情が渦巻いている株価の天井と底で正しく行動する、すなわち２回の行動（買いと売り）が正しくないと成功できないからである。相場の転換点などはランダムで予想

がつかず、たまたまうまくいったとしても、それは単なる偶然の結果にすぎない。最悪のケースは１回でもそのような幸運を味わうと、自分には予測能力があると思ってしまうことである。しかし、まもなくいたずらな偶然に引っかかって、大損をする羽目になるだろう。

マーケット全体ではなく、個別銘柄のタイミングを計る

　ボラティリティの大きいレンジ相場にうまく対処するには、マーケット全体ではなく、厳しい売買プロセスに基づいて個別銘柄のタイミングを計ることである。「タイミングを計る」という言葉がどうも好きになれないというときは、個別銘柄の「値段を付ける」と言い換えてもよい。すなわち、割安になった株を買い、それが適正価格に戻ったときに売るのである。そのときもまず最初に、企業の質・成長・評価という３つの条件について銘柄を個別に分析し、次のその結果を総合的に判断する。気をつけなければならないのは、優良企業＝優良株と、いわゆる伝統的な優良株信仰の罠に陥らないように、企業の質と成長、評価（株価）の詳しい分析を個別に行って、次のように自問すべきである。

１．XYZは優良企業だろうか
２．XYZ株は優良株（優良な投資対象）なのだろうか

　この２つの条件を満たしているときにのみ、その株式を購入する。優良企業の条件をクリアしないときは別の株式を探す（投資対象などあり余るほどある）。しかし、優良企業の条件をクリアしたが、優良株の条件をクリアできないときは、ひとつの銘柄にほれ込んだり、逆に早々と見切りをつけるような感情的な行動に走らないで、買い候補

銘柄のリストや「有利な価格で購入できる銘柄リスト」などを参考に別の株式を探してみることだ。そして購入する価値のある（高品質・高成長の）企業が見つかったら、評価（株価）の条件も調べてみる。最初は、企業の評価の章で紹介した相対評価法と絶対評価法を併用して、その株式の適正価格について分析する。次に必要な安全域（適正株価に対する割安度）を調べ、最後に目標株価に下がるまで辛抱強く待つことだ（これが最も難しい）。

その株式が買い候補になるまでの間、企業のファンダメンタルズ（企業の質と成長の条件）が当初の分析時から変化（悪化）していないかどうかをよく確認する。目標株価などを使うよりは、PERや株価キャッシュフロー倍率（PCFR）、株価純資産倍率（PBR）などの指標を見たほうがよいのかもしれない。時間が経過するにつれて利益成長率が向上し、当初の目標株価があまり意味を持たなくなるケースもあるからだ。株価が上昇していても収益力がそれ以上のペースで伸びていれば、その企業の株式は有望な買い候補となる。

分析の時間は、すぐに株式を買わなくても貴重なものである。もっと有利な株価で優良株を購入できるチャンスはきっとやってくる。このような作業を繰り返していれば、特定の優良企業にほれ込んだり、優良株であればどんな値段でも買うなどという衝動的な行動が回避できる。しかも相応のリスクをとって利益を上げることの意味も分かってくるだろう。

現金は王様

株式投資の主な目的は損をしないことではなく、間違った決定をしないことである（企業の質・成長・評価という３つの条件で高いスコアを挙げない株式を買う――など）。パスカルは「われわれ人間は部屋でひとりで静かに座っているかぎり、不幸になることはない」と言

ったが、投資家も有利な投資チャンスがやってくるまで静かに待つべきだ。そうは言ってもニュースや決算報告が次々と発表され、たくさんの株式が乱高下しているときは、何もしないでジッと待つのは難しいことである。ウォーレン・バフェットは1998年のバークシャー・ハサウェイの年次株主総会で、「ただ単に正しいと思われるような行動にお金を支払ってはならない。場合によっては永久に待つこともある」と語った。バフェットの投資ポリシーは、彼の右腕であるチャーリー・マンガー副会長が実務面で支えている。

強気相場の活況では「上げ潮はすべての船を持ち上げる」ので、現金は最大の敵である。第4章でも述べたように、そんなときに債券や現金（短期債券やマネー・マーケット・ファンド＝MMFなど）で投資資金を持てば、失われる機会コストはかなり大きいが、レンジ相場では状況が一変する。魅力的な株式を見つけられない資金が確定利付き証券に殺到し、今度はそれらが株式のライバルとなる。

「マーケットタイマー」のキャッシュバランスは、マーケットがどうなるのかという彼らの判断を反映している。しかし、「個別銘柄タイマー」のキャッシュバランスはいわば株式市場で見つける投資チャンスの副産物である。もしも（企業の質と成長の条件をクリアするような）優良企業の株式が有利な価格で買えないときは、チャンスが来るまで投資資金を現金や短期債の形にしておいてもよい。これはマーケットのタイミングを計るためではなく、単に「いつでも投資している」という目的のために株式を買わないためである。

私は金利やMMFの予想をしようとは思わない。MMFの利回りがどの程度であろうが（マイナスになることはないだろう）、そこから得られるリターンは微々たるものである。リスクに見合ったリターンが得られる株式を見つけられないときは、現金の形で投資資金を持っているべきだ。

チャンスが来たら行動を起こす

　プロのマネーマネジャーには会社の運用資金を預かっているかぎり、トランプ遊びをしたり、投資とは関係のない本を読んでいるようなゆとりはない。彼らには何もしない（じっとチャンスを待っている）ことが、投資の成功につながるということは理解できないだろう。何もしない時間というのは、自分のスキルを磨くときである。企業の質と成長の条件をクリアする企業をリサーチし、買い候補銘柄を分析することによって、将来の出陣のときに備えるべきだ（3つの条件の変化から目を離してはならない）。そのときがやってきて、株式が目標株価に届いたら、迷うことなく行動を起こすだけである。

第10章
買いのプロセス——逆張り投資

Buy Process—Contrarian Investing

「多数派と一緒に考えるのは三流の頭、少数派と一緒に考えるのは二流の頭、自分で考えるのが一流の頭である」——A・A・ミルン(イギリスの作家)

「大衆が君に賛成しなくても、それは君が正しいことにも間違ったことにもならない。自分のデータと考え方が正しいとき、君は初めて正しいことになるんだ」——ベンジャミン・グレアム

逆張り投資とは

　逆張り投資とは何か。いつでも多くの人と反対のことをすることなのか。ほかの投資家の行動に同調するならば、それは逆張り投資とは言えないのか。逆張り投資家はほかの投資家に反対しなければならないのか。一言で言うと、逆張り投資とは大衆とは独立して考え、行動し、彼らの考え方に振り回されないことである。つまり、大衆が向かう方向とは独立して独自の道を歩むことである。それはマーケットの意見を(尊重はしても)無条件に受け入れることではなく、自分なりの意見を持つことである。

しかし、「理論上は理論と現実の違いはないが、実際はやはり違う」とのヨギ・ベラの言葉のように、理論上は独自に考え、行動するというのは簡単であるが、それは実際にはひとりぼっちのつらい立場に自分を置くことになる。そのようなときは、理論では学んだこともないような心理状態がわれわれを支配する。

しかし、長期のレンジ相場で成功するのは、こうした逆張り投資家や独自に考える投資家だけである。そこでは規律ある買いと売りのプロセスが求められるからである。株価が高くなったところを売るには、逆張りの発想が必要である。しかしマーケットでは興奮が渦巻き、大衆が活発に買ってくる。反対に、株価が安くなったところを買うときも、感情に流されない勇気あるスタンスが求められる（なかなか買いづらいところであるが、候補銘柄が買い目標値に届いたときに出動する）。

有利な投資決定の多くは、将来が不確実なときに行われる。将来が楽観的で確実なように思えるときは、大衆がマーケットの側に立っているときである。われわれが決定を下すときは何らかのよりどころがほしいので、大衆の行動は大いに安心感を与える。人々の方向と逆行したり、大衆とは反対の決心を下すことは、自らの確信をぐらつかせることになる。

1990年後半は大衆に流されやすい時期だった。そのときの大衆投資家は、大手コンピューター・ITサービス会社のサン・マイクロシステムズにほれ込んでいた。カーペット職人のケリーの「保有しなければならない5銘柄」のひとつであり、2000年には63ドルを超える最高値を付けた（**図表10.1**を参照）。しかし、それ以降は株価は坂道を転げ落ち、2002年初めには1ケタ台まで急落し、2007年になってもこの水準で低迷している。次の記事は2003年のビジネス・ウィーク誌に掲載された同社の創業者であるスコット・マクニーリ会長兼CEOとの会見の一部であるが、同会長はサン株が63ドルを超えたときの大衆投

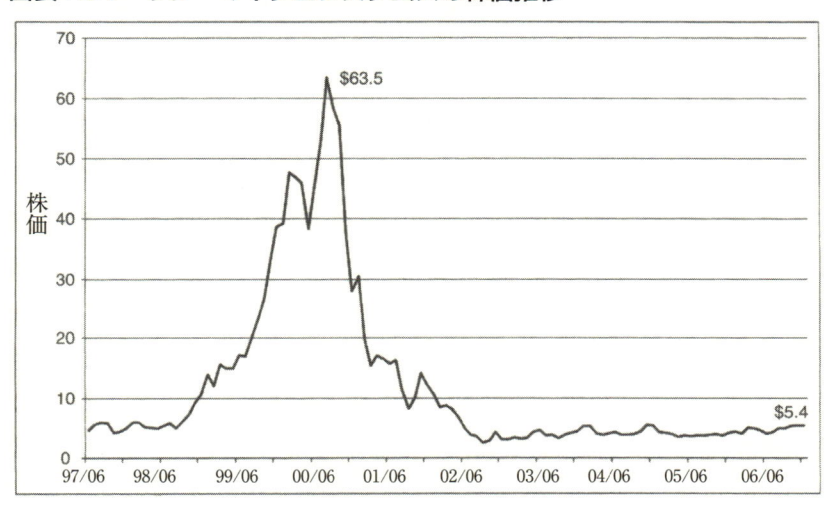

図表10.1　サン・マイクロシステムズの株価推移

資家の考え方に大きな疑問を呈している。

ビジネス・ウィーク誌　サン株は64ドルに近い最高値を付けましたが、この2年前の株価は正当化されると思いますか。

マクニーリ会長　2年前に付けた約64ドルという株価は、1株当たり売上高の約10倍の水準です。これはわれわれがそれから10年間にわたり、毎年上げるすべての売上高を配当として株主に還元しなければならないことを意味します。それを実現するには製造原価、3万9000人の従業員の人件費、税金、研究開発費などすべての経費がゼロでなければなりません。そんなことはビジネスにとってはあり得ず、税金の未払いは法律違反です。いわば砂上の楼閣のような株価をだれが買ったのでしょうね。このような株価はバカげているとは思いませんか。これについては明確な説明も注釈も必要とはしないでしょう。あなたはどう思われますか。

マクニーリ会長のコメントは、大衆投資家がときに異常な行動に走ることの驚きを示している。そのようなときこそ、独自に考える規律が必要となる。大衆に迎合すれば心理的な安心感は得られるかもしれないが、代償（経済的な損失）は甚大である。

そんな株は買わなくてもいいんだよ

だれもが口にする人気株がある。それは絶対に保有しなければならない株であり、比較分析などはご法度である。次代のスターバックスであり、マイクロソフトである。強気相場の末期でもないのに、それらの株にはすべての投資家が熱狂している。最後にはプロのマネーマネジャーも投資家から、「どうしてこの株を組み入れないんだ」と詰め寄られる。一時期のマイクロソフト、スターバックスはもちろん、アマゾン・ドット・コム、イーベイ、グーグル、ホールフーズ・マーケット（食品スーパーチェーン）などもすべてそうだった。しかし、これらの事例には生存者バイアスがかかっている。われわれの記憶にあるのは成功して生き残った企業だけであり、消滅した企業はきれいさっぱりと忘れられる。マイクロソフトやスターバックスの陰には、ひっそりと消え去った数多くの企業がある。

そんな株がすべての人々に話題になったときは、バリュー投資家にとって手が出ない値段になっている。安全域もないし、期待リターンはすでに株価に織り込まれている。将来の産業の見通しや利益成長率は不確実であるが、それらは何とも魅力的に見えるものだ。しかしこんな株については、断固「買わなくてもいいじゃないか」「私は知らないよ」と言うべきだ。次代のマイクロソフトだかアタリ（世界初のビデオゲーム会社）だか知らないが、みんなが買うべきだと言ったときは買ってはならない。既述した３つの条件（企業の質・成長・評価）をクリアしたときだけ買うべきである。

ミスバスターになろう

　私の息子のジョナは「ミスバスターズ（Myth Busters）」というテレビ番組が大好きだ。これはスキルと専門技術を駆使して、さまざまな都市伝説やちまたの怪しいうわさを検証する科学番組で、最新技術を使って神話と真実を明らかにしている（例えば、歩く代わりに雨のなかを走ったほうが汗は乾くとか、引き金を引いたショットガンが逆発・暴発すると、その的の人ではなく射手自身に危害を加えるなど）。リタイアしてフロリダに引っ込んでも、ときにお祭り騒ぎでもしないと退屈で暮らしていけないのと同じように、ウォール街も次々と神話を持ち出さないととても生き残ってはいけない。

　辞書を引くと「神話」とは「広く受け入れられているが、実は間違った信念」と定義されているが、そこで問題となるのは「広く（株価に影響を及ぼす）」と「間違った（投資チャンスだと思われる）」という言葉である。もしもある株式の名前を言われて、その株を買ってはならない（広く受け入れられている）理由をとっさに思いつくとすれば、あなたは神話にとりつかれている証拠である。

　例えば、「ウォルマート」→「大きくなりすぎて利益成長率が鈍化」、「ホーム・デポ」→「住宅市場の低迷が収益を直撃」、「ボストン・サイエンティフィック（医療器具大手）」→「同業のガイダントに買収資金を払いすぎ」、「インテル」→「アドバンスト・マイクロ・デバイシズがサーバーのシェアを侵食」、「ワシントン・ミューチュアル（貯蓄金融機関大手）」→「住宅モーゲージへの投資が多すぎる」、「コダック」→「デジタルカメラがコアビジネスのフィルム市場を直撃」――などである。

　神話の多くはその会社のプレスリリース、新しいストーリー、アナリストのコメントなどから生まれる。広く知られたコメントが必ずしも神話になることはないが、神話の半分はそうしたものがベースとな

っている。残りの半分は何の根拠もないもので、それを打ち破るには、広く受け入れられた意見が間違いであることを証明しなければならない。さらにその神話を打ち破るには、それを正しく定義する必要がある。一例として、次のようなコメントを取り上げてみよう。

> ABC社がXYZ社の市場に参入したことから、XYZ社はまもなく倒産に追い込まれる可能性がある。したがってXYZ株を買ってはならない。

神話の真偽を検証するには、まずコメントを正しく表現する必要がある。そうでないと有望な投資のチャンスを逃すことになる。この場合の検証は、悪材料はすでに株価に織り込まれていると思われるので、会社ではなく株価を検証すべきである。例えば、「ウォルマート」→「大きくなりすぎて利益成長率が鈍化」という神話は、「ウォルマートの売り上げ伸び率がヒストリカルな水準から鈍化するかもしれない」という現実があれば、これはもはや神話ではない。正しく表現すれば（「ウォルマートの規模が拡大して、売り上げ伸び率がそれまでの15％から9％に鈍化したが、その株価は5％の売り上げ伸び率の水準にある」など）、むしろウォルマート株は買いとなる。

すべてを定量化し、逆張り投資家になろう

ミスバスターズではすべてのことを検証して神話を打ち破っているが、われわれ投資家もそれを見習うべきである。番組では検証実験でときに負傷者が出ることもあるが、われわれは何もそこまでやる必要はない。あなたがある株式の神話を検証するときは、それを正しく表現し、次にそれを定量分析にかければよい。何となく正しそうに思えることにさまざまなシナリオを当てはめて検証し、コンセンサス（神

話）と隠された真実（数字が立証すること）の違いに基づいて買い・売りを決定する。こうして事実とリサーチで武装すれば、大衆の考え方に振り回されることはなくなるだろう。定量分析によって自分の感情をマネジメントすることができれば、大衆に対する強力なエッジを持つことになる。

　第7章で検討したDCF法は定量分析による優れた逆張り投資ツールであり、株式に付与された神話の真偽を正しく検証してくれる。しかし、何もすべての株式について複雑な分析を行う必要はない。視点をちょっと変えるだけで真実が明らかになることもよくある。例えば、ウォルマート・ストアーズは2006年9月に、全米の店舗で300種のノーブランド医薬品を4ドルで販売すると発表した。この発表でドラッグストア大手のワルグリーンやCVSの株価は10％も急落し、それから2カ月間に両社の株価はさらに10～15％も下げた。ウォルマートの発表は、多くの医薬品小売会社やドラッグストアを倒産に追い込むと解釈された。

　マーケットの解釈を正確に表現すると、「ウォルマートが4ドルのノーブランド医薬品を売り出すと、ウォルグリーンとCVSの収益に大きな打撃を与えるので、両社の株式は売りだ」ということになる。しかし、この神話を定量分析にかけると、ウォルマートが売り出すノーブランド医薬品はウォルグリーンとCVSの売り上げのごく一部にしか影響を与えないことが判明する。消費者に直接販売するノーブランド商品は、ウォルグリーンの売り上げ全体のわずか7.1％、CVSでは5.9％にすぎず（2005年の年次報告書）、両社の製品の主な販売先は保険会社、政府・州機関などである。しかも消費者に直接販売するそのノーブランド商品の多くはビタミン剤などで、残りはブランド医薬品である。したがって、ウォルマートが売り出す4ドルのノーブランド医薬品は、ウォルグリーンとCVSの売り上げにはほとんど影響を及ぼさないことが分かる。こうして神話は打ち破られたのである。

タイムアービトラージ

　ウォール街は本質的に短期志向である。それはウォール街が愚かだからではなく、それどころか、ここにはわが国でも最も聡明な人々が働いている場所だ。しかし、投資信託の爆発的な拡大に伴って、短期利益志向が投資ビジネスの根幹を大きく変貌させてしまった。それは投資のマーケティングが活発に行われているためでもある。何も私はマーケティングが悪いと言っているのではない。私の友人のなかにもマーケティングの専門家はいる。マーケティング専門家の仕事は、顧客の望みを見つけ、そのニーズを満たしてあげることである。ところが不幸なことに、今では投資家も目先の利益を求めるようになってしまった。ダウ平均の動きに一喜一憂し、ほかの投資信託のパフォーマンスやインデックスを短期的に（四半期または１年間）どれだけ打ち負かしたかに関心が移っている。これは最小のリスクで長期の利益目標を達成するという本来の投資ではない。

　投資信託のランク付けは、個人投資家の短期資金の流入・流出で決められる。そして投信のファンドマネジャーやアナリストの報酬も、短期的な目標（資金の流入を最大限に増やし、流出を最小限に抑える）をどれくらい達成したかによって決められる（しかしこれは完全に間違っている）。ヘッジファンドのマネジャーも同じような立場にあり、月間でどれだけのプラスのリターンを上げたかによってその報酬が決まる。

　ファンドマネジャーたちも短期志向の投資は良くないと思っているが、彼らの評価が短期のパフォーマンスで決定されるので、生き残りのためにはそうせざるを得ないのである。著名なオークマーク・ファンドのファンドマネジャーであるロバート・サンボーン氏は、自らのバリュー投資ファンドのパフォーマンスが市場平均を下回り、70億ドルの資金流出を引き起こしたとして、2000年にその職を解任された。

しかし、当時のITバブル株には見向きもせず、自らのバリュー投資を堅持した彼のスタンスの正しさは、それからわずか数カ月後に立証された。ナスダックが暴落し、バリュー株が大きく上昇したのである。もっとも、それまでの6年以上の彼の忍耐は少しも報われなかった。

投資家は前年好成績を上げたファンドマネジャーに群がるので、株式ファンドの投資家は過去の投資信託のパフォーマンスにも大きく水をあけられている（ダルバー社の調べ）。マスコミも責任の一端があり、毎年1月には前年の成績優秀なファンドマネジャーが大きく取り上げられる。しかし、マスコミは人々が知りたいことを提供しているだけなので、そのような態度を責めることはできない。

投資家の近視眼が、短期的に上昇する株式に巨額の資金が集まるようにウォール街を導いているとも言える。投資家は短期的な将来が不透明な株式はすぐに売り（または避け）、長期的なリスクとリワードのバランスなどについては考えようともしない。したがって、読者の方が短期志向を避け、（賢明な投資家がしているように）少なくとも数四半期以上のタイムスパンの投資スタンスをとるならば、きっとチャンスはやってくるだろう。これが私の言う「タイムアービトラージ」である。

タイムアービトラージには、アナリストの予想利益を裏切って売られた株式、または単に短期的に下落した株式を対象とする。われわれは味気ない直線の世界に住んでいるわけではない。投資した株式から直線的なパフォーマンスを期待してはならない。ウォール街の思考法とは違って、短期の出来事はその企業の長期のキャッシュフローや真の価値に影響を及ぼすことはほとんどない。しかし、ウォール街と多くの投資家はそうした株式を呪ったように売りまくる（ときにその本質的価値を大きく下回る水準まで）。その株式がファンドマネジャーたちのボーナスや失業に絡んでくると、かなり危険な水準まで売り込まれる。タイムアービトラージにもリスクは伴うが、逆張りスタン

スを堅持し、孤高の投資サイドに立つことを恐れなければ（ウォール街に見捨てられた株式を買い、しばらくは資金が寝ることを覚悟すれば）、ウォール街の非合理性を利用して大きな投資チャンスをとらえることができるだろう。

新しいアイデアを見つける

それでは、どのようにして有望な株式を見つけるのか。妙案を示すことはできないが、ウォール・ストリート・ジャーナルやフィナンシャル・タイムズなどを読めば、いくらかの神話を暴くことはできるだろう。それでもまだ十分であるとは言えない。必要なことは新しいアイデアを絶えず求めることである。第12章でも述べるように、厳しい規律に照らして不利になった銘柄を売却してしまえば、ポートフォリオの回転率は高まるし、より有利な新しい株式を組み入れることもできる。以下では新しい有望株を見つけるいくつかのアイデアを紹介しよう。

マーケットの地図を描く

逆張り投資家は最高値を付けた株式ではなく、数週間・数カ月・数年来の安値にある銘柄に注目するが、それらはたいてい暴かれるべき多くの神話を持っている株式である。マーケットが見放したような株式を見つける最も簡単な方法は、ETF（上場投資信託）の動きを見ることである。ETFが登場したのは10年以上も前だが、その人気が高まったのは2000年代初めである。ETFがテレビのリアリティ（視聴者参加型）番組や人気の女性歌手などに取り上げられるかどうかは分からないが、今やETFは最も人気のある金融商品のひとつになったことだけは確かである。

私の言うマーケットの地図を描くというのは、グローバルなマーケットをさまざまな指標や分類に照らして見ることである。指標（時価総額、PER、配当利回りなど）、投資スタイル（バリュー投資、グロース投資など）、アセットクラス（株式、債券、金、石油、通貨など）、海外マーケットなどの視点から、グローバルにマーケットを観察するのである。こうしたマーケット別のETFのパフォーマンスを定期的にフォローすれば、それらの動きがよく分かり、有望な投資チャンスが生まれそうなところも予想できる。

さまざまな指標

バリュー投資家はさまざまな株式指標を見ているだろう。バリュー投資における株式指標とは、アメリカ人にとってのアップルパイのようなものである。次に私の好きな指標の一部を紹介するが、それらを読者の方が利用している指標（デッド・エクイティ・レシオ、配当利回り、資本利益率［ROC］など）で補足・併用してもよい。

● ジョエル・グリーンブラット著『株デビューする前に知っておくべき「魔法の公式」』（パンローリング）　この本では企業をPER（低PER株には低いポイントを付与）や自己資本利益率（ROE、高ROE株には低いポイントを付与）ごとにランク付けし、次にそれらのポイントを合計する。最も低いポイントの株式が最も有望な買い候補銘柄となり、著者はこの単純な方法によって、1980年代から市場平均を打ち負かしてきた。

● さまざまな指標が低くなったとき　数値が低いほど良いという人気のあるスクリーニング指標で、割安株を見つける最も簡単な方法である。それらの指標にはPER、株価キャッシュフロー倍率（PCFR）、株価純資産倍率（PBR）、株価EBITDA倍率、株価配当利回り倍率

（PDR）、株価売上倍率（PSR。PSRには利益率の違いに関係する問題があり、産業別の利益率が大きく異なるため、売上高と株価を比較してもあまり意味がないという指摘もある。例えば、ソフトや医薬品業界の利益率はかなり高いが、PSRにはこの事実が反映されない。一方、小売業の利益率は低いが、PSRで見るとその株価は割安に見える）などがあり、その会社の企業価値に応じて数値を調整してもよい（時価総額から現金や負債を増減する――など）。

- **安値** 数週・数カ月・数年来の安値など。
- **スクリーニング指標の調整** 株価を計算式に用いる指標では短期的に急落した株式、景気悪化の影響をもろに受けた株式、会計不正を働いた企業の株式などをスクリーニングすることはできない。利益やキャッシュフローなどが急減すると、その株式の株価■■倍率（PERやPCFRなど）は異常値となる。したがって、PERを見るときは今期の利益ではなく、直近3年間または5年間の平均利益に基づくPERを算出し、それをPSRなどと比較するのがよいだろう。
- **グレアムの指標** ベンジャミン・グレアムが使ったスクリーニング指標で、ネット流動資産（流動資産－すべての負債・優先株）を下回る株式、ネットキャッシュ（短期投資を含む現金・現金同等物－すべての有利子負債）の多い株式などを買い候補とする。これらの株式にも多くの神話がつきまとっている（しかし、1950年代以降はこれらのスクリーニング指標をクリアした株式はそれほど多くはない）。
- **アナリストの推奨** 株価はウォール街のアナリストの推奨によって大きく変動する。アナリストの推奨が変わったことにより（「買い」→「売り」、「保有」→「買い」など）、株価が1日に数％も動くことも珍しくない。悪材料によって株価が急落したときは、多くのアナリストから売り推奨が出やすい。アナリストはニュース（四半期の決算予想など）に敏感に反応するため、それが短期志向の機関投

資家に大きな影響を及ぼす。これについて私が所属しているインベストメント・マネジメント・アソシエイツの同僚であるマイケル・コン氏は、アナリストの推奨は「〜だった」と解釈したほうがよいと述べている。例えば、アナリストがある株式を買い推奨したときは、その株式は「買い推奨だった」と解釈する（売り推奨のときも同じ）。大きな買いのチャンスは、アナリストたちがその株式を売り推奨したとき、またはアナリストたちがあまりフォローしていない銘柄やウォール街が見逃している小型株などに存在する。

　一方、アナリストの推奨を利用する方法もいくつかある。そのひとつはある銘柄の推奨総数に占める売りや保有の推奨比率を計算して、最も比率の高い推奨を調べることである。例えば、ある銘柄に対して7人の証券会社のアナリストが「売り」、2人が「保有」、1人が「買い」を推奨したとすれば、売り推奨は70％、または「買い」以外の推奨は90％であると解釈する（一般に「保有」は「弱い売り」推奨と同じである）。これはアナリストたちがその銘柄の買いは推奨していないが、かといってそれぞれの証券会社のリポートで「売り」を推奨しているとは限らない。アナリストの推奨が「買い」から「保有」に、または「買い」や「保有」から「売り」に変わったときをチェックし、それを既述したさまざまなスクリーニング指標に照らしてみるとよい。

信頼できるほかのバリュー投資家のアイデアを盗む

　私の両親はよく、人の物を盗むのは悪いことだと言っていた。したがって、私が「ほかのバリュー投資家のアイデアを盗む」と言うとき、「盗む」を「拝借する」と言い換えたほうがよいかもしれない。バリュー投資家には、その投資アプローチを高く評価したり、自分のアプローチに似ている同じバリュー投資家の仲間が何人かはいるだろう。

これらの人々のやり方を観察するのは効果的である。証券取引委員会（SEC）は１億ドル以上の資金を運用する機関投資家に対して、四半期ごとのポートフォリオの開示を義務づけており（投資信託には適用されない）、彼らのそのポートフォリオをフォローしている。SECのウエブサイトは財務データを調べるには使い勝手が悪いので（最近ではかなり良くなってきたが）、私はそうした機関投資家の最新のポートフォリオを調べるときは、「Stockpickr.com」や「GuruFocus.com」などを利用している。

　これらのバリュー投資ファンドマネジャーのポートフォリオを観察すると、ときに従来のスクリーニング指標では発見できない有望な銘柄を見つけることがある。しかし、この方法はあくまでも自分のリサーチの参考にとどめ、基本的には自らのリサーチによって有望銘柄を発掘すべきである。自分でリサーチしないで他人のアイデアだけを「拝借」していると、状況が予想外に変わったときに（株価の急落やファンダメンタルズの悪化など）、どのように対処すべきかが分からないからである。

　ポートフォリオを観察すべき人々とは、「その投資アプローチを高く評価したり、自分の投資アプローチに似ている同じバリュー投資家」だけである。「過去に素晴らしいパフォーマンスを上げた投資家」と言わなかったことに注意してほしい。過去の素晴らしいパフォーマンスはそのときのラッキーな相場環境によるものだったかもしれないからだ（または、大きなリスクをとってたまたま大勝ちしただけなのかもしれない）。さらに、いくらその人が自らの実力で素晴らしいパフォーマンスを上げても、そのやり方をそっくりまねることはできないからだ。ほかの人の良い点は見習うべきであるが、しょせん人は人、自分は自分である。

信頼の輪

 投資アプローチが自分のやり方に似ていたり、その考え方を高く評価するほかの投資家とは信頼の輪を築いておくべきだ。自分のバリュー投資法がうまくいかなかったり、(企業の質・成長・評価という) 3つの条件をすべてクリアした株式を買っても株価が下がってしまったとき、またはマーケットが自分の選んだ株式とは違う株式やアセットクラスを選好したときなどは、信頼の輪のありがたさをつくづくと思い知らされる。

 バリュー投資家にとって、1990年代後半はまさにそのようなときだった。当時はグロース株が大人気となり、バリュー株は二流市民のような扱いを受けたものだ。こうしたクレージーな時期の犠牲になったのが、伝説のバリュー投資家と言われたジュリアン・ロバートソンである。数十億ドルの資金を運用していた彼は、2000年初めに自分の運用会社を閉じてしまった。それからわずか数カ月後にナスダックが暴落して、長い間辛抱してきたバリュー投資家は大きく報われたのだが。

 自分に自信が持てなくなり、ほかの人(大衆)と同じことをやり始めたら、最悪の結果が待っている(安きを売り・高きを買うなど)。そんなときこそ同じ痛みを分かち合える信頼の輪が必要なのである。信頼の輪とはいろいろなアイデアの宝庫である。自分が高く評価しているほかのバリュー投資家のポートフォリオを研究したり、新しい銘柄のアイデアを拝借すれば、これまでの自分にはなかった多角的な見方ができる。とはいっても、やはり新しい有望株を発掘するときは自らのリサーチによって行うべきだ。

 信頼の輪が広がると、さまざまなバックグラウンドを持つ人々がそれぞれの知恵(自分の得意な産業の知識など)を持ち寄ることができる。例えば、私が石油株やエネルギー株をリサーチしたいときは、このセクターのことはあまりよく知らないので、当該分野に詳しい人に

聞く。そうすると彼らは私が知らない情報を教えてくれる。

神話を増幅するマスコミには懐疑の目を

「新聞のなかで真実が書いてあるのは広告だけである」——トマス・ジェファーソン（第3代アメリカ大統領）

　マスコミは神話の増幅器である。私は大学の経済学の授業で、モチベーションの重要性を学んだ。モチベーションはわれわれ人間のあらゆる決定に大きな影響を及ぼす、いわば生来の動機付けである。マスコミの動機付けとは、ニュースを増幅することである。静かな生活を送っている人や法律的に何の問題もない人々のことを取り上げても新聞は売れないし、テレビも高い視聴率を上げることはできない。しかし、マスコミも売り上げを維持し、株主に業績を報告したり、リポーターが自分の職を守るためにも利益を上げなければならない。新聞は毎日発行され、テレビやウエブサイトは年中休みなく情報を流す。ニュースを増幅するマスメディアのモチベーションの影響力は甚大である。しかも、売り上げを伸ばすためには、そのニュースは視聴者を興奮させたり、怖がらせる必要がある。マスメディアにとって、ニュースのない日は本当に困るのである。

　しかし、ビジネスリポーターの多くは自分が報道する企業についてそれほど多くの知識を持っているわけではない。彼らは単なるリポーターであり、投資家やアナリストではないので、それも仕方のないことである。しかも彼らは1週間に、いや1日に何本もの記事を書かなければならない。これらビジネスリポーターの多くは文系出身なので、自分が取材している企業について深くリサーチするスキルも時間もない。優良企業と優良株を区別できるリポーターがいるかもしれないが、それは彼らの仕事ではなく、彼らの職務はその日やその週のニュース

を報道することである。ベテランのリポーターがあれば専門知識が得られる専門家を知っているかもしれないが、そうした引用記事もやはり視聴者を驚かせるようなものでなければならない。

もっとも、それらの専門家といえどもすべての株式に詳しいわけではない。ある会社についてはあまり知らないとき、前日の新聞の記事を少し引用しただけでも、マスコミはそれにあれこれと尾ひれをつけて報道する。私もよく特定の株式についてマスコミから意見を求められるが、自分でリサーチした知識がないときは、その旨を告げてコメントを控えている。あるときこんなことがあった（その会社は仮にXYZ社としておく）。

リポーターからXYZ社についてどう思うかというeメールを受け取った。それについて私は、「お役に立ちたいのですが、XYZ社はフォローしていないのでコメントできません」と返答したあとに、うかつにも「直近四半期の業績がとても良かったので、この会社には何か好材料があるかもしれません」とちょっと言ってしまった。翌日の新聞を見ると何と驚いたことに、「直近四半期の業績がとても良かったので、XYZ社には何か好材料があると思われる」と書かれていた。私としては最初のコメントがメーンで、このコメントは付け足しのつもりだったから大きなショックを受けた。

マスコミから株の専門家と見られている私は、見たこともないその会社の財務諸表を分析したうえでのコメントのように引用されていた。その会社に対するちょっとしたコメントの内容は、確かウォール・ストリート・ジャーナル紙で読んだものだった。この経験から次のような２つの貴重な教訓が引き出せる。ひとつは、コメントできないときは「コメントできない」とだけ言って、それ以上は何も言わないことである。もうひとつは、いわゆる専門家の意見は新聞ではかなり説得力があるということである。

毎日の新聞の見出しはあらゆる神話を作り出し、それらは投資家の

行動に大きな影響を及ぼし、ときに株価を本質的価値以上にも以下にも変動させる。もしも読者の方が神話を打ち砕く逆張りバリュー投資家であるならば、マスコミは株式の売買チャンスを提供してくれる貴重な友になるだろう。ビジネス誌の最初のページにも逆張り投資の貴重な情報が掲載されていることもある。

例えば、ビジネス誌に大見出しである株式の好材料の記事が書かれていたら、逆張り投資家にとってそれは完全な売りシグナルである。その反対に、株価を引き下げるようなマイナスの記事が書かれていたら、それは絶好の買いのチャンスになる。そのような記事は雑誌や新聞を売り込むために、大衆投資家の考えに基づいたものであり、それによって投資家の心理が一方の極端に向かい、それがすべて株価に反映されたときがピークとなる。これが神話の半分である。

自分でリサーチし、その結果を書き留めること

大衆が向かう方向から独立して冷静な投資スタンスを保つには、すべての売買決定の理由を書き留め、株価に影響を及ぼす好材料と悪材料、それに対する自分の考えを整理することが大切である。株式を買うときに上値目標を設定するように、株式投資の決定・行動に関する理由を書き留めることは、そのときの感情に流されることなく、明確で合理的な投資スタンスを維持するカギとなる。マーケットがどれほど変動しようとも、また大衆の感情的な行動がどれほど説得力があるように見えても、さらにはマスコミがどれほど神話を増幅させようとも、逆張り投資家は合理的な決定に基づく冷静な投資戦略を実行しなければならない。

第11章
買いのプロセス──グローバルな投資
Buy Process—International Investing

フラット化する世界

　行動ファイナンスに関するいくつかの調査結果によると、投資家はほかの州の電話会社ではなく、自分が住んでいる地元の電話会社の株を買う傾向があるという。投資家は身近な株に親近感を抱いている。つまり、リスクと報酬のバランスを見極めて最高の電話会社の株を購入するというよりは、つい親近感を抱いている電話会社の株を買ってしまうようだ。過去数百年にわたり、アメリカの株式市場は最も素晴らしいマーケットだった。アメリカ経済は農業から製造業、そしてサービス産業へと変貌し、世界で最も裕福で強大な国になった。これまでアメリカ国内で優良株を見つけるのは簡単であり、地元の電話会社や電気会社の株式を保有するのと同じように、アメリカの株式を保有すると安心感があり、しかも愛国心をかき立てられてきたのだった。

　しかし、グローバル化によって世界はフラットになった。今では世界の至る所で生産された商品を店内でよく見かける。世界はいっそう緊密に結び付き、アメリカの企業だけにこだわっていると投資の選択肢が大きく制限されてしまう。確かにアメリカの株式市場は世界最大のマーケットであるが、米国国民は世界の人口のわずか5％を占めるにすぎず、米国市場のシェアは全世界の半分以下に落ち込んでいる。

世界経済がいっそう緊密な結び付きを強めるにつれて、国際分散投資はあまり意味を持たなくなってしまった。かつては「ニューヨークがくしゃみをすると、パリが風邪をひく」と言われたが、こうした傾向はさらに顕著になっている。

　世界には規模は小さいが、実にさまざまな上場会社がある。フランスのレストランチェーン、スペインの芝生サービス会社、ポーランドの病院、シンガポールのケーブルテレビ会社などであるが、それらはアメリカの出来事からはほとんど影響を受けない。国際分散投資の重要性が小さくなったとはいっても、米国企業だけに目を向けていては、アメリカよりも高成長の国の優良企業、高配当企業、高収益企業などの株式を有利な価格で購入することはできない。海外の株式市場が米国市場と同じサイクルをとるかどうかは分からないが、海外市場にも大きな利益のチャンスがあることだけは確かである。

会計基準の統合

　グローバルな企業と米国内企業の分析にそれほど大きな違いはない。もちろん、国によって会計基準、政治・文化、通貨リスク、言語などの違いはあるが、国内企業の収益力を高めようとする意欲は世界共通である。そして会計基準の統一の動きはヨーロッパから徐々に世界に広まっている。これについて、国際会計事務所最大手のプライスウォーターハウス・クーパースは、「国際財務報告基準（IFRS）と米会計基準（US GAAP）の比較」と題する2006年2月の報告のなかで次のように述べている。

　　　国際会計基準理事会（IASB）と米財務会計基準審議会（FASB）は2002年に締結されたノーウォーク協定以降、IFRSと米会計基準の統一に向けて話し合いを進めている。財務諸表の作成者と監

査人は財務報告の簡素化と、特に複数の国の株式市場に上場する企業による会計基準の順守負担を減らすよう求めている。米証券取引委員会（SEC）も最近公表した「外国企業による米会計基準とIFRSの調整義務の撤廃に向けたロードマップ」と題するリポートのなかで、IFRSと米会計基準の統合は主要なテーマであり、EC委員会もヨーロッパ以外の企業に投資する国内投資家の保護策の一環として、この数カ月間に２つの会計基準の統合に向けた協議を行っている。

これにより、今後数年を待たずに欧米の株式市場への企業上場を計画している諸国は、IFRSを採用することによって会計基準を簡素化することができるだろう。今しばらくは各国によって会計基準の違いはあるだろうが、米企業の財務を分析する適切なアプローチとして、発生主義会計よりも現金主義会計が主流になっていくと思われる。われわれアメリカの投資家は米会計基準がベストであると思い、また米企業の誠実さも信じているが、フォーチュン500社の２社（エンロンとワールドコム）の破綻、大手会計事務所のアーサー・アンダーセンの解散、大手投信会社の相次ぐスキャンダル、大手企業の不正会計疑惑、さらには最近のストックオプションの費用計上の動きなどを見ると、アメリカ以外のどの国にも同じようなリスクが内在していると思わざるを得ない。

国境のないグローバル企業

われわれはときに企業の国籍（簡単に言うと本社の所在地）にこだわりすぎるようだ。しかし、携帯電話大手のノキアはフィンランドの企業であるが、売り上げのほぼ全額をフィンランド以外から上げている。同じように、化学・電気・素材メーカーの３Ｍ（スリーエム）も

アメリカの企業であるが、米国内の売り上げ比率は40％を切っている。アメリカの投資家もすでに、売り上げの多くを海外から上げているこうしたグローバルな企業に投資しているだろう。

1990年代後半には同じ投信会社が、成長株とグローバル株の投資信託を同時に発売している例は珍しくはなかった。グローバル企業の国籍を本社の所在地で定義すれば、ノキアやノーテルネットワークス（カナダの電気通信装置メーカー）、ソニー、エリクソン（スウェーデンの通信機器メーカー）などは各国内の成長株でもあり、またグローバルな株式でもある。リスク分散のために国際ファンドを購入していた投資家は、1990年代後半に世界の株式市場の国境がなくなって、国際ファンドがその役割を果たせなくなったことに驚いただろう。換言すれば、多国籍企業を組み込んだ投資信託を購入していた投資家は、国境という垣根が取り払われた現在、これまでのような国際分散投資のメリットを享受できなくなったということである。

政治リスク

政治リスクとその程度は国によってまちまちであり、アメリカの企業もその例外ではない。米企業の多くは海外で生産した商品やサービスを販売しており、国内の中堅企業でさえも世界で起こった出来事とは無縁ではいられない。例えば、世界第２位の石油会社であるロイヤル・ダッチ・シェルは2007年１月に、サハリン２プロジェクトの権益の過半数をロシアの天然ガス会社（ガスプロム）に75億ドルで売却すると発表した。ロシア政府はその数カ月前に、シェルが同国の環境を破壊したとして同社を提訴していた。私はそのニュースを聞いたとき、これは環境問題ではなく経済問題だと思った。シェルとロシア政府は数年前に生産物分与協定（PSA）を締結していたが、これはロシア側にとって不利なものと言われていた。

第11章 買いのプロセス——グローバルな投資

　ガズプロムはサハリン2プロジェクトの権益を公平な価格で取得したのだろうか。私はそうは思わない。75億ドルは大きな金額であるが、シェルは枯渇しつつある各地の油井を補完するこのプロジェクトの支配権を手放したくはなかった。事実、このニュースが発表されたあとには、環境問題はまったく話題にならなかった。ロシア政府は環境と法律問題を理由に、シェルからかなり安い値段でサハリンプロジェクトの権益を奪ったのではないか。あの有名なギャングのアル・カポネも、投獄されたのは殺人罪ではなく脱税容疑だった。同じように、オイルマネーと天然資源の支配権を求めるロシア政府は、環境問題を盾にシェルから石油採掘権を取り上げた。実際に環境問題があったのかどうかは分からないが、未開地で石油や天然ガスが発見されると、必ずと言っていいほど環境問題が出てくるし、この件もその例外ではない。

　私はロシア政府の行動については懐疑的な見方をしているが、シェルは実際にロシアで環境問題を引き起こしたのかもしれない。しかし、もしもガズプロムがそうした問題を引き起こしたとしたら、おそらくロシア政府は黙視するだろう。ロシア政府の対応はこれが初めてではない。2004年にもユーコス石油の大株主を投獄し、その石油採掘権を政府の掌中（ガズプロム）に収めたばかりである。残念なことには、天然資源の多くはロシアをはじめ、ベネズエラ、ナイジェリア、イラン、イラクなど、政治的に不安定な地域に偏在している。たとえ米国内株だけに投資していたとしても、海外の政治リスクにさらされる危険がある（投資家がそれに気づいていないだけである）。もしも国際石油会社などの株式を持っているとすれば、似たような海外の政治リスクから逃れることはできない。

アメリカの政治リスク

　政治リスクは何も外国だけに限ったことではない。アメリカは世界でも有数の政治的に安定した国であるが、ここでも多少の政治リスクは存在する。例えば、クリントン政権になった1993年に、ヒラリー・クリントン大統領夫人は医療保険制度を国有化しようとした。その是非はともかく、それによって医薬品会社は大きな打撃を受けるのではないかとの予想から、医薬品株は数年来の安値まで暴落した。結局、この試みは実現せず、それ以降に株価は持ち直したが、このときに医薬品株を売った投資家は大損した。アメリカでは大統領選挙がある4年ごとに政治リスクが表面化する。

　2004年にもカナダからの医薬品の逆輸入問題で医薬品株は大きく売られた。このときはカナダやヨーロッパ諸国からの医薬品の逆輸入に関する法律の改定はなかったが、この次はどうなるか分からない。政治リスクはその形や程度の違いはあれ、どこの国にも存在する。もっとも、先進国では発展途上国よりは政治リスクが小さいようだ。

自分の快感帯から出発する

　法治制度が未熟なロシアのような発展途上国を調べるときに何も考古学者になる必要はないし、熱狂的な政治家が支配しているような国には投資すべきでもない。ジム・ロジャーズはその著『冒険投資家ジム・ロジャーズの世界大発見』（日本経済新聞社）のなかで、旧ソビエト連邦の一部だったトルクメニスタンを訪問したときの様子を書いている。当時のニヤゾフ大統領は「すべてのトルクメニスタン人の偉大な父」を意味するアクバル・テュルクメンバシエと改名し、個人崇拝的な独裁体制を続けていた。イラクのサダム・フセイン、旧ソ連のヨシフ・スターリン、ナチス・ドイツのアドルフ・ヒトラーと同じよ

うに、ニヤゾフ大統領の肖像は（通貨、広告塔、テレビのスクリーンなど）至る所に掲載された。彼は国旗にも自らの肖像を掲げようとしたが、国際社会からの反対でそれを取り止め、それから数カ月後に自分と家族を改名した。

　ニヤゾフが大統領になってから、トルクメニスタンの経済インフラは荒廃の一途をたどっていった。西側諸国の影響を排除するため、図書館や西欧流の教育を行っていた大学は閉鎖され、国家予算のほとんどはニヤゾフ大統領の個人崇拝的な独裁政治に使われた。トルクメニスタンには世界の天然ガスの5分の1が埋蔵されているので、EU（欧州連合）は同国に最恵国待遇を与えていた。しかし、国民はニヤゾフ大統領の悪政によってまるで石器時代のような生活を強いられていた（この原稿を書いた直後の2006年12月21日に同大統領は心不全のため死去した）。

　私はこの国のようなところには投資しようとは思わない。投資するのは政治的に安定した国であり、まずは隣国のカナダをはじめ、日本、西欧諸国、オーストラリア、ニュージーランド、イスラエルなどに続き、東欧諸国やメキシコなどが来る。これらの国は私が投資したいと考えるいわば快感帯である。われわれの快感帯はこれまでの経験に応じてそれぞれ異なっているが、まずは自分の快感帯から投資し、徐々に投資の範囲を広げていくのがよいだろう。それらの国は比較的政治が安定している法治国家であり、その投資がうまくいったら、徐々に高成長が続く新興国に足を踏み入れてみよう（しかし、私にとってトルクメニスタンやロシアはまだその対象外である）。

　グローバルな投資家が目を向けるのは、政治経済体制が安定している高成長国であり、自分の関心度に応じて投資候補国のリストを作って（政治経済体制の安定度、経済成長率、人口増加率、地理、インフレ率、債務率、株式市場へのアクセスの難易、株式市場の規模や流動性、会計制度の透明性、株式時価総額、強気・弱気・レンジ相場といった

トレンドなど）。これらの投資候補国のリストを作ったら、単純に１位、２位……とランク付けしないで、良い・平均以上・平均以下・悪いといった４つぐらいのグループに分類してみよう。それらすべての国の株式を購入することではなく、目的は有望な投資国を探すことにあるからだ。

高成長国＝有望な投資国ではない

　グローバルな投資について語るとき、最も人口の多い高成長国である中国を除外するわけにはいかないだろう。多くの投資家はこの経済大国の潜在的な経済成長力と株価には注目しているが、高度経済成長が続くからといってどんな値段でもその株式を買ってもよいということにはならない。確かに中国は年10％以上という先進諸国の２～３倍もの高い経済成長率を上げてきたが、株価は2000年のピーク（PERが56倍）から半分以下に落ち込んでいる（**図表11.1**を参照）。2000～2005年の利益成長率はほぼ50％に達したが、それでも株価は下げ止まらなかった。原因は投資家が中国経済の将来を過大評価し、その株価を異常な水準まで押し上げたことである。これなども優良企業と優良株を区別できなかった好例である。

為替変動リスク

　為替変動リスクは分散しなければならないが、ある通貨がどのような動きをするのかといった予想は無意味なことである。エコノミストなどのプロでさえも、予想の半分しか当たらない。国や地域別の分散投資に通常のヘッジ手法を併用すれば、為替リスクの多くは回避できるだろう。ある通貨が向かう方向に自信があり、その通貨に少し多めに資金を振り向けたり、または為替リスクをヘッジしたいときは、

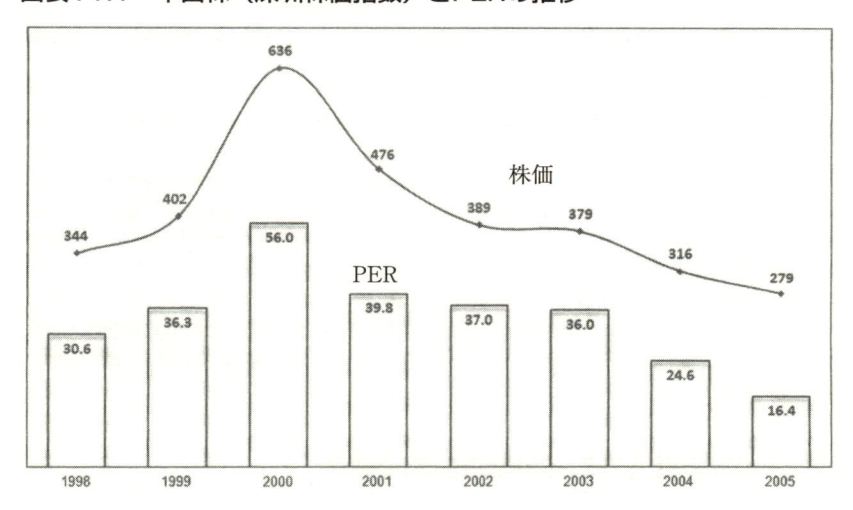

図表11.1　中国株（深圳株価指数）とPERの推移

外国為替ETF（上場投資信託）を利用するのがよいだろう。それらはすでにおなじみのインデックスETFと同じように、さまざまな通貨のETFがある。例えば、2006年末現在のライデックスの外国通貨ETFでは、7カ国通貨（ユーロ、メキシコペソ、スウェーデンクローネ、豪ドル、英ポンド、カナダドル、スイスフラン）の対ドルレートに連動している。こうした外国為替ETFは商品相場よりも手軽に利用できる。

どれくらいのお金を振り向けたらよいのか

アメリカの投資家はどれくらいのお金を国内株に振り向けたらよいのか――といった質問に対する答えは、米国株式市場と海外市場の投資チャンス、投資資金、自分の快感帯、各国の特徴などによって異なる。私は多くの西欧諸国のリスク度はアメリカとほぼ同じであると思っている。例えば、米国内市場に有望な銀行株が見つからないときは、

（企業の質・成長・評価という3つの条件をクリアすれば）イギリスの優良な銀行株を購入してもよいだろう。イギリスとアメリカはともに政治リスクが小さいからだ。3つの条件についてよく調べ、アメリカの優良銀行株とそれほど違わない銀行株があるならば、ヨーロッパの株式を買ってもポートフォリオのリスクは減らせるはずだ。

結論

　これまで検討してきたように、どこの株式市場でも優良企業は見つかる。アメリカの優良企業並みの会社を海外の市場で見つけるのはそれほど難しくはないが、第3章でも述べたように、難しいのはそうした優良企業の株式を割安な価格（大きな安全域をとった価格）で購入することである。特に株式市場が循環的な上昇局面にあり、多くの株式が安全域のない水準まで買われているときに、新たな有望株を見つけるのはかなり難しい。そのようなときは、従来の古い近視眼的な考え方にとらわれない新しい視点からマーケットを見るべきだ。

　株価の底上げが進んでいるときに、有望な投資チャンスを探すのは容易なことではない。特に現金を眠らせておきたくないと思う投資家は、3つの条件の一部に妥協して伸びきった株式を購入しがちであるが、これはどのような場合でも好ましいことではない（とりわけレンジ相場では）。投資家にとって、これまで述べてきたグローバルな投資はその一助になるだろう。グローバルな投資はポートフォリオの地域リスクを小さくするので、ポートフォリオに新しい株式を組み入れることも可能となり、機会コストの喪失も防ぐことができる。グローバルな投資をリスク分散の必要悪と考えるのではなく、機会コストを失うことなくポートフォリオの質を向上するひとつの手段としてプラスに考えるべきである。

第12章
売りのプロセス——ダーウィニズムの考え方
Sell Process—Make Darwin Proud

「50倍のPERでも優良な企業は、15倍のPERではなおさら優良企業だ」

　レンジ相場では規律ある売りのプロセスの重要性は、いくら強調してもしすぎることはない。売りのプロセスを持っていない投資家とは、出口のない高速道路のようなものである。PERが上昇していく強気相場では、ポートフォリオのなかに損失となる銘柄や平均以下のリターンしか上げない株式があっても、その影響はかなり中和されるし、一部のスーパースター株がポートフォリオ全体のパフォーマンスを押し上げてくれる。1982～2000年の大強気相場では出世株も珍しくなかったし、あのカーペット職人のケニーの保有しなければならない5銘柄もこうした株式だった。しかし、それはコインの表面にすぎない。

　銘柄の選択や割安度の分析、分散投資などは買いのリスクマネジメントであり、それらを締めくくるのが売りのプロセスである。物事は常に変化していく（良いほうにも悪いほうにも）。参入障壁の堀が浅くなったり、企業の質が低下したり、このほかファンダメンタルズの悪化、ある銘柄のリスク度の上昇、有利な投資チャンスの減少などがある。また、株価が上昇することは良いことではあるが、それは逆に安全域が小さくなることでもある。

　規律ある売りのプロセスとは、ダーウィニズム（適者生存）という

良薬をポートフォリオに注入するようなもので、それによってファンダメンタルズが悪化したり、安全域が小さくなった悪条件の銘柄を有利な株式と入れ替えて、ポートフォリオ全体の質を向上し、リスクを小さくすることである。長期投資家が保有株を売却するのは、主に次のようなときである。

1. 株価が上昇して割安感が解消、または安全域がなくなったとき。
2. 保有株のファンダメンタルズが悪化し、企業の質や成長（またはその両方）が劣化したとき（もしくは劣化する可能性があるとき）。

株価が上昇したときに売る

　リスクとリターンのバランスが有利なときに株式を買い、それが逆転したら売却する。具体的には、①株価が適正価格になった、②安全域がなくなった、③利益成長率と配当利回りを合計した予想総リターンが目標を下回りそうだ――などのときが保有株の売り時である。株式を買うのはお金を儲けるためである。ところが、保有していた株式が上昇すると、利益を上げるために買ったのに今度はかわいいペットのように手放したくなくなる。その株式がお金を儲けてくれたのに、である。上昇した保有株を売るというのは、連れてきたペットの犬にエサを与えて再び犬小屋まで追い返すようなものである。しかし、株は犬のように感情を害することもないし、愛情を注ぐようなものでもない。株は単なる金儲けの手段である。保有株を売却しようとするときも、そのように考えてできるだけ高値で売るべきだ。

　保有株を売るというのは感情的な問題であり、しかもその感情は買うときよりも強烈である。ある株を分析して購入・保有すれば、その株と心の結び付きが生まれる。会社の経営陣の話を聞いたり、財務諸表を読んだり、プレスリリースに注目したり、会社の将来の利益を予

想したりする。その株を売るというのは旅を終わりにするようなもので、この旅は株価が上昇しないと終わりにならない。しかし、株はペットではない。割高になって売却した株が将来に再び買いの条件を満たしたら、そのときにまた買えばよい。株はあなたがそれを保有していることは知らないし、それを売ったからといってあなたを恨みはしない。以下ではこうした売りに伴う心の対処法について述べてみよう。

株を買うときにすでにゲームの終わり方を決めておく

　ミニアビル・ドット・コムの寄稿者であるロッド・デビッド氏は、「私は売りたくない株を買うようなことはしない」と述べているが、すべての株式にはそれを手放さなければならない価格がある。保有株に対する愛着心に対処する最も簡単な方法は、株を買うときにこのマネーゲームの終わり方を決めておくことである。株を買うときは売るときよりも、その会社に対して冷静なものである。株を買うときはまだその会社との付き合いがないからだ。そこでそのときに売値（例えば、75ドルなど）や指標による売り目標値（例えば、PERで17倍、PBRで3.3倍など）を前もって決めておき、株価がその目標値に届いたときにきちんと保有株を売却すれば、（リスクとリターンのバランスがそれほど大きく変化しなくても）保有株に対する愛着を断ち切ることができるだろう。

　株価が目標値をクリアしたら、自動的に感情を入れずに売りを実行する（その株が適正価格に達していないと思われるようなときは、よく調べてポートフォリオへの残留の有無を決定する）。その株式を買うときに目標株価や目標PERを合理的に決めておけば、あまり感情を入れる余地もなく、スムーズに売却の有無を決定できるはずだ。第7章でも述べたように、私は絶対PERモデルによるPERの売り目標値を使っている。私のポートフォリオのすべての株式と注目銘柄に、

PERによる買い、適正価格、売り目標値が付けられている。レンジ相場では、みんなが買うときに売らなければならないことが売りの決定を難しくしている。レンジ相場では株価が目標PERに届いても、保有株との別れは簡単にいかないものである（**図表2.4**を参照）。

売りの決定をだれかに委託する

プロや素人の投資家を問わず、保有株を売るときの感情を断ち切るひとつの方法は、その株式とあまり関係のない人（感情的なつながりのない有能な第三者）に売却の決定を委ねることである。機関投資家の場合は第三者的なアナリストやファンドマネジャーなどがそれになるだろうが、そのときのポートフォリオへの残留の可能性についても事前に話し合っておく。一方、個人投資家の場合には友人や配偶者、信頼できるアドバイザーなどに売りの決定を委ねるのがよいだろう（もちろん、相手が適切な決定を下せることが条件となる。例えば、私の幼い息子や娘では不適格だ）。

われわれは自分で考えるほど賢くはない

長期のレンジ相場には循環的な上昇・下降・横ばいの局面が含まれる。大半の株式が上昇するような循環的な上昇局面では、大勢の投資家やマスコミが騒ぎ立てる。あなたも保有株が上昇すれば興奮を抑えきれないはずだ。そのときに、「このマネーゲームを終わりにしたほうがよいのか」「ジム・ロジャーズの言うように、買うのは上がる株式だけで、上がらない株式を買ってはならないのか」と自問しなければならない。もしもあなたが自分は利口だと思うならば、残念ながらあなたは自分が考えるほど利口ではない。あなたの株式選別能力も自分が考えるほど高くはない。運良く循環的な上昇相場に乗っただけな

のだ。

　循環的な上昇相場は実際以上に自分を賢く思わせるし（いわゆる自信過剰）、循環的な下降相場では実際以上に自分を愚かに思ってしまう。自分が利口だと思うと、不思議なことだが、しなければならないこととは反対のことをするものである。有頂天になって注意力が散漫になるからだろう。その結果、利益だけに目が向いて、リスクのことは考えないか、または忘れてしまう。そんなときは「リスク」という言葉を何回も自分に言い聞かせよう。

　私は自分の愚かさを自分に自覚させるときは、大損した会社の年次報告書を取り出し、それを初めから終わりまで自虐的に読むようにしている。われわれが大損するのは自信過剰になったときであるが、上昇局面になるとそのことを忘れてしまう。しかし、循環的な上昇局面でもそのことを忘れないようにしていれば、将来同じ間違いを繰り返すことはないだろう。リスクは至る所にあり、循環的な上昇局面で浮かれているときこそリスクは隠れている。そしてまもなくその恐ろしい姿を現すだろう。

　さらに、循環的な上昇局面では規律ある売りのプロセスを忘れ、これまでのような「買うだけで売りを忘れた投資法」に戻ってしまう恐れがある。保有株を売るときは株価が上昇しているときであり、それはわれわれが自分を愚かであると思っているときである。われわれが自分は利口だと思うならば、売りの決定などはできない（株を買うときは利口だと思っているのだが）。ましてや天井で保有株を売ろうなどと考えてはならない。ここでの正しい投資法とは、優良企業の株式を割安なときに買い、適正な価格に戻ったときに売ることだからである。

グロース投資家の熱狂を利用した投資法

　保有株が適正な価格に到達したら、規律ある売りを実行しなければならないが、一般にバリュー投資家はさらなる上昇余地が残っていても早めに売却するものである。バリュー投資家から見ると、株式が上昇して適正価格に達すると、モメンタム投資家やグロース投資家が現れてバリュー投資家からその株を奪い（買い）、一段の高値に押し上げる。一方、一定価格を下回ったときに売るという逆指値注文は（私を含めた）バリュー投資家には理解できないものである。ファンダメンタルズが何も変化していないのに株価が下落したというのは、バリュー投資家にとって願ってもないチャンスであるからだ。ただし、株価が上昇し、適正価格になったときに、新規参入してきたモメンタム（またはグロース）投資家から超過リターンを確保するためにトレイリングストップを置くというのは許される行為であろう。

　株価が適正な水準（目標値）に達したとき、ポジションの一部を売るというのは含み益を現金化することである。残りの株式は、価格にあまり敏感ではない投資家がさらに株価を押し上げてくれるときのためにとっておく。このときにメカニカルなストップロスを置くと、利益の確保と損失の防止になるが、こうした手段は集中投資のポジションをとらない投資家にとってはさほど有効ではない。この手法の最大の落とし穴は自らの感情であり、グロース投資家の熱狂を利用して利益を上げるというこのやり方は、株価が急反落するとそれまでの含み益が吹き飛んでしまう危険性がある。したがってこの場合、グロース投資家が好みそうな企業の質と成長（特に成長）の条件のうち、高いスコアを上げた株式に限定すべきである。

ファンダメンタルズが悪化したときに売る

「事実が変化したら、私の心も変化する。あなたはどうですか」——ジョン・メイナード・ケインズ

すべては変わっていく

　ダイヤモンドを除いて、変わらないものは何もない（男女の愛もそうだ）。新規参入を阻止する企業の堀にも寿命があり、その企業が堀を維持するにも絶えざる再投資が必要である。それに成功して独占的なシェアを持つまでになった企業もあるが、堀への再投資を怠って成長がストップした企業もある。企業の質・成長・評価という3つの条件に照らして株式を見るとき、最も変化するのは評価である。企業の評価は主に株価の変動を意味しており、それはファンダメンタルズよりも速く変化する（リスクとリターンのバランスが変わっていく）。逆に言うと、企業の質と成長は評価よりは安定している。評価（株価）は絶えず変化しているが、突発的な事態（敗訴に伴う損失、特許の無効、自然災害、環境規制の変更——など）を除いて、ファンダメンタルズが変化するには数カ月ないし数年はかかる。

婚前契約と保護観察

　これを少しセクシャルに表現すると、株式投資とはある銘柄と結婚することであるとも言えるが、そのときは婚前契約を結んだほうがよい。愛し合ってその銘柄と結婚するのは、どのようなマーケットでもあまり賢いことではないが、特にレンジ相場では致命的である。株式投資の完全なシナリオは、①成長を続ける優良企業の保有株が利益成長と一緒に上昇し、いつでも一定の安全域が残っている、②そのビジ

ネスはあまり変化することなく、会社の競争力も衰えることはない、③経営陣も有能で常にタイムリーな決定を下す——というものである。このような企業の株式であれば、その結婚も安全であり、理想的な関係が永遠に続くだろう。しかし、残念なことに（逆に幸運なことと言うべきか）、株式投資とはそのようなユートピアではない。

投資家は株との手当たり次第のデート（ちょっとした悪材料でもすぐに売ってしまう）と、永遠に続くことを願う結婚とを厳密に区別する必要がある。私はハリウッドの離婚話を株式投資に当てはめたくはないが、そこからひとつの教訓（いわゆる婚前契約）を得ることはできる。われわれはウォーレン・バフェットのように結婚を意図して株を買うべきであるが、それがうまくいかないこともあるので、結婚するときに（株を買うときに）この結婚が終了する（保有株を売却する）条件を定めた婚前契約を結んでおくとよいだろう。

その場合の条件は具体的に決めておくべきだ。例えば、企業の主なファンダメンタルズ（売り上げ伸び率、純利益率、資本利益率［ROC］、その産業の特徴——など）についてスコアを付け、その変化を詳細にフォローする。小売業であれば、各店舗の売り上げ伸び率、在庫回転率、売り場面積当たりの売上高、営業利益率、（万引きなどによる）商品逸失率などである。これらのファンダメンタルズが一定基準をクリアできなくなったときは、その株を保護観察下に置いてその後の状況を見守る。そして一定期間（例えば、数四半期など）がたっても改善の兆しが見えないときは、迷うことなくその保有株は売却する（離婚する）。保護観察とはいわばその銘柄を特定の場所に移し、拡大鏡で詳細に分析するようなものである。

問題が深刻にならないうちに早めに保有株を売却することもある。特にファンダメンタルズの悪化が急速に進行している株については、保護観察期間を短くしてさっさと売却する。レンジ相場ではPERの変化や投資家の安心感という点で追い風は吹かないので、保護観察期

間の短縮はとりわけ重要である。

　一方、私は四半期ベースの利益目標はそれほど意味がないと思っている。利益の四半期予想をわずかに上回ったとしても、それが企業の質やファンダメンタルズの改善を裏付けるものではない。粉飾決算によってそうしたことを行ってきた企業もかなり多く、あとになって数字の操作や不正会計が明るみに出るケースも珍しくない。四半期とはわずか3カ月（約90日）で、企業の寿命に比べるとほんの一瞬である。四半期の利益にはさまざまな要因が反映されており、その多くはランダムなものや比較的短期間で終わるものもある。

　私はウォール街の四半期予想利益を一貫してクリアしてきた企業については不正会計を疑っている。何もウォール街の予想を裏切ったからといって世界が終わりになるわけではないし、むしろそれによって大きく売り込まれた株は絶好の買いのチャンスとなる（合理的な長期の視点に立てば、ウォール街の目先の利益追求者たちからリターンを引き出すことができる）。

　繰り返すが、ファンダメンタルズの目標値（結婚の誓約書）を決めることが大切である。企業がこれらの目標値をクリアできなくなったときは、その株を保護観察下に置き、修正した予想値の下でまだ保有するに値するかどうかを評価する。保護観察下に置くというのはタカのような目でその株を集中的に分析することであり、その企業の1回の失敗をうんぬんするものではない。しかし、保護観察下に入ったというのはそれまでの信頼性が崩れたことを意味し、容疑が晴れるまではその企業と株を疑いの目で見るべきだ。

悲観的な視点

　アメリカは楽観的なスピリットに満ちあふれた国であるが、レンジ相場と保護観察下にある企業と株式については少し悲観的な視点で見

たほうがよい。そして次のように自問してみよう。

1．その問題は短期的な性質のものか、それとも長期のトレンドを反映したものか。
2．その問題は大きな問題に発展しそうなのか。

　以下のコメントは、私がミニアビル・ドット・コムに寄稿したUSバンコープの2005年第1四半期の業績についての分析である。

　　　この数字には有機的な特徴がほとんどない。私は同社がとった対策を批判するつもりはないが、この純利益の伸びには一時的な要因があまりにも多すぎる。それらは一過性のもので、将来の利益の伸びを保証するものではない。したがって、同社は私の言う保護観察下に置かれる。預金と非利息収入、資産などが翌四半期に大きく伸びないと、私はこの株式を手放さざるを得ない。

　次のコメントは、ミニアビル・ドット・コムに寄稿したUSバンコープの2005年第2四半期の業績についての分析である。

　　　問題の前四半期の業績を理由に、私はUSバンコープを保護観察下に置き、それ以降も同社の業績推移を詳しくフォローしてきた。……全体として第2四半期にも業績の大きな改善は見られなかったが、経営陣が貸し出しと手数料収入の促進策を押し進めた結果、将来の展望は少し明るくなってきたようだ。

　企業の重要な要因（株主価値の創造と破壊要因）を詳しくフォローすることが大切である。USバンコープについて言えば、それらの要因とは同社の弱みである預金と貸し出しの有機的な成長である（企業

買収による成長ではない)。銀行を分析するときの重要な要因としては、貸倒率、費用比率、預貸利ザヤなどがあるが、USバンコープについてはこれらの要因はそれほど重要ではない。同社を評価するときのカギは、有機的に成長できるかどうかの能力である。

　要約すると、次のようになるだろう。①永久に結婚できるような株式を見つける、②結婚に先立って、婚前契約書と誓約書を取り交わす（株主価値の創造要因を確認する）、③その企業が誓約を破ったときは、株式を保護観察下に置く、④ファンダメンタルズの悪化が短期的なものであれば、引き続きその株式を保有する、⑤そうでなかったときは、感情を入れずに即座に売却する（離婚する）。

以前の決定と切り離して考える

　株式投資においては、これまでの考え方から一歩離れた第三者の観点から物事を見るスタンスが求められる。好例は、1980年代後半に日本製メモリーチップの攻勢を受けて企業存続の瀬戸際に追い詰められたインテルであろう。同社の利益は1984年の１億9800万ドルから翌年にはわずか200万ドルまで急減した。このときの苦悩について、同社のアンドリュー・グローブCEOは『インテル戦略転換』（七賢出版）のなかで次のように述べている。

　　私は窓から、グレートアメリカ（カリフォルニア州サンタクララの遊園地）の観覧車が回転するのを遠くに見ていた。そしてゴードン（インテルの共同創設者であるゴードン・ムーア）のほうを振り向き、次のように尋ねた。「もしもわれわれがこの会社から追放され、取締役会が新しいCEOを迎え入れたとすれば、彼はどうすると思いますか」。ゴードンは即座に、「彼はわれわれの思い出を消し去るでしょうね」。私は彼をジッと見て、感情を入

れずにこう答えた。「それならばあなたと私がこのドアから出ていき、もう一度戻ってきて、それをやろうじゃないですか」

それからインテルはマイクロプロセッサーに努力を集中し、世界でも有数の高収益会社に変貌した。その結果、2005年の売上高は400億ドルに迫り、純利益は8億ドルを超えた。アンドリュー・グローブは第三者の視点に立って、積年の感情的な重荷をすべて振り捨て、極めて難しい決定を下した。彼は第三者の視点に立つことで、感情を入れずに状況を冷静に見ることができた。新しいCEOは過去の感情的な重荷から解放されたので、事態を前向きに見られるようになったのである。

インテルのこのエピソードはわれわれの人生にとっても大いに参考になるが、とりわけ株式投資（特に保有株を売るとき）ではかなり役に立つ。保有株を売ろうとするとき、われわれの脳裏にはいくつもの思いが去来する。ファンダメンタルズが悪化した株を売るというのは、その株を買ったことが間違いだったことを認めることである。われわれは自分が下したすべての決定が正しいとは限らない、という事実を受け入れなければならない。これが株式投資の現実である。友人のトッド・ハリソンの言うように、「リスクがなければ、それは投資ではない」。

投資の決定をするときの自分の行動を理解することが大切である。ここでもう一度繰り返すが、株式投資において感情は最大の敵であり、それはわれわれに実際にしなければならないことと反対のことをさせてしまう。こうした感情の落とし穴のひとつが、過去の決定にこだわって物事を見てしまうことである。例えば、自分を過大評価するとどうしても過去の値段をベースに買いと売りの決定をするようになる。買い値に基づいて売り値を決めたり、買った株が下落すると買い値に戻るまで保有しようとすることなどである。このほか、直近の高値や

安値などを意識することもその一例である（私はバリュー投資家であるが、ファンダメンタルズを一切無視し、純粋に株価の動きだけを分析するテクニカル分析の有効性を否定してはいない。私は株価が上へブレイクアウトすることよりも、下へブレイクアウトすることのほうが信頼できるシグナルであると思っている。重要な支持線や抵抗線は投資家の感情［心理］によって形成されたと考えている。株価が長期の低迷状態から抜け出し、先の高値［抵抗線］を再び試すとき、以前にそこで売り損なった多くの投資家はヤレヤレと保有株を売却しようとする。これと同じことは株価が先の安値［支持線］を再び試すときも起こる。以前に先の安値を買い損なった投資家は、再び割安な値段でその株を買おうとして買い注文を入れる。こうした支持線や抵抗線についてロジカルな根拠は何もないが、基本的な買い・売りの決定を下すのが機械ではなく人間であるかぎり、支持線と抵抗線の有効性がなくなることはない）。インテルの経営陣のように、われわれも自分自身を第三者の観点から見て、「もしも別の投資家であれば私のポートフォリオをどのようにマネジメントするだろうか」と自問してみよう。こうしたスタンスが自分を過去の決定から解放し、未来に目を向けさせてくれる。

結論

保有株の売りは難しい。それは自分の間違いを認めたり、良い思いをさせてくれた株式の別れでもあるからだ。ときに早すぎた売りの後悔を繰り返すことになるし、買いのときには経験しなかった準備不足の売りを強いられることもある。しかし、売りは買いの決定を締めくくるものであり、特にレンジ相場では規律ある買いと売りの実行が求められる。レンジ相場では機敏な売り手にならなければならない。ファンダメンタルズが悪化しないうちに保有株を売却する、すなわちそ

の企業が質・成長・評価という３つの条件で高いスコアを挙げられなくなったときは、直ちにその株式を売却すべきだ。そのような株式を保有していても何の希望もない。

リスクと分散投資

Risk and Diversification

はじめに

Introduction to Risk and Diversification

　リスクと分散投資に関する学術論文は腐るほどあり、そのコンセプトは大学に入学した当初から教えられる。しかし、それを実際に実行しようとすると、ギリシャ語で埋め尽くされた長い公式に直面する。この点を念頭に置いて、リスクと分散投資に関する以下の2章はより実践的な観点から検討している。リスクと分散投資はマーケットのどの局面でも重要なので、それぞれに1章を設けた。

第13章
リスクのいろいろな考え方

A Different View of Risk

「人生で大切なことはリスクをなくすことではなく、リスクをマネジメントすることである」——ウォルター・リストン元シティバンク会長

リスクとは何か

　ここでは株式投資のリスクをこれまでとは少し違った観点、いわゆるランダム性という点から検討していく。その前にリスクというものについて定義しておこう。リスクの定義のひとつはボラティリティの観点から見たもので、例えば、株価が下落したり、リターンが予想を下回ったりするリスクである。そしてリスクに対するもうひとつの定義は、ベンジャミン・グレアムやウォーレン・バフェットなどの考え方で、投資資金の永久的な喪失としてのリスクである。これらの定義はいずれも絶対的なものではなく、おそらく真実はその2つの定義の間のどこかにあるのであろう。

　投資家にとってのリスクは、株式投資の時間枠によって決まる。もしも最低5年という時間枠の投資を考えているならば、最も大きな心配は資金の永久喪失というリスクであろう。長期投資においてはボラティリティはそれほど大きなマイナス要因ではない（特にレンジ相場

ではチャンスになることもある)。ボラティリティが一時的な性質のものであれば、含み損が出ても時間がたてば株価が買い値まで戻る可能性もあるからだ。

しかし、短期の投資家にとってボラティリティは一時的なものではない。短期投資では一時的に株価が下落してもすぐにポジションを手仕舞ってしまうので、それは資金の永久喪失となる。したがって、お金を必要とする期間に応じてポートフォリオを組成すべきである。期限がすぐにやってくるときは、資金はボラティリティが小さく、流動性の高い確定利付き証券などに預けておくべきである。そうすれば資金の永久喪失をもたらすボラティリティの影響も受けずに済む。例えば、娘の結婚資金を2年後に控えて株式投資をしたとすれば、保有株が下落しても結婚予定日にはその費用を工面する必要があるので、どんな値段でも売却しなければならない。それによって損失が確定し、資金は永久的に失われる。時間が資金の永久喪失の問題を解決してくれないとき、それは長期投資家にとって真のリスクとなる。本書は主に長期投資家向けに書かれているので、次に資金の永久喪失といった観点からリスクを見ていく。

少し分かりにくいかもしれないが、リスクにはボラティリティに関係する問題もある。すなわち、リスクがわれわれの感情に影響を及ぼし、その結果間違ったことをしてしまうケースである(高い株を買い、安い株を売るなど)。非常に合理的でコンピューターのような決定力を持った人には、ボラティリティは何の問題にもならないだろうが、われわれ一般投資家はそのような人間ではないので、ボラティリティが感情に及ぼす影響はけっして無視できない。したがって、この面の影響を最小限に抑えるには分散投資をしたり、値動きがよく分かる馴染みの会社の株を買うことである。

ランダム性の特徴

　それならば、ランダム性とリスクはどのような関係にあるのだろうか。もしもこの世にランダム性がまったくないとすれば、われわれの予測は100％正確であり、すべての決定によって正確な結果が導かれる。投資にもリスクはなく、失敗もあり得ない。ランダム性の主な特徴としては次の２つが挙げられる。

1. **不確実性の程度**　その環境の下で予測不能性はどの程度なのか。
2. **その影響の程度**　その予測不能性は最終的な結果にどのような影響を及ぼすのか。例えば、泥棒に入られ、冷蔵庫から食料が盗まれてもその影響は大したことはないが、死亡したり、大金を取られたりしたらその影響は甚大である。

　予測不能性（不確実性）の程度をさらに２つに分けると、ランダムな出来事が起こる頻度と、さまざまな出来事が起こる予測能力としての予測可能性である。ランダム性がわれわれに及ぼす影響が分かれば、次の２つに目を向けるべきだ。すなわち、ある出来事がランダムに悪影響を及ぼすことが予想できれば、次はその頻度と予測可能性を考える必要がある。具体的には、以下のとおりである。

● 予測不能な出来事になるべく遭わないようにするにはどうすればよいのか（そのような出来事が起きそうなときは、その現場にいないようにする――など）。
● ランダムな出来事の影響を最小限に抑えるにはどうすればよいのか（困ったことが起きたとき、どのようにして自分の身を守るのかを考える――など）。

ランダム性の特徴を知り、それに備えるというのは何も理論上だけの問題ではなく、われわれが日常生活のなかで実行していることである（実際にそれを実行していることが自覚できないこともよくある）。例えば、嵐の日に自動車を運転すべきかどうかを決めなければならないとき、まず最初に予測できない出来事（木や電柱が倒れる、ぬれた道路でスリップして何かに追突する――など）について考え、次にその影響の程度を推測するだろう。それらのランダム性の特徴が分かったら、なるべくそれに遭わないようにする方法も考えるだろう。嵐の日には車を運転しないことにしたら、ランダム性の影響はほとんど受けない。または、交通量の少ない道路を走れば、ランダムな出来事に遭う確率はかなり小さくなる。最後に、予測不能な出来事の影響を最小限にする準備を整えることである（大きな車に乗る、エアバッグ車に乗る、シートベルトをしっかり締める――など）。

クロコダイルハンターとランダム性

人気テレビ番組「クロコダイルハンター」のホスト役であったスティーブ・アーウィンは2006年9月に、「海の危険動物」というドキュメンタリー番組を収録中に、アカエイに胸を刺されて死亡した。あとには奥さんと2人の幼い子供が残されたが、リスクという観点からこのときの状況について少し考えてみよう。アーウィンにとってランダム性そのものはそれほどリスクではなかった。有害な結果をもたらす出来事はリスクであるが、人間の健康に及ぼす野生動物の影響は千差万別であるため、野生動物に接するということ自体はリスクではない（例えば、野生のペンギンに近づくことはそれほど危険ではない）。

このテレビ番組のプロデューサーであるジョン・ステイントンは、2006年9月5日付のシドニー・モーニング・ヘラルド紙のなかで、「冷や汗が流れるような状況は数えきれず、そこから生還できたことはラ

ッキーだと思っています」と語っている。アーウィンはその行動が予測不能(不確実)で、致命傷にもつながる危険な動物(ワニ、ヘビ、毒グモなど)にしょっちゅう接近していた。「クロコダイルハンター」は彼が命を賭けた人気番組だった。彼の事故死からは、次のような投資の教訓が得られるだろう。

教訓その1　自分の能力の範囲でランダム性をマネジメントする

　ナシーム・ニコラス・タレブ著『まぐれ——投資家はなぜ、運と実力を勘違いするのか』(ダイヤモンド社)は、日常生活におけるランダム性を理解するときにとても有益な本である。私はランダム性について彼の考えを聞いたことがある。われわれがニューヨークのブライアント公園でコーヒーを飲んでいたとき、彼はベンチに座って雑誌を読んでいるひとりの妊婦を指さしてこう言った。「君と僕が彼女のお腹のなかにいる胎児の性別を予想するとき、男か女である確率は半々で、それはまったくランダムだよね。でも超音波検査を終えた医師にこの胎児の性別を聞いたら、彼の答えはもうランダムではない。もちろん、この医師が間違う可能性もあるが、そのリスクはとても小さいだろう」

　この問題をもう少し突っ込むと、この医師が3D超音波検査をしたとすれば、その予測可能性は飛躍的に高くなり、男女の予想のランダム性はかなり少なくなる。そして母胎から胎児を取り出せば、ランダム性は完全になくなり、男女の判別は100%正しいものになる。

　ランダム性は何も絶対的なものではなく、同じ出来事でもある人にとっては別の人よりもランダム性が大きいこともある。一般に知識が多くなればランダム性の程度も小さくなる(もっとも、知識とランダム性の関係は直線的なものではない)。仕事や株式投資を通じてその

企業についての知識が増えると、その企業の状況に関するランダム性は小さくなる。

　私のような無知で経験のない者がワニに近づけば、その危険性（死亡する確率）はかなり大きい（10分の1としておこう）。ところが、アーウィンのような知識と経験、スキルが豊富な人がワニに近づいても、死亡する危険性はおそらく1000分の1ほどであろう。さらに私がワニと一対一に向き合い、ワニの大まかな動き（アゴや四肢などの動き）を知っていたとしても、その危険性を避ける方法は分からない（ジッとしている、ジグザグに泳ぐ、歌を歌う、にらみつける――など）。どう対処したらよいのか何の知識も経験もない私は、一瞬のうちにワニに殺されてしまうだろう。つまり、こうしたすべての状況は私にとってランダムなのである。

　危険な動物にどう対処するのかに関するクロコダイルハンターの知識と経験は、生命に対するランダム性の発生頻度とその影響を軽減するだろう（もちろん、完全にはなくならないが）。それはアーウィンの能力でもあるが、それでもプロデューサーのステイトンはこのように言っている。「彼が海に入るとき、われわれはいつも『そこは海のなかなので陸地とは違う状況だからな』と言っていましたよ。……彼は陸地では考え方も動きも機敏ですが、海のなかには彼でもコントロールできない状況がありますから」。アーウィンはわれわれ素人よりも1万倍以上も危険な動物と接しているので、海の動物と出合って死亡する確率はわれわれよりもかなり低いであろうが、それでも致命的な出来事が彼の身に起こるのは時間の問題だったのかもしれない。

教訓その2　過去の異なった可能性と後知恵

　ランダムな出来事がどのように起こるのかを理解するひとつの方法は、過去の異なった可能性を調べることである。これはすでに起きて

しまったひとつだけの事例の代わりに、それが起こる前のランダムな可能性を推測することである。あとから振り返ると過去とは起きてしまったひとつの結果であるが、実際には多くの可能性があったはずだ。それらの可能性を創造的に考えれば、将来の出来事を予測し、それに対する備えもできるだろう。

　例えば、毎日違う危険な動物と接するクロコダイルハンターの一生が何回も再生されると想像してみよう。そのなかのいくつかの可能性として、運よく101歳まで長生きする人生もあっただろう。しかし、可能性の多くはやはり不幸な突然死であって、そうした人生の結末は悲しいが、彼の職業柄から見てそれはけっして驚くべきことではない。極めてランダムで危険な状況に常にさらされていることを考えると、やはり事故死は時間の問題でもある。もしも彼がほかの職業（コンピュータープログラマー、医師、管理スタッフなど）に就いていたとすれば、仕事中に死亡する可能性は少しはあるとしても、その確率は極めて低い。これらの職業にも多くのランダム性はあるが、危険な動物と常に接するような仕事とは違って、その結果はそれほど深刻なものではないだろう。

　辞書で「後知恵」を引いてみると、「ある出来事が起こったあとでその性質を理解すること」と定義されている。後知恵には次のような注意点がある。

- **自己満足**　われわれはそれとは別の出来事が起こるとはほとんど考えない。物事がどのように起きたのかを後知恵で知ると、別の可能性もあり得たという知的好奇心や探求心がなくなってしまう。
- **間違った教訓を引き出す**　後知恵は過去の出来事をひとつに限定し、そのほかの可能性（ランダム性）を排除してしまう。しかし、その出来事は無数の可能性のランダムなひとつの結果にすぎない。歴史は完全にランダムであるが、そのなかのひとつの結果だけを見るこ

とで間違った教訓を引き出してしまうことがある。
- ●**間違った考え**　後知恵によって、あれもこれもできたのにといった間違った考えを抱くことがある。

　過去を知ることは将来を予測するときに必要であるが、過去はひとつの結果だけしか意味しないので、ほかの可能性に目を向けることも大切である。というのも、すべてのことに隠れたリスクが潜んでいるからだ。「勝者はあれこれ言われることがない」というロシアの諺があるが、これは経営陣の決定、企業の業績、または投資の結果などについても当てはまる。ひとつの結果だけに基づいた決定がどれほど危険であるのかを示す一例を挙げよう。ある企業のCEOがハリケーンに関する多額の損害保険料を節約するため、すべての会社機能をグランドケイマン島に集約したとしよう。幸いなことに１年目にはハリケーンは発生せず、節約した損害保険料が利益に上乗せされて好決算となった。それならば、このCEOには何百万ドルもの損害保険料を節約した功績に多額のボーナスが支給されるべきか、それとも解雇されるべきか。後知恵によれば、多額のボーナスが支給されるべきだろう。何百万ドルもの損害保険料を節約したからだ。

　しかし、この結論はもうひとつの可能性、いわゆる表面化しない隠れたリスクを無視している。過去のさまざまな可能性を分析してみると、コインの裏の面が見えてくる。1871〜2004年のハリケーンに関する統計によれば、グランドケイマン島には2.25年ごとにハリケーンが上陸している。言い換えれば、その年にグランドケイマン島にハリケーンが上陸する確率は44％である。この推計は133年間のヒストリカルなデータに基づくもので、かなり正確な数字である。われわれが過去の別の可能性に目を向けるならば、特定の結果が成功だと思われるときでも、過去をもっと正確に評価し、その結果を将来の予想に役立てることができるだろう。

この会社の好決算の裏にも大きなリスクが隠れている。それはこのCEOにはハリケーンがグランドケイマン島に上陸する可能性とその時期について、それを予測する能力やコントロールする力は何もないということである。彼がハリケーンの発生と進路に影響を及ぼす何百万もの要因を正確に分析できなければ、会社に重大な影響をもたらすリスキーな（間違った）決定を下すことになる（1年目の好決算は単なる幸運の結果である）。多くのランダムな要因が互いに影響し合って常に変化していくため、気象学者たちがたとえ数日前でもハリケーンの上陸地点やその時期を予測するのは非常に難しい。

　1990年後半にハイテク株の投資信託を買った投資家の頭のなかには、「どこにリスクがあるのか」といった発想はまったくなかった。2000年3月までインターネット株とその投資信託のリスクは顕在化しなかったが、多くの隠れたリスクが存在していた。顕在化したリスクだけを分析すれば、われわれはランダム性に身を委ねることになり、実際には幸運の結果でしかないときでも、成功はその投資家やファンドマネジャーの手腕によるものという結論になってしまう。

　投資信託やヘッジファンドのマネジャーが小さなリスクで目を見張るようなパフォーマンスを上げたことを自慢しているときは、これまで述べてきたことを思い出してほしい。その好成績は確かにファンドマネジャーの手腕によるものかもしれないが、実際には大きなレバレッジをかけて特定のセクターに集中投資しただけの結果かもしれない。幸運は彼にほほ笑んだが、将来もまたほほ笑むとは限らない。そうなったときのコストを考えてみる必要がある。

　投資信託やヘッジファンドが最悪の結果になったとき、すなわち長期の平均リターンではなく、それまで隠れていたリスクが顕在化したときのことを考えてみよう。例えば、天然ガスで大きな相場を張っていた大手ヘッジファンドのアマランス・アドバイザーズは、2006年秋までは一貫して運用資産を拡大してきたが、それ以降のわずか1カ月

ほどで数十億ドルもの巨額損失を出してしまった。また、2人のノーベル経済学賞の経済学者（マイロン・ショールズとロバート・マートン）を取締役会に迎えたヘッジファンドのロングターム・キャピタル・マネジメント（LTCM）は、巨大なレバレッジを効かせて驚異的なリターンを上げてきたが、1998年のわずか4カ月間で巨額の損失を出し、それまでの4年間に積み上げてきたすべての利益を吹き飛ばした。

教訓その3　ランダム性を見極めるのは難しい

　すべてのランダムな結果（出来事）が明らかになるわけではない。クロコダイルハンターはアカエイに胸を刺されるという珍しい事故で亡くなったが、CNNテレビによれば、オーストラリアでアカエイに刺されてなくなった人は1969年以降ではわずか17人にすぎない。その数が正確かどうかは分からないが、いずれにしてもアカエイによる死亡事故は極めてまれだということである。オーストラリアの1万カ所の海水浴場で泳いでいる人が毎日100万人に上るとすれば、1969～2006年までに延べ135億人が泳いだことになる（100万人×37年間×365日＝135億人）。CNNテレビの推計によれば、特定の日にオーストラリアの海岸でアカエイに刺されて死亡する確率は約7億9400万分の1（17人÷135億人）であり、それは数少ないランダムな出来事のなかでもとりわけ珍しいランダム性である。

　ランダムな出来事を見極められないときは、リスク分散によってランダム性の影響を最小限にとどめるように心掛けるべきだ。こうした予防策を講じておけば、ランダムな出来事がポートフォリオの1～2銘柄に重大な影響を及ぼしても、ポートフォリオ全体にはそれほど大きな悪影響は出ないだろう。

企業の質・成長・評価という３つの条件とそれらの相互関係

ピーター・バーンスタインはその著『リスク――神々への反逆』（日本経済新聞社）のなかで、次のように書いている。

> リスクマネジメントの本質は、われわれがその結果に対して何らかのコントロールを持てる領域を最大限にする一方、われわれがその結果に対して絶対的に何のコントロールも持てないような領域を最小限にすることにある。原因と結果の関係はわれわれの目には見えないからである。

ピーター・バーンスタインのアドバイスに従えば、投資の目的は「何らかのコントロールを持てる」ような株式を買うことである。つまり、知識（詳細なリサーチ）と専門技術を磨けば、株式投資のランダム性は小さくなる。次の点をよく理解すべきである。

- ●**企業の質・成長・評価という３つの条件の要因の相互関係をよく理解する**　例えば、医薬品会社がある特許薬を失ったとき、それがその会社のキャッシュフロー、財務、契約上の義務の履行能力、将来の利益成長にどのような影響を及ぼすのかなど。
- ●**３つの条件の相互関係を理解する**　例えば、投資家として企業の質と成長が劣化したとき、それが評価の条件にどのような影響を及ぼすのかを予想するなど。

企業の質・成長・評価という３つの条件とその相互関係を理解すれば、合理的な意思決定能力は向上し、適切な買いと売りの決定を下せるようになるだろう。例えば、ポートフォリオのひとつの銘柄のファ

ンダメンタルズが悪化しても、感情に流されず合理的な決定ができれば、状況にもうまく対処できる。一方、原因と結果の関係はリサーチも実行しないで、何となく株式を購入する投資家（その会社の名前がしゃれている、義兄が保有している——など）の目にはまったく見えない。こうした投資家には投資環境をコントロールする能力はほとんどなく、またしっかりした分析力もないので、その行動は非合理的である。もちろん、ときにランダム性がほほ笑んで大きなリターンを得ることもあるが（無知な投資家でも報われた1990年代後半など）、長期的にはランダム性によるマイナス面から逃れることはできない（バブルがはじけた2000年以降など）。

　もう一度言うが、われわれには自らの能力でコントロールできる領域はあるが、コントロールできない領域も数多くあるので、自分の能力の限界を知ることが大切である。ウォーレン・バフェットが彼にはよく理解できないハイテク株などを避けたのはその好例である。知識と専門技術で武装し、さらによく考え抜かれた投資プロセスを実行すれば、賢明な銘柄選択やアセットアロケーションなどによって、投資環境のかなりの部分を合理的にコントロールできるだろう。

株主価値の破壊要因の影響を予想する

　これまでは株主価値の創造と破壊要因を知ることの大切さについて述べてきたが、ここではさらに一歩踏み込んで、それらの要因に対するランダム性の影響について考えてみよう。すなわち、株主価値を破壊する要因が分かれば、次はそうした要因をどのように予測するのか、である。その一例として石油産業を取り上げる。石油会社の業績と株価は主に原油価格によって決まる。バレル当たり45ドルと25ドルの原油価格には20ドルの税引前利益の差があり、これは石油会社の損益を大きく左右する。しかし、石油会社には原油価格をコントロールする

力はなく、また世界の原油埋蔵量の3分の2を支配するOPEC（石油輸出国機構）にもそうしたコントロール権はあまりない。将来の原油価格を予想するには、将来の世界の原油需給を正確に予測し、次のような複雑な問題も正しく予想しなければならない。

● 中国およびほかの発展途上国の国民1人当たりの石油消費量が先進国並みに増えたとき、それらの国の石油需要はどれくらい増加するのか。
● 世界的な不況が世界の製造業としての中国の（債務急増という）経済危機を引き起こせば、石油の需要は低下するのか。
● 世界最大の産油国であるサウジアラビアの原油生産はピークを迎えたのか。
● 地下の安い原油は枯渇しつつあるのか。
● ロシア政府が石油産業の支配権を強化すれば、ロシアの原油生産量は減少するのか。

（個々のケースでは正しくても、全体としてみれば悪い結果になるという）合成の誤謬が原油価格の予測を複雑にしており、次のような個別の要因とその影響にも目を向ける必要がある。

● 原油価格の高騰が原子力発電所の建設という政治的な力を促進し、また代替エネルギーの開発に拍車をかけるのか。
● エネルギー価格の高騰が世界経済を不況に追い込むのか。
● 消費者はガソリンをがぶ飲みするSUV（スポーツ用多目的車）を避け、燃費の良いトヨタ製の小型車を購入するようになるのか。
● 原油価格の高騰がさらなる原油開発への投資を促すのか。

以上の問題について何らかの予測を出したとしても、それ以外のラ

ンダムな要因も無数にあるので、そうした出来事が起こる時期や影響の程度も分析する必要がある。例えば、中国の石油需要を予測するときは、国内の政治状況をはじめ、中国製品に対する世界とアメリカの需要、中国と世界の金利動向、中国経済に対する政府の役割、貿易・税制・通貨政策——などについても分析しなければならない。われわれにとって原油という商品の価格はランダムであり、しかも石油株に対する原油の影響は極めて大きい。

それならば、こうしたランダムな状況のなかでどのように株式ポートフォリオを組成したらよいのだろうか。ひとつの方法は、ランダムな出来事になるべく遭わないようにすることである（例えば、石油株は買わない——など）。もうひとつの方法は少し複雑であるが、リスクをチャンスに変えることである。企業の質・成長・評価という3つの条件を詳しく分析すれば、ランダム性の影響を最小限に抑えることができる。これは個別銘柄に対するランダム性の影響をマネジメントする有効な方法である。高品質の企業は負債の多い低品質の企業よりも損失のリスクは小さく、強力なバランスシートは厳しい状況も乗り越えられるだろう。そうしたリスクの管理は迅速に行うべきだ。

一方、企業の評価という条件も大切である。ウォーレン・バフェットは1997年のバークシャー・ハサウェイの年次株主総会で次のように述べている。

　　　　会社と将来のビジネスを完全に理解していれば、その株式の安全域は小さくてもよい。しかし、会社が脆弱であればあるほど、その株式を購入するときは大きな安全域をとるべきだ。4.4トンのトラックが4.5トンの重量制限のある橋を渡るとき、ひび割れの15センチ上を通っても大丈夫かもしれないが、グランドキャニオンにかかっている同様の橋を渡るときは、もっと大きな安全域をとる必要がある。

バフェットの言う「ひび割れの15センチ上」の橋を通るときは、ランダムな出来事が起きても影響は小さいかもしれないが、潜在的な影響が大きいほど大きな安全域をとる必要があるということである。先の原油の話に戻ると、見たところ低品質の企業でも安全域のとりかた次第では有望な投資候補にもなる。例えば、原油価格がバレル当たり45ドルに上昇すると予想されるとき、低品質の石油株が25ドルの原油価格の水準で取引されているとすれば、安全域はかなり大きい。実際に原油価格が25ドルから45ドルに上昇しても、最悪のシナリオはすでに株価に織り込まれているので、その影響はそれほど大きくはないからだ。

　一方、企業の成長の条件に目を向けたとき、高い利益成長率と潤沢なキャッシュフローを持つ石油会社は、たとえランダムな出来事（原油価格の低下など）によって業績が多少落ち込んだとしても、その影響は十分に吸収できるだろう。原油の増産を続けている石油会社であれば、産油量を増やすことで収益面の悪影響は十分にカバーできる。それは大手石油会社（エクソンモービル、シェブロン、BPアモコ、ロイヤル・ダッチ・シェルなど）のこれまでのやり方を見てもよく分かる。

間違ったときのコスト

　ランダム性とは厄介なものである。リスクをどれほど分散しても、ランダム性を完全になくすことはできない。たとえ全世界のあらゆるアセットクラスに分散投資したとしても、地球最後の日のような出来事に絶対に遭遇しないという保証はない（巨大ないん石が地球上に落下する可能性、地球温暖化の影響――など）。われわれが下すどのような決定にも、ランダム性は常につきまとう（車の運転中、飛行機

に乗っているとき、食事中、庭の芝を刈っているときでも、毎年人間は死亡している。しかし、それでも多くの人間は生き続けているので、それほど心配する必要はないのかもしれない)。

　われわれは何らかの決定をするとき、間違ったときのコストについて考えるべきである（これについては第14章～第15章で詳述する）。ここでは毎年の税金申告を取り上げてみよう。われわれはどのくらいの税金を納めるのかを決めなければならないが、これについてジョン・メイナード・ケインズは「節税こそ唯一報いのある知的な探求活動である」と述べている。これは市民としてのモラルと責任に少し欠ける発言かもしれないが、どのくらいの税金を申告するのかはグレーゾーンである。節税をやりすぎると追徴課税というペナルティーが待っているし、さらに悪質な脱税をすれば、あのアル・カポネのように監獄行きになる。もっともわれわれの税金申告額に監査が入る確率は20分の1（5％）、国税当局（内国歳入庁）が小口の節税策を見抜く確率はさらに小さい。

　節税と脱税の大きな違いは、それが見つかったときのコストがまったく違うことである。節税をやりすぎた程度では追徴課税などのペナルティーで済むが、巨額の脱税が発覚したときは刑務所に入らなければならない。そのどちらを選ぶのかは人によって違うだろうが、私としては刑務所の外でお金を儲けて暮らしたほうがよい。いずれにしても、何らかの決断を下すときは、間違ったときのコストを考えておくべきだ。

　こうしたことは名声にも当てはまるだろう。ウォーレン・バフェットは、「名声を築くには20年かかるが、それを失うには5分もあればよい」と言ったが、私も名声を失ったときのコストはかなり大きいと思う。仕事を失いたくはないし、子供たちにとっても尊敬に値する父親でいたい。したがって、私がグレーゾーンで行動するときは、つかまる確率がどれほど小さくても、そのときのコストは十分に考えてい

る。私は報酬の可能性はそれほど重視しないが、間違ったときのコストにはかなり神経質である。

　これはレバレッジにも当てはまる。住宅を担保に大量の人気株を買って運良くそれが当たれば、生活水準は向上し、子供たちにも高度な教育をしてやれるうえ、家族で豪華な旅行にも行けるだろう。しかし、それが裏目に出れば、子供に十分な教育を与えられないばかりか、家庭崩壊や路上生活といった最悪の事態にもなりかねない。

結論

　投資には無数のランダム性が付き物であり、これは投資というビジネスに内在するリスクである。知識と経験、スキルの向上などによってランダム性のリスクを低下させることはできるが、投資というジャングルに内在するランダム性を完全になくすことはできない。したがって、自分の能力の範囲内で行動し、詳細なリサーチを実行すること以外に、ランダム性とそれがポートフォリオに及ぼす影響を小さくする方法はない。時にはランダムに起こったことと、それ以外の可能性にも目を向けるべきだ。過去を検証して実際の結果とそれ以外の可能性を比較分析するのである。ランダムで重大な出来事に遭遇している企業については、質・成長・評価という３つの条件を当てはめ、いずれもかなり高いスコアを挙げるかどうかを確認しよう。ランダム性から身を守るには、リスク分散を徹底して実行しよう。

第14章
分散投資のいろいろな考え方

A Different View of Diversification

「1965年に上映された『シンシナティ・キッド』は不朽のポーカー映画で、私はこの映画のおかげで無一文にも、また巨万の富を持つ大金持ちにもならなかった。クライマックスシーンは、通称ザ・キッド（スティーブ・マックイーン）とザ・マン（エドワード・ロビンソン）が、5枚のカードをショーダウン（勝負をつけるため持ち札をすべて見せること）するところであろう。学生時代に見たこのシーンは生涯忘れられない。3枚のカードを配られたザ・マンはフラッシュを狙って大きく賭けてくるが、ザ・キッドがワンペアであることを考えると、これは無謀な賭けになるかもしれない。掛け金はどんどんとつり上がり、結局、フルハウスのザ・キッドはストレートフラッシュのザ・マンに負けてしまう。ザ・マンがホールカード（ダイヤのジャック）を開いたとき、ザ・キッドは下りるそぶりをしていた。ザ・キッドはスッカラカンになり、そのときにサウンドトラックが流れる。ザ・キッドの顔から汗がしたたり落ち、とても信じられないといった様子でザ・マンの手をジッと見つめる」——フォーブス誌に掲載されたフレデリック・ロウの談話

「私は50銘柄や75銘柄に投資するようなことはしない。それはノアの箱船のようなもので、動物園になってしまうからだ。私は数銘柄に集中投資するのが好きだ」——ウォーレン・バフェット

分散投資によるリスク軽減は必ずしもリターンの低下につながらないという意味で、投資家にとっては効果的な手法であるとよく言われる。一方でウォーレン・バフェットは、「分散投資は無知に対する防衛策である。自分のしていることをよく分かっている投資家にとって、分散投資はほとんど何の意味もない」と述べている。両方の言い分にはそれぞれ一理ある。一方の投資家は数銘柄に集中投資し、不必要なリスクはとらないという理由から分散投資には反対である。人気のハイテク５銘柄に集中投資していたあのカーペット職人のケリーがその典型である。彼らは、数少ない投資銘柄が一晩で大きな損失にならないかどうかをよく考えるべきだ。

　さらに、株式投資の本にはあまり書いていないが、集中投資のポートフォリオを組成すると、合理的な決定をしなければならない瞬間に大きなプレッシャーがかかってそれができなくなるというリスクもある。心の動揺を避けるためにも、分散投資によるリスクマネジメントはやはり必要である。従来の株式投資の本や投資講座などでは、マーケットはいつでも合理的であるという前提に立って話を進めるため、このような現実を無視している。

すべての投資資金を賭けるな

　次のエピソードは、私の友だち（仮にジャックと呼んでおこう）に起きた実話である。大手保険ブローカーのマーシュ＆マクレナン（株式の時価総額は200億ドル、年間売上高は120億ドル）に勤めていた彼と奥さんは、何年間も同社株を買い増し、けっして売ろうとはしなかった。2000年のある日、私は彼から「私のような財産形成法についてどう思うか」といった相談を受けた。同社のような大手保険会社がすぐに破綻するようなことはないだろうが、それでも１社に全財産を託すのは危険だとアドバイスした。そうはいってもエンロンやワールド

コムのように、従業員が401ｋ（確定拠出年金）の年金を受給し始めてからわずか数カ月後に会社が破綻したというケースもある。

　マーシュ保険会社がそうなる可能性は低いが、ジャック夫妻が同社に勤めていることを考えると、株式の財産と夫婦の所得を1社だけに全面的に依存しているのは危険である。彼は私のアドバイスを聞きながらうなずいていた。しかし、すぐに改めようともしないで、毎日の生活に追われていた。

　数年後のある晴れた日、私が仕事に出ようとしていたとき、ジャックから電話が入った。彼は「マーシュ保険会社に何があったのかを知っているか」と言った。私が「いいえ」と答えると、彼は次のように説明した。ニューヨーク州のエリオット・スピッツァー司法長官が、不明な取引手数料を得て保険契約者の利益を損なったとして、マーシュ社を不正取引の容疑で提訴した。取引手数料は同社の収益の多くを占めるため、このニュースを受けてマーシュ株はほぼ半値に暴落、倒産のうわさも市場に広がっているという。驚いたことにジャックの全財産が同社に託されているにもかかわらず、彼は冷静に「マーシュ株をどうすべきだと思うか」と私に尋ねた。

　非常事態のときは、考えられるかぎりの可能性についてよく考えるべきだ。司法当局による提訴の前日までは同社が倒産する可能性はほとんどなかったが、突然それが現実的なものになってきた（何億分の1の確率から、現実的な可能性になってきた）。マーシュ社の負債は総資産の約30％とそれほど多くはなかったが、取引手数料がなくなると同社の経営は相当苦しくなる。そういえば、大手会計事務所だったあのアーサーアンダーセンも、エンロンの不正会計疑惑で2002年に解散に追い込まれた。どちらも顧客の信頼と知的資本をベースとするビジネスであり、裁判ざたになれば多くの顧客が離れていき、会社は倒産に追い込まれかねない。

　もしもマーシュ株が（15〜20銘柄に）分散投資したポートフォリオ

のひとつだったとすれば、同社の倒産という最悪の事態になったとしても、起こりうるさまざまな可能性のひとつにすぎなかったであろう。しかし、現実は理論どおりにはいかないもので、われわれはそれまでの確率の低い可能性として受け入れることができなくても、こうなった以上は次第に確率の高い結果として受け入れ始める。分散投資しなかったジャックも、マーシュ社の最悪のシナリオを単なる確率の低い可能性のひとつとして当初は受け入れられなかったが、それは次第に現実のものとなっていった。

その後、ジャックは保有していた多くのマーシュ株を損失覚悟で売却した。売却価格はかなり安く、予定していた新居の購入契約も破棄せざるを得なかった。頭金となるはずだった大金を失い、ジャック夫妻の職も危うくなった。しかし、ラッキーなことに２人とも失業することはなく、それから数カ月後に彼は別の保険会社に再就職し、収入源を分散することができた。おそらく彼の株式投資に対する考え方は大きく変わったであろう。

多すぎる卵、または多すぎるかご

一方、数百銘柄も保有している投資家はもうひとつのコスト、いわゆる無知というものを負っている。辞書で無知を引くと、「無学、教養のない、知識のない状態」と定義されているが、これはウォーレン・バフェットの言うコストである。多すぎる銘柄を保有している投資家は、それらの企業を十分にはフォローできない。保有株について合理的な決定ができないと、ポートフォリオの扱いも合理的ではなくなり、相応のリターンも上げられないだろう。個別銘柄の投資決定を十分にできないことが、過剰な分散投資のひとつのコストである。実際に数百銘柄のポートフォリオを持つと、投資の判断ミスのコストは１％以下とかなり小さいが、適正な投資の見返りも同じようにわずかなもの

にとどまる。過剰な分散投資をしているバイ・アンド・ホールダーにとって、個別銘柄の売買決定はかなり難しいだろう。

こうした両極端のケースにならないように、バランスのとれた適正なポートフォリオを組成すべきである。個別銘柄のリスクを軽減するために、相関関係のない銘柄をどれくらいポートフォリオに組み込むべきかについては専門家の間でもいろいろな意見があるが、一般には16～25銘柄が適当だと言われている。この手の問題については、完全に間違っているよりはほどほどに正しいほうがよい。私は20銘柄ほどのポートフォリオであればマネジメントしやすく、また個別銘柄にも目が行き届いて分散投資のメリットが確保できると考えている。間違ったときのコストもそれほど大きくはないだろう。

分散投資のもうひとつの問題として、予想されるさまざまなリスク（出来事）に対して、そのポートフォリオがどれくらい耐えられるかという弾力性の問題がある。例えば、2006年半ばに私の会社が運用するポートフォリオは消費財株や住宅株の下落、中国を含む新興諸国の経済失速、米ドル・原油価格・金利の変動などに見舞われたが、特定のリスク（出来事）に対してどの程度耐えられるのか、ポートフォリオの弾力性に照らして、そうした状況にも十分に耐えうるポートフォリオを徐々に再構築していった。

「心の会計」と分散投資

ロバート（仮名）はやり手の実業家で、数百万ドルの事業をゼロから作り上げた。そして不況期にマンションに投資することによって、相当の不動産の財産も築いた。彼は株式についても十分な知識を持っていたが、自らのポートフォリオを運営するだけの時間と経験がなかったので、株式ポートフォリオの運営を私の会社に任せていた。彼は単なる顧客ではなく、私のパートナーの古い友人でもあった。1990年

代初めごろ、ロバートのポートフォリオの運用は順調だったが、1999年には株式相場が熱狂的になり、ナスダック総合株価指数は一時5000の大台に乗った。ニューエコノミー株は3カ月ごとに倍々ゲームを繰り返していたが、「ドット・コム」が付かないわれわれの保有株式は豊富なキャッシュフローを生み出していたにもかかわらず、割安な水準に放置されていた。

ロバートはこうした状況をそれほど気にしてはいなかった。われわれは投機ではなく、投資をしていることを知っていたからだ。そして2000年になるとわれわれの忍耐はついに報われ、ドット・コム株やその他のバブル株が総崩れになる一方、われわれの保有株は2ケタの上昇を遂げた。今やドット・コムは悪材料となり、豊富なキャッシュフローを持つ地味な銘柄が人気となった。

2002年にロバートの株式ポートフォリオの時価総額は200万ドルに増えたが、その直後に株式全体が急落し、現金以外に資金の逃避先はないという壊滅状態となった。その結果、彼のポートフォリオの時価総額も15%（30万ドル）減の170万ドルとなった。彼はマネーマネジャー（彼の古い友人である私のパートナー）に電話し、「この損失で心が動揺している」と次のように告げた。「でも、これはマーケットのせいであって、あなたに責任はない。おそらく今が底だと思うが、保有株は売却したほうがよいと思う。この暴落で僕は大きなショックを受け、夜も眠れないから」

私のパートナーは「それはやめたほうがよい」とアドバイスしたかったが、彼との30年来の友情関係を壊したくはなかったので、「保有株は売らないでそのまま保有したらどうか」と遠回しにやんわりと言った。しかし、ロバートは「もう株式と関係は持ちたくない」ときっぱりと言ったので、もはや彼を思いとどまらせる方法はなく、われわれも「仕方がない」とあきらめた。彼からこの電話があった日が2002年の最安値日だったかどうかは分からないが、最安値週であることは

確かだ。株価はそこから急上昇していった。

　数年たったある日、私のパートナーとロバートは野球の試合を見に行く途中（この２人は以前と同じように仲の良い友だちだった）、私の事務所に立ち寄った。大学の授業に出かけようとしていた私は、この日の講義のテーマについて話したが、彼はそれをほほ笑みながら聞いていた。皮肉なことにこの日の授業のテーマは行動ファイナンスだった。ロバートはこの話にかなり興味を示し、話は次第に2002年のあの日のことに移っていった。

　ロバートはほほ笑みながら、あの日の出来事についてこう話した。「保有株を売却した日がおそらく株価の底であることは分かっていたよ。でも僕は耐えられなかったんだ。損失の苦痛はとても大きかったが、それが何を意味するのか当時の僕には分からなかった。株というと耐え難い損失の記憶がよみがえってくるよ。僕の事業と不動産のポートフォリオの価値も短期的に少しは変動したが、これらについてはしっかり把握していた。でも、株価については新聞やテレビでも確認しなかったし、運用担当者から送られてくる月次報告書も読まなかったよ」。彼の口から出たこうした言葉は彼の当時の状況を正確に表していたが、もっとも大事なポイントを彼は見逃していた。

　ロバートは行動ファイナンスで言う「心の会計の罠」（あぶく銭と汗水垂らして稼いだお金を無意識のうちに区別する、いわゆるお金に色をつけること）に陥っていたと思う。彼は株式、不動産、債券、事業などの資産を色分けし、それぞれの資産の短期的な変動に気をとられ、全資産のポートフォリオに目を向けなかったのだ。保有株の価値が15％ダウンしたといっても、彼の全体の資産総額の減少率はわずか３％にすぎない。当時のロバートの資産総額は1000万ドルで、その内訳は事業資産が400万ドル、（住居を除く）不動産が300万ドル、優良短期債券が100万ドル、株式が（200万ドルから少し減少した）170万ドルだった。株式の価値が30万ドル減少したといっても、それによる

資産総額の減少率はわずか3％である（30万ドル÷1000万ドル）。株式価値が少し減少したといっても、2002年の彼の事業は2ケタの成長を続け、また不動産と債券の価値も上昇したので、この年の資産総額はおそらく増加したと思う。

ロバートは総資産の一部として株式を見なかった。彼は4つの緩やかな相関関係にあるアセットクラスに分散投資していたが、心の会計の罠にとらわれていて、分散投資の恩恵に気づかなかったのである。分散投資のポートフォリオはうまく機能していたのに、間違った思い込みがその事実に目を向けさせなかった。ここから得られる教訓は、ゲーリー・ベルスキーとトーマス・ギロヴィッチ著『賢いはずのあなたが、なぜお金で失敗するのか』（日本経済新聞社）のなかにある。「すべての経済的な決定は、総資産に対するその影響を合理的に計算したうえで下すべきである」

株式ポートフォリオにおける心の会計とランダム性

心の会計の罠に陥るのは何もロバートだけではない。一般に投資では絶対価値と相対価値が関係してくるので、心の会計はすべての投資家がよく引っかかる落とし穴のひとつである。心の会計の問題をさらに一歩踏み込むと、アセットクラスから個別銘柄の問題に行き着く。個別銘柄について詳しく分析することは大切であるが、その結果がすべて正しいとは限らない。投資においては分析と投資のプロセスがどれほど正しくても、予想外のランダムな出来事が起きて、有望だと思われた投資が損失に終わることもよくある。それが投資の現実である。投資の神様と言われているウォーレン・バフェットでさえも、個別銘柄ではときに損失を出している。バークシャー・ハサウェイはバフェットが1962年に買収し、のちに屈指の投資会社となった繊維会社であるが、繊維産業のファンダメンタルズは彼が当初予想した以上に急速

に悪化していった。

　分散投資された株式ポートフォリオが損失となるのはそれなりの理由がある。投資ミスを犯してもそこからできるだけ多くの教訓を学べば理想的であるが、現実には投資上のちょっとしたミスでもわれわれは冷静さを失い、通常の判断力が大きく鈍るので、ポートフォリオ全体の損益が悪化してしまう。私の個人的な経験に照らしても、ポートフォリオに組み入れる前に個別銘柄については詳細に分析しているので、個別銘柄ではなくポートフォリオ全体の損益に目を向けるべきだということは、頭では分かっていても実際にはなかなか難しいものである。

　個々の銘柄はランダムなノイズに短期的に大きく反応するので、株価の動きにあまり神経質にならずに、ファンダメンタルズ（株主価値の創造・破壊要因）の変化に注目すべきである。一例として、ナシーム・タレブは著書『まぐれ』のなかで、モンテカルロ法（乱数を使ったシミュレーションを何回も行うことで近似値を求める計算法）を使って、標準偏差（ボラティリティ）が10％に分散された仮想のポートフォリオを作り、レンジ相場のいろいろな時間枠でその勝率（統計上の確率）を検証している（ボラティリティ＝ノイズがまったくないときのポートフォリオの上昇率は、１日の時間枠では0.0383％、１カ月では1.17％、四半期では3.55％、１年間では15％。しかし、10％のボラティリティが加わると、ポートフォリオの上昇率はかなり不確実性が高まる）。ポートフォリオの時間別の勝率は次のようになった。

１年間	93％
四半期	77％
１カ月	67％
１日	54％
１時間	51.3％

彼の検証結果によれば、投資の時間枠が短くなるにつれてノイズの程度は大きくなり、１年間では93％の勝率があるのに、１時間では51.3％にまで低下しており、収支トントン（損益の境界線）までわずか1.3％のところまで接近したのである。これを逆に見ると、１年間の負け率はわずか７％であるが、１時間では48.7％に達する。こうした短時間のトレードではわずか1.3％の確率の差で利益が損失に転化するが、それは勝利の喜びがそれよりもはるかに苦痛の大きな損失に変わることを意味する。

　実際の投資では、このシミュレーションの検証結果よりもかなり大きなノイズに直面する。その結果、①ボラティリティを反映して、株式投資の勝率はこのシミュレーションの数字よりもばらつきが大きい、②個別銘柄のボラティリティはポートフォリオ全体のボラティリティよりも大きい、③短期の個別銘柄のパフォーマンスはポートフォリオ全体のパフォーマンスよりも大きく、投資の時間枠が短くなるほどポートフォリオのボラティリティ（ノイズ）もいっそう大きくなる。

　このように、投資の時間枠が短くなるほど個別銘柄とポートフォリオ全体のボラティリティが大きくなるので、短期のノイズに惑わされやすくなる。大切なことはポートフォリオ全体の観点から個別銘柄を見るとともに、１日や１週間といった短期の株価の動きではなく、その企業の長期の質・成長・評価といった面に目を向けなければならない。

　適正に分散投資されたポートフォリオとは、いろいろな産業や規模（大型株～小型株）、利益成長率やPERの異なる銘柄、世界各国の株式などで構成されるものである。分散投資の目的のひとつは、ポートフォリオ全体のボラティリティを低くすることによって、①資金の永久喪失という投資の真のリスクを避ける（これが最も重要である）、②合理的な投資スタンスを維持する――ことにある。既述したように、すべての構成銘柄に目が行き届くように、適正な銘柄数から成るポートフォリオを組成する必要があるが、かといって間違ったときのコス

トを小さく抑えるためにも銘柄数をあまり絞り込みすぎてもいけない。さらに、分散投資の名の下に伸びきった銘柄を組み入れないように気をつけるべきだ。

ランダム性を友にする

　ランダム性はときに保有株を本質的価値以上に押し上げて、予想外の利益のチャンスを与えてくれることもある。その反対に、ランダム性は優良株を本質的価値以下まで引き下げ、絶好の買いのチャンスを提供してくれることもある。私にはかつてその機会を生かせなかった経験もあり、それ以降、新規買いのチャンスを狙っているときは、ポートフォリオの外に目を向けたりしていた。しかし、構成銘柄のファンダメンタルズが変化しないのに、ランダムなノイズから保有株が下落することも珍しくないので、そうしたときは構成銘柄をさらに買い増したほうがよかったと思う。その場合は投資資金のすべてを現金で保有し、多くの有望な銘柄を物色するというスタンスで臨むのがよいだろう。

第15章

まとめ

Conclusion and Implication

「われわれの世界がまったく変化しないとすれば、厳密な意味でのリスクというものは存在しない」──マートン・ミラー（1990年にノーベル経済学賞を受賞）

私は間違っているのだろうか

　私は間違っているのだろうか。これまで述べてきたようなレンジ相場は、もしかしたら起こっていないのかもしれない。それとも、歴史的な大強気相場が再びスタートするのだろうか。ナシーム・タレブは『まぐれ』のなかで、「私はある命題を立証するというよりも、反証するためにデータを使う。そしてその状況を確認するというよりは、反論するために歴史を使う」と述べている。歴史を振り返ると、マーケットのある局面がスタートする前には特徴的な状況が出現するので、われわれはそれを検証することで将来の予測を立てることができる。現在はレンジ相場を裏付ける状況が明らかに存在し、私はこれから数十年間にわたってレンジ相場が続くと予想するが、そうであると断定することはできない。したがって、どのような投資戦略も「正しかったときの利益」ではなく、それよりもはるかに重要な「間違った

図表15.1　さまざまな相場局面と投資法によるリターン比較

	強気相場	レンジ相場	弱気相場 インフレ期	弱気相場 デフレ期
アクティブなバリュー投資	市場平均並み、またはそれよりも少し悪い	(市場平均を上回る)まずまずのリターン	市場平均よりも少し悪い	市場平均よりも少し悪い
バイ・アンド・ホールド(パッシブなインデックス投資)	ほぼ市場平均並み	値上がり益はゼロ＋配当	市場平均並みのマイナスリターン	市場平均並みのマイナスリターン
高ベータ株のグロース投資	市場平均よりも良い	値上がり益はゼロまたはマイナス＋少ない配当	市場平均よりも悪いマイナスリターン	市場平均よりも悪いマイナスリターン
債券投資	上記の３つよりもかなり悪い	ほぼ市場平均並み(インフレ率や金利の動向によって異なる)	上記の３つよりも悪い	上記の３つよりも良い

ときのコスト」に基づいて立てるべきであり、私もそうしている。アクティブなバリュー投資法とは、間違ったときに最も低いコストで済むための投資戦略である。

　ここでは長期の強気・弱気・レンジ相場という３つのマーケットの局面において、アクティブなバリュー投資法のパフォーマンスをバイ・アンド・ホールド（パッシブなインデックス投資もこれに含めた）、（ボラティリティの大きい）高ベータ株のグロース投資法、単純な債券投資のパフォーマンスと比較してみた（**図表15.1**を参照）。もっとも、これらの投資法とそのパフォーマンスはかなり大ざっぱなものであり、またどの手法を選ぶのかは投資家の好みによって異なる。なお、債券投資のパフォーマンスはインフレ期とデフレ期の弱気相場ではかなりの差があるので、この時期を２つに分けた。

強気相場

　これから長期の強気相場が再スタートする可能性はかなり低いだろう（依然としてPERが過去のレンジ相場がスタートしたときと同じくらいの高い水準にあり、また金利低下という追い風も吹いていないことを考えると、強気相場再来のシナリオはあまり考えられない）。しかし、アクティブなバリュー投資法が、リスクをとりながら高PER株を積極的に買っていくグロース投資法よりも有利であるとはいちがいに断定できない。ただ、アクティブなバリュー投資法が堅実なリターンをもたらすことだけは確かである。結局のところ、利益成長率が高く、高配当の優良企業の株式を十分な安全域をとりながら、適正な価格で買うというのが最高の投資法になるのだろう。長期の強気相場ではアクティブなバリュー投資法はバイ・アンド・ホールドや高ベータ株のグロース投資法にはかなわないが、さまざまな相場の局面を総合すると、やはりこの投資戦略が最も有利であると思う。ここで次のような問題について少し考えてみよう。

- **早すぎる売り**　これは必ずしも悪いとは言えない。実業家・政治家そして大資産家でもあったバーナード・バルークは、「私は早すぎる売りで大金持ちになった」と語っている。保有株を売却して現金を手元に置けば、次のチャンスが来たときに再出動できる。また、保有株の一部を売却し、残りの株式については規律あるトレイリングストップを活用すれば、早すぎる売りという問題のひとつの解決策になるだろう。もっとも、「早すぎる売り」というのはあとから振り返ってはじめて分かるものである。
- **現金を持ちすぎる**　第4章の「債券――株のライバルとなる投資対象か」のところでも述べたように、（短期債やマネーマーケットファンドを含めた）現金は、特に企業の利益成長率とPERが上昇する

強気相場では不利である。一方、魅力的な投資チャンス(企業の質・成長・評価という3つの条件でハイスコアを挙げる企業)がないときに現金を保有するというのは、けっして悪いことではない。この3つの条件をクリアしない限界の見えた株式に投資するよりは、現金で保有するほうが賢明であるが、そのときも次のようなことは心掛けておくべきだ。

1. この3つの条件で妥協することなく、常に有望な株式の発掘を怠らないこと。第10章で述べたあらゆる投資戦略を総動員して、絶えず利益のチャンスを狙うこと。
2. そのためにはグローバルなマーケットにも目を向けること。多くの現金ポジションを持っているときに、グローバルな株式がかなり割高な水準にあることも珍しくないので、投資のための投資にならないように、冷静で一貫した投資スタンスを堅持すること。

長期の強気相場の最中では、高ベータ株のグロース投資のほうがアクティブなバリュー投資よりも有利である。こうした局面ではバイ・アンド・ホールドもリスクをとって大きな利益を狙うグロース投資にはかなわないが、それでもかなり有効な投資法であろう。しかし、レンジ相場や弱気相場になると、これらの投資法(バイ・アンド・ホールドやグロース投資)では間違ったときのコストがかなり大きく(特に弱気相場では)、投資資金に致命的な打撃を被る危険性がある。人生は短いので、そうなったときの残りの人生は悲惨なものとなる。強気相場ではアクティブなバリュー投資はバイ・アンド・ホールドやグロース投資に及ばないが、そのリターンの少なさはレンジ相場や弱気相場で大きな損失を出さないための保険料と考えるべきである。

弱気相場とレンジ相場

　弱気相場がスタートする条件のひとつ（高いPER）はそろっていたとしても、景気がかなり悪化するという状況にならないかぎり、弱気相場に突入する可能性は低い。しかし、もしも弱気相場が進行するようなことがあれば、PERの低下を受けて高ベータのグロース株は市場平均よりも大きく下落することになろう。2001年にそうした株式やその投資信託を購入した投資家は、大きな損失を被るリスクを抱えている。グロース株を高値で買ったことに加え、高いPERとわずかな配当利回りという条件は、弱気相場になると大きな損失につながることになる。それは弱気相場における最大の間違ったときのコストであり、高水準のPERが低下していくだけで大きな損失となるだろう。グロース投資のレンジ相場におけるコストは弱気相場ほどではないが、それでも値上がり益はゼロまたはマイナス、配当は微々たるものといったささやかなリターンにとどまるだろう。

　一方、弱気相場におけるバイ・アンド・ホールドのリターンは、市場平均並みのマイナスとなるだろう。このパッシブな投資法のレンジ相場におけるリターンもささやかなもので、値上がり益はほぼゼロ、リターンは配当だけという投資家の期待を大きく裏切る結果となるだろう。弱気相場やレンジ相場では、バイ・アンド・ホールドの間違ったときのコストもかなり大きい。総リターンの低さに加えて、投資リスクも現金保有や債券投資よりかなり大きい。

　弱気相場では空売りなどを除いて、買いで利益を上げることは難しいが、アクティブなバリュー投資はこれまで見たようなバイ・アンド・ホールド、パッシブなインデックス投資、高ベータのグロース投資などに比べて、次のようなメリットがある。

●企業の質・成長・評価という3つの条件をクリアした企業は、大き

な安全域を持っているという点で、PERの低下に伴う株価の下落分の一部をカバーできる。また弱気相場では投資家がリスクに敏感になり、安全志向を強めるので、質の高い企業に注目が集まる。さらに、利益成長率の高い企業の株式はPERの低下に対しても強い抵抗力がある。

- 高い配当利回りもPERの低下に伴う株価の下落分をいくらかカバーしてくれる。配当は比較的安定した現金収入であり、株価が再び割安になったときに有望株を買う原資となる。配当をストックしておけば、保有株が値下がりしてもその資金で買い増しすれば、株式相場が回復したときに大きな利益を手にできる。
- 規律あるルールの一環として大きな現金ポジションを保有していれば、保有株が下落してもその影響を最小限にとどめることができる。
- 企業の質・成長・評価という３つの条件をクリアするグローバルな株式に目を向けていれば、アメリカ国内に投資チャンスがないときでも、有望な投資対象に事欠くことはない。

アクティブなバリュー投資は、はっきりしたトレンドがなく株価が上下に大きく振れるレンジ相場において、このように数多くのメリットがある。資金を現金で保有するというのは、将来に投資チャンスが来たときの原資という意味ではひとつの手法であろう。また、レンジ相場で高配当株を買うというのもポートフォリオのリターンを高めるひとつの手段である。いずれにしても、広範なマーケットや投資チャンスに目を向けていることが、レンジ相場の循環的な強気局面で利益を上げる条件となる。

債券投資

これまで述べてきた投資法に比べ、債券投資はかなり安全である。

ただし、債券はいつでも株式より安全と考えられているが、メリットが大きいのは低インフレ期だけである。すべての株式相場を通して総合的に見ると、バイ・アンド・ホールドやパッシブなインデックス投資のほうが債券よりも高いリターンを上げている。しかし、レンジ相場に限ると、パッシブなインデックス（S&P500など）投資は債券よりも常に高いリターンを上げているわけではない。その原因は債券のボラティリティの低さにある。

レンジ相場におけるバイ・アンド・ホールドのリターンは、値上がり益はほぼゼロ、配当だけという状況であり、投資家はこの時期の大きな株価の変動をジッと耐えていなければならない。一方、レンジ相場における債券投資のリターンはバイ・アンド・ホールドよりもわずかに良い（悪い）程度であり、いずれも各投資法の優劣はその時期の金利やインフレ率の動向に大きく左右される。

レンジ相場では特にアクティブなバリュー投資がバイ・アンド・ホールドやパッシブなインデックス投資よりも有利であり、また債券投資よりも高いリターンが期待できる。債券がアクティブなバリュー投資よりも有利であるのは弱気相場の時期だけで、とりわけデフレを伴う不況期である（最近の日本の弱気相場など）。もっとも、こうした時期に強いのは政府が発行する国債だけであり、それよりも信用力で劣る社債にはデフォルト（債務不履行）のリスクが高まる。なかでも固定費の大きい企業が発行する社債はかなり危険である。デフレ期には企業の売り上げは大きく減少するが、固定費はほとんど変化しないので、収益は急速に悪化していく。

一方、高インフレを伴う弱気相場では（第一次世界大戦以降のドイツなど、あまり例がない）、債券は株式よりもかなり不利になる。特に高インフレに高金利が加わった時期には、債券投資の実質リターンは壊滅的なものになり、いわゆる間違ったときのコストは甚大である（なかでも長期にわたって利回りが固定している長期債の実質購買力

は急速に低下していく)。

やはり私は間違っていないと思う

　アクティブなバリュー投資法の間違ったときのコストは、バイ・アンド・ホールドやパッシブなインデックス投資、高ベータ株のグロース投資、または債券投資などあらゆる投資手法に比べてもかなり小さい。今後数十年間にどのような相場の局面になるのかが分からないことを考えると、アクティブなバリュー投資法の優位性はいっそう際立ってくる。歴史を検証すると、現在のレンジ相場はかなり長期にわたって続く可能性が高く、逆に強気相場や弱気相場が再来する確率はかなり低いと言わざるを得ない。したがって、今われわれがとるべき投資戦略はアクティブなバリュー投資法であるということに間違いはなさそうだ。

付録

表A.1 今のレンジ相場が終了するまでの予想年数（7％の純利益成長率が続くと仮定したとき）

	\										レンジ相場が進行している現時点のPER									
		37	36	35	34	33	32	31	30	29	28	27	26	25	24	23	22	21	20	19
レンジ相場が終了するときの予想PER	18	10.6	10.2	9.8	9.4	9.0	8.5	8.0	7.6	7.0	6.5	6.0	5.4	4.9	4.3	3.6	3.0	2.3	1.6	0.8
	17	11.5	11.1	10.7	10.2	9.8	9.3	8.9	8.4	7.9	7.4	6.8	6.3	5.7	5.1	4.5	3.8	3.1	2.4	1.6
	16	12.4	12.0	11.6	11.1	10.7	10.2	9.8	9.3	8.8	8.3	7.7	7.2	6.6	6.0	5.4	4.7	4.0	3.3	2.5
	15	13.3	12.9	12.5	12.1	11.7	11.2	10.7	10.2	9.7	9.2	8.7	8.1	7.6	6.9	6.3	5.7	5.0	4.3	3.5
	14	14.4	14.0	13.5	13.1	12.7	12.2	11.7	11.3	10.8	10.2	9.7	9.1	8.6	8.0	7.3	6.7	6.0	5.3	4.5
	13	15.5	15.1	14.6	14.2	13.8	13.3	12.8	12.4	11.9	11.3	10.8	10.2	9.7	9.1	8.4	7.8	7.1	6.4	5.6
	12	16.6	16.2	15.8	15.4	15.0	14.5	14.0	13.5	13.0	12.5	12.0	11.4	10.8	10.2	9.6	9.0	8.3	7.6	6.8
	11	17.9	17.5	17.1	16.7	16.2	15.8	15.3	14.8	14.3	13.8	13.3	12.7	12.1	11.5	10.9	10.2	9.6	8.8	8.1
	10	19.3	18.9	18.5	18.1	17.6	17.2	16.7	16.2	15.7	15.2	14.7	14.1	13.5	12.9	12.3	11.7	11.0	10.2	9.5
	9	20.9	20.5	20.1	19.6	19.2	18.7	18.3	17.8	17.3	16.8	16.2	15.7	15.1	14.5	13.9	13.2	12.5	11.8	11.0
	8	22.6	22.2	21.8	21.4	20.9	20.5	20.0	19.5	19.0	18.5	18.0	17.4	16.8	16.2	15.6	15.0	14.3	13.5	12.8

付録

表A.2 今のレンジ相場が終了するまでの予想年数（6.5%の純利益成長率が続くと仮定したとき）

レンジ相場が進行している現時点のPER

レンジ相場終了するときの予想PER	37	36	35	34	33	32	31	30	29	28	27	26	25	24	23	22	21	20	19
18	11.4	11.0	10.6	10.1	9.6	9.1	8.6	8.1	7.6	7.0	6.4	5.8	5.2	4.6	3.9	3.2	2.4	1.7	0.9
17	12.3	11.9	11.5	11.0	10.5	10.0	9.5	9.0	8.5	7.9	7.3	6.7	6.1	5.5	4.8	4.1	3.4	2.6	1.8
16	13.3	12.9	12.4	12.0	11.5	11.0	10.5	10.0	9.4	8.9	8.3	7.7	7.1	6.4	5.8	5.1	4.3	3.5	2.7
15	14.3	13.9	13.5	13.0	12.5	12.0	11.5	11.0	10.5	9.9	9.3	8.7	8.1	7.5	6.8	6.1	5.3	4.6	3.8
14	15.4	15.0	14.6	14.1	13.6	13.1	12.6	12.1	11.6	11.0	10.4	9.8	9.2	8.6	7.9	7.2	6.4	5.7	4.8
13	16.6	16.2	15.7	15.3	14.8	14.3	13.8	13.3	12.7	12.2	11.6	11.0	10.4	9.7	9.1	8.4	7.6	6.8	6.0
12	17.9	17.4	17.0	16.5	16.1	15.6	15.1	14.6	14.0	13.5	12.9	12.3	11.7	11.0	10.3	9.6	8.9	8.1	7.3
11	19.3	18.8	18.4	17.9	17.4	17.0	16.5	15.9	15.4	14.8	14.3	13.7	13.0	12.4	11.7	11.0	10.3	9.5	8.7
10	20.8	20.3	19.9	19.4	19.0	18.5	18.0	17.4	16.9	16.3	15.8	15.2	14.6	13.9	13.2	12.5	11.8	11.0	10.2
9	22.4	22.0	21.6	21.1	20.6	20.1	19.6	19.1	18.6	18.0	17.4	16.8	16.2	15.6	14.9	14.2	13.5	12.7	11.9
8	24.3	23.9	23.4	23.0	22.5	22.0	21.5	21.0	20.5	19.9	19.3	18.7	18.1	17.4	16.8	16.1	15.3	14.6	13.7

表A.3 今のレンジ相場が終了するまでの予想年数（6%の純利益成長率が続くと仮定したとき）

レンジ相場が進行している現時点のPER

	37	36	35	34	33	32	31	30	29	28	27	26	25	24	23	22	21	20	19
18	12.4	11.9	11.4	10.9	10.4	9.9	9.3	8.8	8.2	7.6	7.0	6.3	5.6	4.9	4.2	3.4	2.6	1.8	0.9
17	13.3	12.9	12.4	11.9	11.4	10.9	10.3	9.7	9.2	8.6	7.9	7.3	6.6	5.9	5.2	4.4	3.6	2.8	1.9
16	14.4	13.9	13.4	12.9	12.4	11.9	11.4	10.8	10.2	9.6	9.0	8.3	7.7	7.0	6.2	5.5	4.7	3.8	2.9
15	15.5	15.0	14.5	14.0	13.5	13.0	12.5	11.9	11.3	10.7	10.1	9.4	8.8	8.1	7.3	6.6	5.8	4.9	4.1
14	16.7	16.2	15.7	15.2	14.7	14.2	13.6	13.1	12.5	11.9	11.3	10.6	10.0	9.3	8.5	7.8	7.0	6.1	5.2
13	18.0	17.5	17.0	16.5	16.0	15.5	14.9	14.4	13.8	13.2	12.5	11.9	11.2	10.5	9.8	9.0	8.2	7.4	6.5
12	19.3	18.9	18.4	17.9	17.4	16.8	16.3	15.7	15.1	14.5	13.9	13.3	12.6	11.9	11.2	10.4	9.6	8.8	7.9
11	20.8	20.3	19.9	19.4	18.9	18.3	17.8	17.2	16.6	16.0	15.4	14.8	14.1	13.4	12.7	11.9	11.1	10.3	9.4
10	22.5	22.0	21.5	21.0	20.5	20.0	19.4	18.9	18.3	17.7	17.0	16.4	15.7	15.0	14.3	13.5	12.7	11.9	11.0
9	24.3	23.8	23.3	22.8	22.3	21.8	21.2	20.7	20.1	19.5	18.9	18.2	17.5	16.8	16.1	15.3	14.5	13.7	12.8
8	26.3	25.8	25.3	24.8	24.3	23.8	23.2	22.7	22.1	21.5	20.9	20.2	19.6	18.9	18.1	17.4	16.6	15.7	14.8

付録

表A.4 今のレンジ相場が終了するまでの予想年数（5%の純利益成長率が続くと仮定したとき）

レンジ相場が進行している現時点のPER

レンジ相場が終了するときの予想PER	37	36	35	34	33	32	31	30	29	28	27	26	25	24	23	22	21	20	19
18	14.8	14.2	13.6	13.0	12.4	11.8	11.1	10.5	9.8	9.1	8.3	7.5	6.7	5.9	5.0	4.1	3.2	2.2	1.1
17	15.9	15.4	14.8	14.2	13.6	13.0	12.3	11.6	10.9	10.2	9.5	8.7	7.9	7.1	6.2	5.3	4.3	3.3	2.3
16	17.2	16.6	16.0	15.4	14.8	14.2	13.6	12.9	12.2	11.5	10.7	10.0	9.1	8.3	7.4	6.5	5.6	4.6	3.5
15	18.5	17.9	17.4	16.8	16.2	15.5	14.9	14.2	13.5	12.8	12.0	11.3	10.5	9.6	8.8	7.8	6.9	5.9	4.8
14	19.9	19.4	18.8	18.2	17.6	16.9	16.3	15.6	14.9	14.2	13.5	12.7	11.9	11.0	10.2	9.3	8.3	7.3	6.3
13	21.4	20.9	20.3	19.7	19.1	18.5	17.8	17.1	16.4	15.7	15.0	14.2	13.4	12.6	11.7	10.8	9.8	8.8	7.8
12	23.1	22.5	21.9	21.3	20.7	20.1	19.5	18.8	18.1	17.4	16.6	15.8	15.0	14.2	13.3	12.4	11.5	10.5	9.4
11	24.9	24.3	23.7	23.1	22.5	21.9	21.2	20.6	19.9	19.1	18.4	17.6	16.8	16.0	15.1	14.2	13.3	12.3	11.2
10	26.8	26.3	25.7	25.1	24.5	23.8	23.2	22.5	21.8	21.1	20.4	19.6	18.8	17.9	17.1	16.2	15.2	14.2	13.2
9	29.0	28.4	27.8	27.2	26.6	26.0	25.3	24.7	24.0	23.3	22.5	21.7	20.9	20.1	19.2	18.3	17.4	16.4	15.3
8	31.4	30.8	30.3	29.7	29.0	28.4	27.8	27.1	26.4	25.7	24.9	24.2	23.4	22.5	21.6	20.7	19.8	18.8	17.7

331

表A.5 今のレンジ相場が終了するまでの予想年数（4.5%の純利益成長率が続くと仮定したとき）

レンジ相場が進行している現時点のPER

	37	36	35	34	33	32	31	30	29	28	27	26	25	24	23	22	21	20	19
18	16.4	15.7	15.1	14.4	13.8	13.1	12.4	11.6	10.8	10.0	9.2	8.4	7.5	6.5	5.6	4.6	3.5	2.4	1.2
17	17.7	17.0	16.4	15.7	15.1	14.4	13.6	12.9	12.1	11.3	10.5	9.7	8.8	7.8	6.9	5.9	4.8	3.7	2.5
16	19.0	18.4	17.8	17.1	16.4	15.7	15.0	14.3	13.5	12.7	11.9	11.0	10.1	9.2	8.2	7.2	6.2	5.1	3.9
15	20.5	19.9	19.2	18.6	17.9	17.2	16.5	15.7	15.0	14.2	13.4	12.5	11.6	10.7	9.7	8.7	7.6	6.5	5.4
14	22.1	21.5	20.8	20.2	19.5	18.8	18.1	17.3	16.5	15.7	14.9	14.1	13.2	12.2	11.3	10.3	9.2	8.1	6.9
13	23.8	23.1	22.5	21.8	21.2	20.5	19.7	19.0	18.2	17.4	16.6	15.7	14.9	13.9	13.0	12.0	10.9	9.8	8.6
12	25.6	25.0	24.3	23.7	23.0	22.3	21.6	20.8	20.0	19.2	18.4	17.6	16.7	15.7	14.8	13.8	12.7	11.6	10.4
11	27.6	26.9	26.3	25.6	25.0	24.3	23.5	22.8	22.0	21.2	20.4	19.5	18.7	17.7	16.8	15.7	14.7	13.6	12.4
10	29.7	29.1	28.5	27.8	27.1	26.4	25.7	25.0	24.2	23.4	22.6	21.7	20.8	19.9	18.9	17.9	16.9	15.7	14.6
9	32.1	31.5	30.9	30.2	29.5	28.8	28.1	27.4	26.6	25.8	25.0	24.1	23.2	22.3	21.3	20.3	19.2	18.1	17.0
8	34.8	34.2	33.5	32.9	32.2	31.5	30.8	30.0	29.3	28.5	27.6	26.8	25.9	25.0	24.0	23.0	21.9	20.8	19.7

レンジ相場が終了するときの予想PER

表A.6　今のレンジ相場が終了するまでの予想年数（4％の純利益成長率が続くと仮定したとき）

レンジ相場が終了するときの予想PER	レンジ相場が進行している現時点のPER																		
	37	36	35	34	33	32	31	30	29	28	27	26	25	24	23	22	21	20	19
18	18.4	17.7	17.0	16.2	15.5	14.7	13.9	13.0	12.2	11.3	10.3	9.4	8.4	7.3	6.2	5.1	3.9	2.7	1.4
17	19.8	19.1	18.4	17.7	16.9	16.1	15.3	14.5	13.6	12.7	11.8	10.8	9.8	8.8	7.7	6.6	5.4	4.1	2.8
16	21.4	20.7	20.0	19.2	18.5	17.7	16.9	16.0	15.2	14.3	13.3	12.4	11.4	10.3	9.3	8.1	6.9	5.7	4.4
15	23.0	22.3	21.6	20.9	20.1	19.3	18.5	17.7	16.8	15.9	15.0	14.0	13.0	12.0	10.9	9.8	8.6	7.3	6.0
14	24.8	24.1	23.4	22.6	21.9	21.1	20.3	19.4	18.6	17.7	16.7	15.8	14.8	13.7	12.7	11.5	10.3	9.1	7.8
13	26.7	26.0	25.3	24.5	23.8	23.0	22.2	21.3	20.5	19.6	18.6	17.7	16.7	15.6	14.5	13.4	12.2	11.0	9.7
12	28.7	28.0	27.3	26.6	25.8	25.0	24.2	23.4	22.5	21.6	20.7	19.7	18.7	17.7	16.6	15.5	14.3	13.0	11.7
11	30.9	30.2	29.5	28.8	28.0	27.2	26.4	25.6	24.7	23.8	22.9	21.9	20.9	19.9	18.8	17.7	16.5	15.2	13.9
10	33.4	32.7	31.9	31.2	30.4	29.7	28.8	28.0	27.1	26.3	25.3	24.4	23.4	22.3	21.2	20.1	18.9	17.7	16.4
9	36.0	35.3	34.6	33.9	33.1	32.3	31.5	30.7	29.8	28.9	28.0	27.0	26.0	25.0	23.9	22.8	21.6	20.4	19.1
8	39.0	38.3	37.6	36.9	36.1	35.3	34.5	33.7	32.8	31.9	31.0	30.1	29.1	28.0	26.9	25.8	24.6	23.4	22.1

表A.7 今のレンジ相場が終了するまでの予想年数（3.5%の純利益成長率が続くと仮定したとき）

レンジ相場が進行している現時点のPER / レンジ相場が終了するときの予想PER

	37	36	35	34	33	32	31	30	29	28	27	26	25	24	23	22	21	20	19
18	20.9	20.1	19.3	18.5	17.6	16.7	15.8	14.8	13.9	12.8	11.8	10.7	9.5	8.4	7.1	5.8	4.5	3.1	1.6
17	22.6	21.8	21.0	20.1	19.3	18.4	17.5	16.5	15.5	14.5	13.4	12.4	11.2	10.0	8.8	7.5	6.1	4.7	3.2
16	24.4	23.6	22.8	21.9	21.0	20.1	19.2	18.3	17.3	16.3	15.2	14.1	13.0	11.8	10.5	9.3	7.9	6.5	5.0
15	26.2	25.4	24.6	23.8	22.9	22.0	21.1	20.1	19.2	18.1	17.1	16.0	14.8	13.7	12.4	11.1	9.8	8.4	6.9
14	28.3	27.5	26.6	25.8	24.9	24.0	23.1	22.2	21.2	20.1	19.1	18.0	16.9	15.7	14.4	13.1	11.8	10.4	8.9
13	30.4	29.6	28.8	27.9	27.1	26.2	25.3	24.3	23.3	22.3	21.2	20.1	19.0	17.8	16.6	15.3	13.9	12.5	11.0
12	32.7	31.9	31.1	30.3	29.4	28.5	27.6	26.6	25.6	24.6	23.6	22.5	21.3	20.1	18.9	17.6	16.3	14.8	13.4
11	35.3	34.5	33.6	32.8	31.9	31.0	30.1	29.2	28.2	27.2	26.1	25.0	23.9	22.7	21.4	20.1	18.8	17.4	15.9
10	38.0	37.2	36.4	35.6	34.7	33.8	32.9	31.9	30.9	29.9	28.9	27.8	26.6	25.4	24.2	22.9	21.6	20.1	18.7
9	41.1	40.3	39.5	38.6	37.8	36.9	36.0	35.0	34.0	33.0	31.9	30.8	29.7	28.5	27.3	26.0	24.6	23.2	21.7
8	44.5	43.7	42.9	42.1	41.2	40.3	39.4	38.4	37.4	36.4	35.4	34.3	33.1	31.9	30.7	29.4	28.1	26.6	25.1

付録

表A.8 今のレンジ相場が終了するまでの予想年数（3％の純利益成長率が続くと仮定したとき）

レンジ相場が進行している現時点のPER

レンジ相場が終了するときの予想PER	37	36	35	34	33	32	31	30	29	28	27	26	25	24	23	22	21	20	19
18	24.4	23.4	22.5	21.5	20.5	19.5	18.4	17.3	16.1	14.9	13.7	12.4	11.1	9.7	8.3	6.8	5.2	3.6	1.8
17	26.3	25.4	24.4	23.4	22.4	21.4	20.3	19.2	18.1	16.9	15.7	14.4	13.0	11.7	10.2	8.7	7.1	5.5	3.8
16	28.4	27.4	26.5	25.5	24.5	23.4	22.4	21.3	20.1	18.9	17.7	16.4	15.1	13.7	12.3	10.8	9.2	7.5	5.8
15	30.5	29.6	28.7	27.7	26.7	25.6	24.6	23.4	22.3	21.1	19.9	18.6	17.3	15.9	14.5	13.0	11.4	9.7	8.0
14	32.9	32.0	31.0	30.0	29.0	28.0	26.9	25.8	24.6	23.4	22.2	20.9	19.6	18.2	16.8	15.3	13.7	12.1	10.3
13	35.4	34.5	33.5	32.5	31.5	30.5	29.4	28.3	27.1	26.0	24.7	23.4	22.1	20.7	19.3	17.8	16.2	14.6	12.8
12	38.1	37.2	36.2	35.2	34.2	33.2	32.1	31.0	29.9	28.7	27.4	26.2	24.8	23.4	22.0	20.5	18.9	17.3	15.5
11	41.0	40.1	39.2	38.2	37.2	36.1	35.1	33.9	32.8	31.6	30.4	29.1	27.8	26.4	25.0	23.4	21.9	20.2	18.5
10	44.3	43.3	42.4	41.4	40.4	39.4	38.3	37.2	36.0	34.8	33.6	32.3	31.0	29.6	28.2	26.7	25.1	23.4	21.7
9	47.8	46.9	45.9	45.0	44.0	42.9	41.8	40.7	39.6	38.4	37.2	35.9	34.6	33.2	31.7	30.2	28.7	27.0	25.3
8	51.8	50.9	49.9	49.0	47.9	46.9	45.8	44.7	43.6	42.4	41.2	39.9	38.5	37.2	35.7	34.2	32.6	31.0	29.3

謝辞

　書物とはワインのようなものである。ワインは醸造プロセスの一種でワイン生産者によって作られるが、その味は実にさまざまな外部要因（土壌のミネラル分、日光と湿気、温度と降雨量など）によって決まる。本書の評価も読者によって決定されるが、最高のワインができるときと同じように、本書の出版に当たっては以下の素晴らしい人々から多くのサポートとフィードバックをいただいた（本書の評価が低いとすれば、その責任はすべて私にある）。

　私は人生のほぼ3分の1をインベストメント・マネジメント・アソシエイツ（IMA）で過ごしたが、最初はまず社員として入社し、のちにパートナーとなった。IMAの創業者兼社長であるマイケル・コーン氏は上司のみならず（彼とは30年以上の付き合いになるが、一度も上司風の態度を取ったこともなく、いつも対等に接してくれた）、師・メンター・チェスの相手・友人でもある。私を投資家に育ててくれたことに対して、本当に感謝している。本書に盛り込まれている多くのアイデアは長年にわたる彼との議論の賜物であり、また彼のアイデアを私が発展させたものもある。

　本書の内容に関するフィードバックやアドバイスについては、以下の人々からも多くの尽力をいただいた。本書の詳細なフィードバックを寄せ、また私を株式投資の世界に初めて導いてくれたジョー・ペコラーロ、第7章を含む多くの章に関してサポートしてくれたエド・スタベトスキー、本書のアイデアに関していろいろとアドバイスを受けたグレッグ・コリンズ、本書を執筆しているときに私を親切にサポートしてくれたミシェル・レーダー、最初に本書の執筆を勧めてくれたザストリート・ドット・コム社の編集長であるスーザン・ラカトシュの各氏。このほか、ベン・トーマス、ネッド・サンダーマン、ケビン・

デビュー、ヒューエット・ハイゼルマン、ジェフリー・シャーフ、ラジャ・ジアディ、マリアン・プランカート、マーク・バウアー、スタンレー・ウォルポフ、アニル・タイリアーニ、グレイグ・ヤコブソンの各氏にもお礼を申し上げたい。また、初期の原稿を何度も読み、貴重なフィードバックを寄せてくれたIMA社の同僚であるクリスティ・リードとテレサ・レウィンドンの両氏にも深く感謝する。

　第10章で言及した信頼の輪であるジョン・マッコービー、フィル・ズッキ、ブライアン・ギルマーティン、ジェフリー・ジョンソン、ロバート・キジク、グレッグ・デネウィラー、マシュー・エマート、ジャイルズ・フォックスの各氏のほか、アメリカに移住して1週間後に友だちとなり、それ以来ずっと友情を温めてきたマラー・オガネシアン氏にも辛抱強いサポートをいただいた。特に第7章の内容についていろいろと支援していただいたS&P社の方々（J・P・トランドレ、ブラッド・ダジェット、フレッド・マニオ、ダグ・ダシール、A・J・ウェルマン）のほか、ジョン・ワイリー・アンド・サンズ社のスタッフ（ジェニファー・マクドナルドとメアリー・ダニエロ、とりわけパメラ・バン・ギーセン編集長）には本当にお世話になった。母校であるコロラド大学デンバー校の先生（ラリー・ジョンストン、マルセル・アラック、ジョン・ターナー）と生徒たちにも、本書のアイデアについてはいろいろなヒントをいただいた。

　本書の原稿に朱を入れてくれたダグ・カス、トム・ブラウン、ジェームズ・モンティア、ジェームズ・アルタッチャーの各氏、バリュー投資の達人であるデビッド・エインホーン、ギャンブルと投資について詳しく教えてくれた『ギャンブルトレーダー――ポーカーで分かる相場と金融の心理学』（パンローリング）の著者であるアーロン・ブラウン、人気の高いマネーブログであるモトリー・フール（Motley Fool）のアナリスト兼ニュースレター執筆者のビル・マンとフィリップ・デュレルの両氏、私も寄稿している金融コミュニティサイトのミ

ニアビル・ドット・コム（Minyanville.com）の創設者であるトッド・ハリソン、CNBCの「ファースト・マネー」の寄稿者で優れたアナリスト兼著述家でもあるジェフ・マッケ（彼の文章スタイルをよくまねようとしたものだ）、ニューヨークのブライアント公園をよく一緒に散歩しながら第13章のアイデアをまとめることに一役買ってくれたナシーム・ニコラス・タレブ（『まぐれ――投資家はなぜ、運と実力を勘違いするのか』［ダイヤモンド社］の著者）、マーケットサイクルについて深い洞察を寄せてくれた『バイ・アンド・ホールド時代の終焉』（パンローリング）の著者であるエド・イースタリング、リタイアメント・インベストメント・インスティチュートの創設者であり、また真摯な投資家の必読書である『イッツ・フェン・ユー・セル・ザット・カウンツ（It's When You Sell That Counts）』の著者でもあるドナルド・キャシディの各氏にもお礼を申し上げたい。また、野球のルールからテレビ番組の倫理などを含むあらゆる分野について話し合い、アメリカ文化に私を順応させてくれた生涯の友であるエリック・ワーグナー氏は、自ら望んで本書のゲラを読んでくれるなど大きな尽力をいただいた。

　最後に大切な家族にも心よりお礼を述べたい。愛する母は私が10歳のときに亡くなったが、彼女の愛情は今でも忘れることはない。私の隠れた才能を見いだし、育ててくれた父は真のルネッサンス人であり、電気工学の博士号を持っているうえ、優れた画家でもある。母の妹であるナチュリア叔母さんはロシアに住み、英語がまったく分からないので、ロシア語に翻訳された本書をぜひとも読みたいと言っている。私にとって彼女は母と同じくらいに親しい人物である。いつも私を信じ、子供のころによく私を守ってくれたレオ、深い愛情をもって小さい私を世話してくれたアレックス、いつも一緒にいてくれたイーゴリの兄たちをはじめ、実の母以上にお世話になっている義母にもこの場を借りてお礼を述べたい。そして休日にも本書を執筆していた私に代

わって、子供たちを優しく世話してくれた妻のレイチェル、愛する子供たち（息子のジョナと娘のハンナ）にも心より感謝したい。

■著者紹介
ビタリー・カツェネルソン（Vitaliy Katsenelson）
1994年に株式投資の世界に入り、現在はインベストメント・マネジメント・アソシエイツのファンドマネジャーとして、ファンダメンタルズ分析に基づいて機関投資家や個人投資家の資金を運用している。コロラド大学デンバー校経営大学院の非常勤教授を務め、またフィナンシャル・タイムズ、ダウ・ジョーンズ社のマーケットウオッチ、ミニアビル・ドット・コムなどに定期的に寄稿している。公認証券アナリスト（CFA）としてコロラド州CFA協会理事、リタイアメント・インベストメント・インスティチュートの理事も務める。コロラド大学でファイナンス論の学士号と修士号を修得、優等で卒業した。著者のウエブサイトは「http://ContrarianEdge.com/」または「http://ActiveValueInvesting.com/」。

■監修者紹介
鈴木一之（すずき・かずゆき）
（株）フィスコプレイスの客員アナリスト。1983年、大和証券に入社、1987年に株式トレーディング室に配属され、機関投資家向け証券営業に就き、以後一貫して株式トレードの最前線にて相場と格闘。2000年4月からインフォストックスドットコムにて日本株チーフアナリスト。2008年1月から現職。日本アナリスト協会検定会員。著書に『景気サイクル投資法』（パンローリング）、『有望株の選び方』（日本経済新聞社）、DVDに『大化けする成長株を発掘する方法』『効率が10倍アップする銘柄選択――会社四季報CD-ROM活用術』（パンローリング）、監訳書に『オニールの空売り練習帖』『ダウの犬投資法』『ケン・フィッシャーのPSR株分析』『千年投資の公理』、原作に『マンガ オニール流グロース株投資入門の入門』（いずれもパンローリング）など多数。

■訳者紹介
関本博英（せきもと・ひろひで）
上智大学外国語学部英語学科を卒業。時事通信社・外国経済部を経て翻訳業に入る。国際労働機関（ILO）など国連関連の翻訳をはじめ、労働、経済、証券など多分野の翻訳に従事。訳書に、『賢明なる投資家【財務諸表編】』『証券分析』『究極のトレーディングガイド』『コーポレート・リストラクチャリングによる企業価値の創出』『プロの銘柄選択法を盗め！』『アナリストデータの裏を読め！』『マーケットのテクニカル百科　入門編・実践編』『市場間分析入門』『初心者がすぐに勝ち組になるテクナメンタル投資法』『バイ・アンド・ホールド時代の終焉』『わが子と考えるオンリーワン投資法』『規律とトレーダー』『麗しのバフェット銘柄』『トレーダーの精神分析』『バーンスタインのトレーダー入門』『成長株投資の公理』『株価指数先物必勝システム』『罫線売買航海術』『フィボナッチ逆張り売買法』『スイングトレードの法則』（いずれもパンローリング）など。

2009年7月3日　初版第1刷発行

ウィザードブックシリーズ ⑭

バリュー株トレーディング
――レンジ相場で勝つ

著　者　　ビタリー・カツェネルソン
監訳者　　鈴木一之
訳　者　　関本博英
発行者　　後藤康徳
発行所　　パンローリング株式会社
　　　　　〒160-0023　東京都新宿区西新宿 7-9-18-6F
　　　　　TEL 03-5386-7391　FAX 03-5386-7393
　　　　　http://www.panrolling.com/
　　　　　E-mail　info@panrolling.com
編　集　　エフ・ジー・アイ（Factory of Gnomic Three Monkeys Investment）合資会社
装　丁　　パンローリング装丁室
組　版　　パンローリング制作室
印刷・製本　株式会社シナノ

ISBN978-4-7759-7121-5

落丁・乱丁本はお取り替えします。
また、本書の全部、または一部を複写・複製・転訳載、および磁気・光記録媒体に
入力することなどは、著作権法上の例外を除き禁じられています。

本文　©Hirohide Sekimoto／図表　© PanRolling　2009 Printed in Japan

【参考文献】

ウィザードブックシリーズ 143
富者の集中投資 貧者の分散投資
著者：フレデリック・R・コブリック

定価 本体 2,800 円 + 税　ISBN:9784775971109

勝ち組となる会社には4つの要素BASM、「B（Business Model―ビジネスモデル）、A（Assumption―前提）、S（Strategy―戦略）、M（Management―経営力）」があり、これらを見極められるかどうかは優秀な投資家の試金石となる。偉大な会社には再現・反復性があり、成功を何度も繰り返す。特に設立間もない会社にはBASMは欠かせない。大きな可能性を秘めた会社を見つけたら、7つのステップ（知識、忍耐、規律、感情、時間枠、マーケットタイミング、ベンチマーク）を利用してポートフォリオを管理する、とコブリックは続ける。コブリックの洞察力と興味深い逸話からこれらの原則を学ぶことができる。

ウィザードブックシリーズ 147
千年投資の公理
著者：パット・ドーシー

定価 本体 2,000 円 + 税　ISBN:9784775971147

1000年たっても有効な永遠不滅のバフェット流投資術！　未曽有の金融危機に最適の投資法！100年に一度の経済危機は100年に一度の買いの大チャンス！　売られ過ぎた超優良銘柄を探せ！浮かれすぎたバブル期とは反対に、恐慌期や経済危機の時期には人心が冷え切っているために優れた企業も売られ過ぎになり、あとから見たときに絶好の買い場になっている場合が多い。バフェット流の経済的な「堀」のある企業の見つけ方を初心者にも分かるように、平易なやり方で紹介する。今年、パンローリングが贈る一押しのウィザードブック！バブル後の安値更新で緊急出版！

ウィザードブックシリーズ 22
株の天才たち
著者：ニッキー・ロス
定価 本体 1,800 円 + 税
ISBN:9784775970546

世界で最も偉大な5人の伝説的ヒーローが伝授する投資成功戦略。投資の世界で最も偉大な伝説的ヒーロー5人が資産の形成・維持に役立つアドバイスと成功戦略を伝授！

ウィザードブックシリーズ 24
賢明なる投資家【財務諸表編】
著者：ベンジャミン・グレアム、スペンサー・B・メレディス
定価 本体 3,800 円 + 税
ISBN:9784939103469

ベア・マーケットでの最強かつ基本的な手引き書であり、「賢明なる投資家」になるための必読書！ブル・マーケットでも、ベア・マーケットでも、儲かる株は財務諸表を見れば分かる！

ウィザードブックシリーズ 62
最高経営責任者バフェット
著者：ロバート・P・マイルズ
定価 本体 2,800 円 + 税
ISBN:9784775970249

バフェットとともに仕事をするチャンスはないかもしれないが、そんなあなたにも「世界最高のボス」の下で働くというのはどのようなことなのか、本書を読めば、きっと分かるに違いない。

【参考文献】

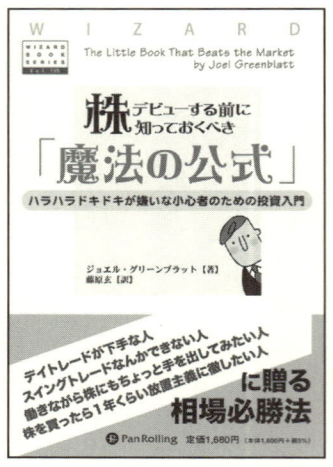

ウィザードブックシリーズ 105
株デビューする前に知っておくべき「魔法の公式」
著者：フレデリック・R・コブリック

定価 本体 1,600円+税　ISBN:9784775970713

本書は、株式市場への投資で成功するための基本原則を示すだけでなく、利用しやすく、優れた企業を割安な価格で自動的に取得できるようになる「魔法の公式」を提示している。この公式は幅広く検証され、学界やプロの投資の世界におけるまさに大発見ではあるが、この常識に基づいた方法は六年生程度の数学と平易な言葉、そしてユーモアを持って納得がいくように説明されている。読者はこのリスクの少ない方法を使って、市場平均やプロの資産運用者に大差をつけて打ち勝つ方法を学ぶことであろう。

ウィザードブックシリーズ 136
成長株投資の公理
著者：ルイス・ナベリア

定価 本体 2,200円+税　ISBN:9784775971024

株式投資を難しく考えていませんか？ 成長株投資界のカリスマが実証済みの奥義を公開します！ 成長株投資で成功する秘訣！ 利益を極大化する成長株投資の奥義！
ルイス・ナベリアは健全な成長株に投資することによって生計を立ててきた。彼はこの投資法によって経済的な夢を現実のものとしたのである。分かりやすい言葉で書かれたこの本には、ウォール街の証券会社などにはだまされず、今のマーケットで真の富を築く具体的なアプローチが示されている。

ウィザードブックシリーズ 106
わが子と考えるオンリーワン投資法
著者：ジョン・モールディン
定価 本体 1,600円+税
ISBN:9784775970720

本書は巷にあふれているこうすれば儲かるといったたぐいの投資本ではない。モールディンの尊敬するプロたちが投資の本質について自由に語り、しかもすぐに実践できる手法が数多く盛り込まれている。

ウィザードブックシリーズ 101
バイ・アンド・ホールド時代の終焉
著者：エド・イースタリング
定価 本体 2,800円+税
ISBN:9784775970669

本書はいわば投資の科学とアートを絶妙に織り込んだものともいえるもので、今の株式市場に対する根拠のない願望と合理的なビジョンの違いがよく理解できるだろう。

ウィザードブックシリーズ 129
大逆張り時代の到来
著者：ジェームズ・P・オショーネシー
定価 本体 2,800円+税
ISBN:9784775970959

本書は、過去の教訓をどう生かせば適切な投資ポートフォリオを構築できるのかを教えてくれ、明日の市場で成功するための大胆な新戦略を提案してくれる。

バリュー株投資の真髄!!

ウィザードブックシリーズ 4
バフェットからの手紙
著者：ローレンス・A・カニンガム

定価 本体 1,600円+税　ISBN:9784939103216

【世界が理想とする投資家のすべて】
「ラリー・カニンガムは、私たちの哲学を体系化するという素晴らしい仕事を成し遂げてくれました。本書は、これまで私について書かれたすべての本のなかで最も優れています。もし私が読むべき一冊の本を選ぶとしたら、迷うことなく本書を選びます」
——ウォーレン・バフェット

ウィザードブックシリーズ 87・88
新 賢明なる投資家
著者：ベンジャミン・グレアム、ジェイソン・ツバイク

定価（各）本体 3,800円+税　ISBN:(上)9784775970492
(下)9748775970508

【割安株の見つけ方とバリュー投資を成功させる方法】
古典的名著に新たな注解が加わり、グレアムの時代を超えた英知が今日の市場に再びよみがえる！　グレアムがその「バリュー投資」哲学を明らかにした『賢明なる投資家』は、1949年に初版が出版されて以来、株式投資のバイブルとなっている。

ウィザードブックシリーズ 10
賢明なる投資家
著者：ベンジャミン・グレアム
定価（各）本体 3,800円+税
ISBN:9784939103292

ウォーレン・バフェットが師と仰ぎ、尊敬したベンジャミン・グレアムが残した「バリュー投資」の最高傑作！　「魅力のない二流企業株」や「割安株」の見つけ方を伝授する。

ウィザードブックシリーズ 116
麗しのバフェット銘柄
著者：メアリー・バフェット、デビッド・クラーク
定価 本体 1,800円+税
ISBN:9784775970829

なぜバフェットは世界屈指の大富豪になるまで株で成功したのか？　本書は氏のバリュー投資術「選別的逆張り法」を徹底解剖したバフェット学の「解体新書」である。

ウィザードブックシリーズ 44
証券分析【1934年版】
著者：ベンジャミン・グレアム、デビッド・L・ドッド
定価 本体 9,800円+税
ISBN:9784775970058

グレアムの名声をウォール街で不動かつ不滅なものとした一大傑作。ここで展開されている割安な株式や債券のすぐれた発掘法は、今も多くの投資家たちが実践して結果を残している。

ウィザードブックシリーズ 125
アラビアのバフェット
著者：リズ・カーン
定価 本体 1,890円+税
ISBN:9784775970928

バフェットがリスペクトする米以外で最も成功した投資家、アルワリード本の決定版！　この1冊でアルワリードのすべてがわかる！　3万ドルを230億ドルにした「伸びる企業への投資」の極意

トレード基礎理論の決定版!!

ウィザードブックシリーズ9
投資苑

定価 本体5,800円+税　ISBN:9784939103285

【トレーダーの心技体とは?】
それは3つのM「Mind=心理」「Method=手法」「Money=資金管理」であると、著者のエルダー医学博士は説く。そして「ちょうど三脚のように、どのMも欠かすことはできない」と強調する。本書は、その3つのMをバランス良く、やさしく解説したトレード基本書の決定版だ。世界13カ国で翻訳され、各国で超ロングセラーを記録し続けるトレーダーを志望する者は必読の書である。

ウィザードブックシリーズ50
投資苑がわかる203問

定価 本体2,800円+税　ISBN:978775970119

DVD 投資苑　～アレキサンダー・エルダー博士の超テクニカル分析～

定価 本体50,000円+税　ISBN:9784775961346

■プログラム
1) 概論
　トレードの心理学
　テクニカル分析とは
　システムのデザイン
　記録の保持
　リスク制御
　資金管理
2) 成功を阻む3つの障壁
　手数料
　スリッページ
　経費
3) 心理学
　個人と大衆の市場心理
4) 4種類の分析アプローチ
　A) インサイダー情報
　B) ファンダメンタル分析
　C) テクニカル分析
　D) 直感
5) 価格とは?
　価格は取引の瞬間に示されていた価値感の一致である。
6) 移動平均～バリュートレードvs大バカ理論トレード
7) 利食いの道具:エンベロープ(包絡線)でトレードを格付け
8) MACD線、MACDヒストグラム、勢力指数
9) 時間～因数「5」
10) ダイバージェンス(乖離)とカンガルーテールズ(カンガルーの尻尾)
11) 資金管理と売買規律
　A) 2%ルール
　B) 6%ルール
12) 記録の保持
13) 意思決定プロセスの開発
14) まとめ

ウィザードブックシリーズ56
投資苑2

定価 本体5,800円+税
ISBN:9784775970171

『投資苑』の読者にさらに知識を広げてもらおうと、エルダー博士が自身のトレーディングルームを開放。自らの手法を惜しげもなく公開している。世界に絶賛された「3段式売買システム」の威力を堪能してほしい。

ウィザードブックシリーズ57
投資苑2 Q&A

定価 本体5,800円+税
ISBN:9784775970188

『投資苑2』で紹介した手法や技法を習得するには、実際の売買で何回も試す必要があるだろう。そこで、この問題が役に立つ。あらかじめ洞察を深めておけば、いたずらに資金を浪費することを避けられるからだ。

ウィザードブックシリーズ120
投資苑3

定価 本体7,800円+税
ISBN:9784775970867

「成功しているトレーダーはどんな考えで仕掛け、なぜそこで手仕舞ったのか!」
――16人のトレーダーたちの売買譜!

ウィザードブックシリーズ121
投資苑3 スタディガイド

定価 本体2,800円+税
ISBN:9784775970874

マーケットを征服するための101問!
資金をリスクにさらす前にトレード知識の穴を見つけ、それを埋めよう!

Pan Rolling オーディオブックシリーズ

規律とトレーダー
マーク・ダグラス, 関本博英
パンローリング　約 440 分
DL 版 3,990 円 (税込)
CD-R 版 5,040 円 (税込)

売り上げ 1 位

常識を捨てろ！ 手法や戦略よりも規律と心を磨け！ 相場の世界での一般常識は百害あって一利なし！ ロングセラー『ゾーン』の著者の名著がついにオーディオ化!!

バビロンの大富豪
「繁栄と富と幸福」はいかにして築かれるのか

ジョージ・S・クレイソン
パンローリング　約 400 分
DL 版 2,200 円 (税込)
CD 版 2,940 円 (税込)

売り上げ 2 位

不滅の名著！ 人生の指針と勇気を与えてくれる「黄金の知恵」と感動のストーリー！ 読了後のあなたは、すでに資産家への第一歩を踏み出し、幸福を共有するための知恵を確実にみにつけていることだろう。

その他の売れ筋

マーケットの魔術師
ジャック・D・シュワッガー
パンローリング　約 1075 分
各章 2,800 円 (税込)

――米トップトレーダーが語る成功の秘訣――
世界中から絶賛されたあの名著がオーディオブックで登場！

相場で負けたときに読む本 〜真理・実践編〜
山口祐介　パンローリング
真理編　約 160 分
各 1,575 円 (税込)
実践編　約 200 分
DL 版 1,575 円 (税込)
CD 版 2,940 円 (税込)

生き残りのディーリング
矢口新　パンローリング
約 510 分　2,940 円 (税込)

現役ディーラーの座右の書として、多くのディーリングルームに置かれている名著を全面的に見直しし、個人投資家にもわかりやすい工夫をほどこして、新版として登場！ 現役ディーラーの座右の書。

NLP トレーディング
エイドリアン・ラリス・トグライ
パンローリング約 590 分
DL 版 3,990 円 (税込)
CD-R 版 5,040 円 (税込)

トレーダーとして成功を極めるため必要なもの……それは「自己管理能力」である。

瞑想でつかむ投資の成功法
岡本和久
パンローリング　約 326 分
DL 版 2,200 円 (税込)
CD 版 3,360 円 (税込)

本書は、心を落ち着ける瞑想習慣を持つことにより、投資の本質を見極め、経済的自由と幸せな人生を手に入れるための「リラックス投資」による資産形成の方法について伝授します。

マーケットの魔術師 〜日出る国の勝者たち〜 Vo.01
塩坂洋一、清水昭男
パンローリング　約 100 分
DL 版 840 円(税込)
CD-R 版 1,260 円 (税込)

勝ち組のディーリング
トレード選手権で優勝し、国内外の相場師たちとの交流を経て、プロの機関家として活躍している塩坂氏。「商品市場の勝ちパターン、個人投資家の強味、必要な分だけ勝つ」こととは!?

マーケットの魔術師〜日出る国の勝者たち〜
インタビュアー：清水昭男

- Vo.11 成熟市場の投資戦略 ─ シクリカルで稼ぐ日本株の極意／鈴木一之
- Vo.12 バリュー株の収束相場をモノにする！／角山智
- Vo.13 大富豪への王道の第一歩:でっかく儲ける資産形成＝新興市場＋資源株／上中康司
- Vo.14 シンプルシステムの成功ロジック：検証実績とトレードの一貫性で可能になる安定収益／斉藤正章
- Vo.15 自立した投資家(相場)の未来を読む／福永博之
- Vo.16 IT時代だから占星術／山中康司
- Vo.17 投資に特別な才能はいらない！／内藤忍
- Vo.18 相場とは、勝ち負けではない！／成田博之
- Vo.19 平成のカリスマ相場師 真剣勝負！／高田智也
- Vo.20 意外とすごい サラリーマン投資家／Bart
- Vo.21 複利と時間を味方に付ける:ハイブリッド社員が資産1億円を築く／中桐啓貴
- Vo.22 今からでも遅くない資産計画:品格ある投資家であるためのライフプラン／岡本和久
- Vo.23 コゲンで買い向かう暴落相場:長期投資にある余裕のロジック／澤上篤人
- Vo.24 他人任せにしない私の資産形成：FXで開幕したトレーディングの極意／山根亜希子
- Vo.25 経済紙を読んでも勝てない相場:継続で勝利するシステム・トレーディング／岩本祐介
- Vo.26 生きるテーマと目標達成：昨日より成長した自分を積み重ねる日々／米田隆
- Vo.27 オプション取引:その極意と戦略のロジック／増田denis
- Vo.28 ロハスな視点:人生の目標と投資が交差する場所／田中久美子
- Vo.29 過渡期相場の企業決算:生き残り銘柄の決算報告書／平林亮子
- Vo.30 投資戦略と相場の潮流:大口資金の潮流カレンダーを押さえろ／大岩川源太
- Vo.31 意外とすごい サラリーマン投資家／平田啓

チャートギャラリーでシステム売買

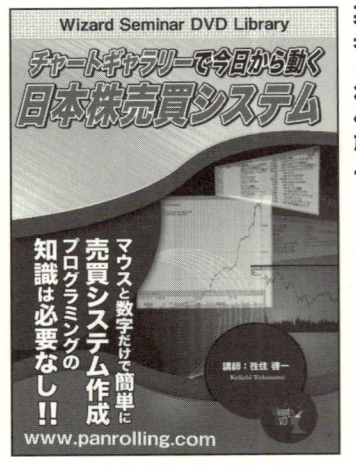

DVDチャートギャラリーで今日から動く日本株売買システム
著者：往住啓一
定価 本体 10,000 円+税　ISBN:9784775962527

個別株4000銘柄で30年間通用するシンプルな短期売買ルールとは!?　東証、大証、名証、新興市場など合計すると、現在日本には約4000～4500銘柄くらいの個別株式が上場されています。その中から短期売買可能な銘柄の選び方、コンピュータでのスクリーニング方法、誰でもわかる単純なルールに基づく仕掛けと手仕舞いについて解説します。

株はチャートでわかる！【増補改訂版】
著者：パンローリング編
定価 本体 2,800 円+税　ISBN:9784775990605

1999年に邦訳版が発行され、今もなお日本のトレーダーたちに大きな影響を与え続けている『魔術師リンダ・ラリーの短期売買入門』『ラリー・ウィリアムズの短期売買法』（いずれもパンローリング）。こうした世界的名著に掲載されている売買法のいくつかを解説し、日本株や先物市場で検証する方法を具体的に紹介するのが本書『株はチャートでわかる！』である。

魔術師リンダ・ラリーの短期売買入門
著者：リンダ・ブラッドフォード・ラシュキ、L・A・コナーズ
定価 本体 28,000 円+税　ISBN:9784939103032

国内初の実践的な短期売買の入門書。具体的な例と豊富なチャートパターンでわかりやすく解説してあります。著者の1人は新マーケットの魔術師でインタビューされたリンダ・ラシュキ。古典的な指標ですら有効なことを証明しています。

ラリー・ウィリアムズの短期売買法
著者：ラリー・ウィリアムズ
定価 本体 9,800 円+税　ISBN:9784939103063

マーケットを動かすファンダメンタルズとは、3つの主要なサイクルとは、いつトレードを仕切るのか、勝ちトレードを抱えるコツは、……ウイリアムズが答えを出してくれている。

フルタイムトレーダー完全マニュアル
著者：ジョン・F・カーター
定価 本体 5,800 円+税　ISBN:9784775970850

トレードで経済的自立をするための「虎の巻」！ステップ・バイ・ステップで分かりやすく書かれた本書は、これからトレーダーとして経済的自立を目指す人の必携の書である。

自動売買ロボット作成マニュアル
著者：森田佳佑
定価 本体 2,800 円+税　ISBN:9784775990391

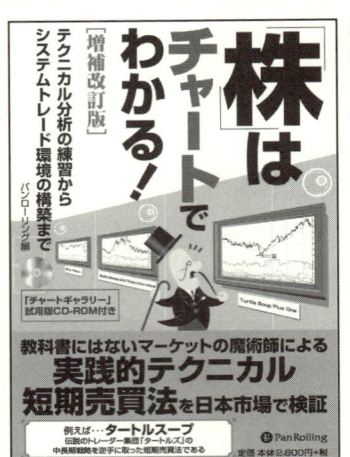

本書は「マイクロソフト社の表計算ソフト、エクセルを利用して、テクニカル分析に関する各工程を自動化させること」を目的にした指南書である。

Chart Gallery 4.0 for Windows

パンローリング相場アプリケーション
チャートギャラリー
Established Methods for Every Speculation

最強の投資環境

成績検証機能が加わって**新発売！**

検索条件の成績検証機能 [New] [Expert]

指定した検索条件で売買した場合にどれくらいの利益が上がるか、全銘柄に対して成績を検証します。検索条件をそのまま検証できるので、よい売買法を思い付いたらその場でテスト、機能するものはそのまま毎日検索、というように作業にむだがありません。

表計算ソフトや面倒なプログラミングは不要です。マウスと数字キーだけであなただけの売買システムを作れます。利益額や合計だけでなく、最大引かされ幅や損益曲線なども表示するので、アイデアが長い間安定して使えそうかを見積もれます。

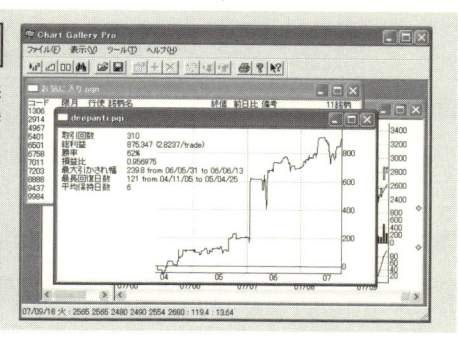

チャートギャラリープロに成績検証機能が加わって、無敵の投資環境がついに誕生!!
投資専門書の出版社として8年、数多くの売買法に触れてきた成果が凝縮されました。いつ仕掛け、いつ手仕舞うべきかを客観的に評価し、きれいで速いチャート表示があなたのアイデアを形にします。

●価格（税込）
チャートギャラリー 4.0
エキスパート **147,000 円** ／ プロ **84,000 円** ／ スタンダード **29,400 円**

●アップグレード価格（税込）
以前のチャートギャラリーをお持ちのお客様は、ご優待価格で最新版へ切り替えられます。
お持ちの製品がご不明なお客様はご遠慮なくお問い合わせください。

プロ2、プロ3、プロ4からエキスパート4へ	105,000 円
2、3からエキスパート4へ	126,000 円
プロ2、プロ3からプロ4へ	42,000 円
2、3からプロ4へ	63,000 円
2、3からスタンダード4へ	10,500 円

がんばる投資家の強い味方　**Traders Shop**

http://www.tradersshop.com/

24時間オープンの投資家専門店です。

パンローリングの通信販売サイト「**トレーダーズショップ**」は、個人投資家のためのお役立ちサイト。書籍やビデオ、道具、セミナーなど、投資に役立つものがなんでも揃うコンビニエンスストアです。

他店では、入手困難な商品が手に入ります!!

- 投資セミナー
- 一目均衡表 原書
- 相場ソフトウェア
  チャートギャラリーなど多数
- 相場予測レポート
  フォーキャストなど多数
- セミナーDVD
- オーディオブック

ここでしか入手できないモノがある。

さあ、成功のためにがんばる投資家は
いますぐアクセスしよう！

トレーダーズショップ 無料 メールマガジン

●無料メールマガジン登録画面

トレーダーズショップをご利用いただいた皆様に、**お得なプレゼント**、今後の**新刊情報**、著者の方々が書かれた**コラム**、**人気ランキング**、ソフトウェアのバージョンアップ情報、そのほか投資に関するちょっとした情報などを定期的にお届けしています。

まずはこちらの
「**無料メールマガジン**」
からご登録ください！
または info@tradersshop.com まで。

パンローリング株式会社

お問い合わせは

〒160-0023　東京都新宿区西新宿7-9-18-6F
Tel：03-5386-7391　Fax：03-5386-7393
http://www.panrolling.com/
E-Mail　info@panrolling.com

携帯版